CORPORATE MUSEUMS

Jons Messedat

CORPORATE MUSEUMS

FIRMENMUSEEN

Konzepte	Concepts
Ideen	Ideas
Umsetzung	Realisation

avedition

INHALT
CONTENTS

INHALT · CONTENTS

VORWORT
INTRODUCTION

SUBSTANZ UND AUTHENTIZITÄT

Das Bewusstsein für den Wert einer sorgfältig aufbereiteten und ansprechend präsentierten Firmengeschichte hat in den vergangenen Jahren stetig zugenommen. Demzufolge sind auch die Investitionen in räumliche Kommunikationsformen wie Firmenmuseen, Markenwelten und Unternehmensausstellungen stark angestiegen. Nicht nur viele der sogenannten Global Players haben sich mit einem eigenen Corporate Museum einen Ort geschaffen, der zu einer Konstante im dynamisch agierenden Wirtschaftsleben werden kann; auch kleine und mittelständische Unternehmen erkennen in zunehmendem Maße den Wert und die Möglichkeiten einer räumlichen Präsentation, die Raum für die Begegnung mit der eigenen Herkunft bietet. Der Grund dafür scheint auf der Hand zu liegen: Es gibt einen immer größer werdenden Fundus aus der gesamten Firmenhistorie, den zu bewahren, zu pflegen und zu präsentieren sich lohnt. Dabei geht es nicht nur um das Zurschaustellen einzelner herausragender Exponate, sondern um die Vermittlung von generationsübergreifenden Prozessen, die uns und unsere Alltagskultur geprägt haben. Im Hinblick auf die gestiegene Fluktuation von Unternehmensanteilen und Markennamen, deren Rechte heute zum Teil weit entfernt von den ursprünglichen Stammhäusern liegen, setzen Corporate Museums ein Zeichen für Kontinuität und die Erhaltung von Substanz.

Corporate Museums berichten über die Entstehung von Produkten und Produktionsverfahren sowie über gesellschaftliche Veränderungen. Manchmal werden die Produktionsstätten selbst zu Museen, die eindrucksvoll von den Lebensumständen und der Arbeit der Generationen vor uns erzählen. All diese unwiederbringlichen Erinnerungen gehen verloren, wenn im Unternehmen

SUBSTANCE AND AUTHENTICITY

Awareness for the value of a carefully prepared and attractively presented corporate history has grown steadily in recent years. As a result, spending on spatial forms of communication such as corporate museums, brand worlds and company exhibitions has also increased greatly. Many of the global players have created their own corporate museum as a place that can become a constant in the fast moving business world. But also more and more smaller and mid-sized companies have recognised the possibilities and the value of a tangible presentation which offers space for an encounter with their own origins. The reason for this is obvious: there is a growing pool of materials from the whole corporate history which is worth preserving, taking care of and presenting. It is not just about putting a number of outstanding exhibits on display, but about conveying information about processes that span several generations and which have shaped us and our everyday culture. As company shares change hands more and more quickly and the rights of brand names are sometimes held a long way away from the original company headquarters, corporate museums stand for continuity and preserving substance.

Corporate museums report on the origin of products and the development of production methods as well as about social change. Sometimes, the production plants themselves have been turned into museums. The story they tell is an arresting one of the living conditions and work of generations before us. All these irrecoverable memories will be lost if there are no structures and places

keine geeigneten Strukturen und Orte existieren, die dem bewahrenden Charakter eines Museums entsprechen. Hier unterscheidet sich das Corporate Museum wenig vom Auftrag der „klassischen" Museen in öffentlicher Trägerschaft. Beide bewahren uns vor dem Verlust von Geschichte und Gedächtnis. Sicherlich ist diese Entwicklung nicht neu. Spätestens mit Beginn der Industrialisierung haben vor allem die Gründerväter der großen Konzerne damit begonnen, Kunst und Kulturgüter zu sammeln und stattliche Summen für deren Förderung bereitgestellt. Es entstanden zunächst eher unstrukturierte Sammlungen mit allerlei Sehenswertem und neben Verkaufsausstellungen auch Archive, in denen beispielsweise Fotografien, Prototypen oder Devotionalien zu den Unternehmern und deren Familien aufbewahrt wurden.

Für Firmenmuseen geht es aber nicht nur darum, das Erbe zu archivieren und auszustellen, sondern auch darum, aktiv damit zu arbeiten. Zukunftsorientierte Unternehmen investieren verstärkt in die konservatorische Sicherung und die wissenschaftliche Aufarbeitung ihrer Tradition. Originale Objekte und Produkte, die bisweilen über den gesamten Globus verstreut sind, müssen zum Aufbau einer Sammlung aufgespürt, zurückerworben und restauriert werden. Dabei bringt die Recherche vergessene und manchmal überraschende Meilensteine der Unternehmensgeschichte zum Vorschein. So können beispielsweise Mitarbeiter Anekdoten und Geschichten beisteuern, die als Zeitzeugen einen authentischen Eindruck bei den Besuchern hinterlassen.

SYMPATHIE UND AKZEPTANZ

Aufgrund der raschen Abfolge immer neuer Produktwelten fungieren die realen und virtuellen Handelsplattformen als Ausstellungen des Hier und Jetzt. Im gleichen Tempo veralten aber täglich zahllose Produkte und werden zu Relikten vergangener Technologien. Auch die zugehörigen Hintergrundinformationen und technischen Daten verschwinden unwiederbringlich.

in the company suited to preserving them along the lines of a museum. In this respect, the corporate museum differs little from the task of the "classical", usually state-run museums. Both protect us from the loss of history and memory. This development is not a new one. With the beginning of industrialisation, the founding fathers of the big groups of companies started to collect art and cultural artefacts and made handsome sums available to promote them. The collections that developed were initially rather unstructured with all manner of things worth seeing. Besides sales exhibitions, archives were also set up in which photographs, prototypes or memorabilia about the companies and their families were preserved.

However, corporate museums are not just about archiving and exhibiting the inheritance, but also about working actively with it. Future-oriented companies are investing increasingly in the conservation and scientific processing of their history. Original objects and products that are meanwhile spread around the globe have to be tracked down to build up a collection, repurchased and restored. This research uncovers forgotten and sometimes surprising milestones in the corporate history. Employees can contribute anecdotes and stories, for example, and their eyewitness accounts make an authentic impression on the visitors.

SYMPATHY AND ACCEPTANCE

As more and more new product worlds follow one another in rapid succession, the real and virtual trading platforms act as the exhibitions of here and now. However, day by day numerous products go out of date at the same speed and become relics of past technologies. The associated background

Eine von vielen Funktionen eines Firmenmuseums kann es sein, essentielle Sequenzen aus diesem Prozess festzuhalten. Daraus lassen sich Erkenntnisse zum bisherigen Status und für die zukünftige Weichenstellung gewinnen. Nicht umsonst wird oft ein Jubiläum oder ein Wechsel in der Unternehmensführung zum Anlass genommen, über den Aufbau einer eigenen musealen Einrichtung nachzudenken.

Genau zu diesem Zeitpunkt wird immer wieder die Frage gestellt, warum es sich für ein Unternehmen lohnt, in ein Corporate Museum zu investieren. Schließlich werden dafür Mittel und Kapazitäten gebunden, die nicht unmittelbar der Entwicklung, der Herstellung und dem Verkauf von Produkten zufließen. Darüber hinaus ist die Etablierung und Führung eines Museums ein Kostenfaktor, bei dem nicht nur die einmaligen Baukosten, sondern vor allem der dauerhafte Betrieb mit allen Nebenkosten zu Buche schlägt. Der langfristige Mehrwert, mit dem diese Investitionen eingespielt werden, ist kurzfristig nur schwer messbar. Parameter wie die Verbesserung des Selbst- und des Fremdbildes sowie weiche Faktoren wie Sympathie und Authentizität kommen nur langfristig zum Tragen. Aber genau diese Faktoren sind es, die den Wert und die Akzeptanz eines Unternehmens und seiner Marken auf Dauer sichern. Dafür ist es notwendig, dass das Projekt vom gesamten Unternehmen vorbehaltlos getragen wird. Es bietet sich an, alle beteiligten Parteien – von den Mitarbeitern bis zum Vorstand – in den Entwicklungsprozess einzubeziehen. So können beispielsweise regelmäßige Gestaltungsrunden, Baustellenbegehungen oder auch die Aufforderung, selbst Exponate beizusteuern, die Identifikation mit dem Projekt steigern. Auch im Hinblick auf die Akzeptanz bei den Besuchern, die zum Teil auch Kunden sind, ist es sinnvoll, auf eine angemessene Haltung und räumliche Umsetzung zu achten, die Sympathie weckt. Ein Corporate Museum ist in diesem Sinne nicht nur eine Bau-, sondern auch eine Kommunikationsaufgabe.

information and data disappear irretrievably just as fast. One of the many functions of a corporate museum can be to record essential sequences from this process. This can provide insights into the current status and help set the course for the future. It is not without reason that an anniversary or a change in management is often taken as an occasion to think about building up a museum-like facility.

It is at exactly this point in time that the question is often posed whether it is worthwhile for a company to invest in a corporate museum. After all, such a project ties up resources and capacities which cannot be directly invested in the development, production and sale of products. Moreover, the establishment and management of a museum is a cost factor involving not only one-off construction costs but also above all its long-term operation with all the incidental costs. It is difficult to measure the long-term added value which these investments will generate. Parameters such as the improvement of the internal or external image of the companies as well as factors such as sympathy and authenticity only take effect in the long term. But it is precisely these factors which sustainably secure the value and acceptance of a company and its brands. It is therefore essential that the whole company supports the project wholeheartedly and without reservations. It makes sense to get all the stakeholders from the employees through to the board involved in the development process. Regular design meetings, visits to the building site or a call to contribute exhibits, for example, can help them identify more closely with the project. In order to gain the acceptance of the visitors, some of whom are also customers, it also makes sense to aim for an appropriate attitude and to realise the space in a way that arouses sympathy. In this respect, a corporate museum is not not just a construction project, but also a communication task.

GEBAUTE IDENTITÄT UND UNTERNEHMENSKULTUR

Der Begriff Corporate Museum verweist auf die Zugehörigkeit von Firmenmuseen in den übergeordneten Bereich der Corporate Identity. Corporate Museums übernehmen als Herzstück der Corporate Architecture eine zentrale Funktion in diesem System. Die Bandbreite der „gebauten Identität" reicht vom avantgardistischen Neubau über die Umnutzung von historischen Produktionsstätten bis hin zur Markenausstellung im Foyer. Zusätzliche Einrichtungen wie Museumsshops, Gastronomie und Veranstaltungsräume ergänzen das Profil und können zum wirtschaftlichen Erfolg beitragen. Abgerundet wird das Angebot beispielsweise mit Vorträgen, Seminaren oder Diskussionsrunden, die nicht nur das Fachpublikum, sondern auch allgemein interessierte Besucher ansprechen. So kann das Museum zur Steigerung der Attraktivität von Städten und Regionen beitragen und selbst zur touristischen Destination werden.

Corporate Museums liegen an der Schnittstelle von wissenschaftlichen und wirtschaftlichen Ansprüchen. Zwischen den öffentlichen und privaten Museen gibt es Unterschiede in der Definition ihres Auftrags und den organisatorischen Rahmenbedingungen. Während die öffentlichen Kulturbetriebe an einen Bildungsauftrag gebunden sind, stehen bei den Unternehmensmuseen zusätzliche Aspekte wie beispielsweise die Imagepflege im Vordergrund. Corporate Museums haben das Potenzial, zwischen diesen Polen zu vermitteln. So wird hier mittlerweile geforscht und gut ausgestattete Archive bieten die Möglichkeit, an wissenschaftlichen Projekten zu arbeiten. Im Kuratorium und unter den Mitarbeitern sind sowohl Historiker und Kulturmanager als auch Marketingfachleute und Eventmanager vertreten. Querbeziehungen, wie beispielsweise vom Archiv zur Marketingabteilung, können Synergien freisetzen und für eine stärkere Einbindung der Tradition in die zukünftige Markenentwicklung sorgen.

Während einige Corporate Museums der Unternehmenskommunikation und Marketingabteilung zugeordnet sind, befinden sich andere in separaten Stiftungen, die losgelöst vom Unternehmen

BUILT IDENTITY AND CORPORATE CULTURE

The term corporate museum is reference to the fact that company museums belong to the larger field referred to as corporate identity. As the centrepiece of corporate architecture, corporate museums play an important role in this system. "Built identity" ranges from the vanguard new build to the conversion of historical production plants right through to a brand exhibition in the foyer. Additional facilities like museum shop, catering and event rooms supplement the profile and can contribute to the economic success. The offering can, for example, be rounded off by lectures, seminars or discussions which appeal both to experts and the general public. The museum can thus in turn add appeal to cities and regions and even become a tourist destination itself.

Corporate museums are at the interface between scientific and economic aspirations. State-run and private museums differ in terms of the definition of their task and their organisational conditions. While the public cultural institutions are bound by their educational mission, for corporate museums other aspects such as image grooming are at the forefront. Corporate museums have the potential to bridge the gap between these poles. Meanwhile, they are also involved in research and well-equipped archives allow them to participate in scientific projects. The boards of trustees include employees as well as historians and cultural managers and marketing people and event managers. Interaction between the archive and marketing department, for instance, can release synergies and ensure that the tradition of the company is incorporated more strongly in the future brand development.

kulturelle Ziele verfolgen. In den vergangenen Jahrzehnten wurden auf diese Weise bedeutende Sammlungen mit Schwerpunkten zu Themen wie Kunst, Fotografie, Mobilität und Design zusammengetragen. Corporate Museums und Stiftungen werden damit zum Bestandteil einer gelebten Unternehmenskultur.

NACHHALTIGKEIT UND PERSPEKTIVEN

Unternehmen werden in Zukunft immer stärker verpflichtet, nachhaltig zu agieren. Dies gilt sowohl für die Produkte und die Produktion als auch für die räumlichen Präsentationsformen. Genau dazu können Corporate Museums Lernprozesse in Gang setzen, denn sie bewahren das bisherige Wissen und geben Ausblicke auf zukünftige Entwicklungen. Durch die Berücksichtigung von Green Building Standards können Corporate Museums zum Ausdruck einer auf Nachhaltigkeit ausgerichteten Unternehmensphilosophie werden.

Gleichzeitig ist es notwendig, aufgeschlossen für gesellschaftliche Veränderungsprozesse und technische Innovationen zu sein. Die Kommunikationsprozesse entwickeln sich rasant, und immer mehr Informationen sind orts- und zeitunabhängig auffind- und „on demand" abrufbar. Neue Entwicklungen, wie der gesamte Bereich der „Augmented Reality", ermöglichen einen individuellen, auf den Einzelnen zugeschnittenen Museumsbesuch. So können Besucher Inhalte und Eindrücke sammeln, diese über das Internet vertiefen und auf Social-Media-Plattformen mit anderen teilen. Um einen nachhaltigen Eindruck zu hinterlassen, muss langfristig die richtige Mischung aus realen und virtuellen Präsentationsmöglichkeiten gefunden werden. Das persönliche Erlebnis in einem Corporate Museum kann durch neue Technologien optimiert, aber niemals ersetzt werden.

Obgleich weltweit immer mehr Corporate Museums entstehen, gab es bisher keine Publikation zu deren Konzeption und Gestaltung. Es sind zwar monografische Dokumentationen und Über-

While some corporate museums belong to corporate communication and marketing departments, others are run by separate foundations which pursue cultural objectives detached from the company. In the past few decades, significant collections focusing on art, photography, mobility and design have been put together by such foundations. In this way, corporate museums and foundations live the corporate culture.

SUSTAINABILITY AND PERSPECTIVES

In future, companies will be obliged more and more to act sustainably. This applies both to products and production, but also to spatial forms of presentation. It is here that corporate museums can trigger learning processes because they preserve past knowledge and give an outlook on future developments. By taking green building standards into account, corporate museums can become an expression of a corporate philosophy geared to sustainability.

At the same time, it is necessary to be open for social change processes and technical innovations. Communication processes are developing at great speed and more and more information can be retrieved on demand, regardless of time and place. New developments like the whole field of augmented reality allow a visit to a museum to be tailored to the individual. This allows visitors to collect content and impressions, to look into them in more depth on the internet and share them with other on social media platforms. To leave a lasting impression, the right mixture of real and virtual presentation possibilities has to be found. The personal experience in a corporate museum can be optimised by new technologies, but never replaced.

sichten zu regionalen Firmenmuseen erschienen, aber ein Überblick fehlte. Ein besonderes Anliegen des vorliegenden Buches ist es daher, die Bandbreite der Möglichkeiten zur Umsetzung eines Corporate Museums aufzuzeigen: vom avantgardistischen Markenmuseum über szenografische Installationen bis hin zur temporären Wanderausstellung. Die ausgewählten Beispiele geben Einblicke in gelebte Firmengeschichten und innovative Gestaltungslösungen. Dabei erhebt die subjektive Auswahl von Unternehmen und Marken von A wie adidas bis Z wie Zeppelin keinen Anspruch auf Vollständigkeit und stellt keine Bewertung dar.

Die vergleichsweise junge Bau- und Gestaltungsaufgabe ist ein interdisziplinärer Prozess, an dem Planer aus verschiedensten Bereichen beteiligt sind. Dies spiegelt sich in der Auswahl der Themen wider, die sich dieser Aufgabe aus ganz unterschiedlichen Richtungen nähern. Ich bedanke mich bei allen Planern, Gastautoren und Interviewpartnern, die mit großem Engagement ihre Expertise aus den jeweiligen Projekten und Fachgebieten beigesteuert haben. Ein besonderer Dank gilt Herrn Dr. Franz Hebestreit für die Möglichkeit, die Publikation im Netzwerk Unternehmensmuseen vorzustellen sowie den Unternehmen, die das Buchprojekt gefördert haben. Mein Dank gilt auch dem Verlag **av**edition GmbH, mit dem ich bereits die Publikation Corporate Architecture – Entwicklung, Konzepte, Strategien realisieren konnte.

Es freut mich besonders, dass nun ein weiterer, lange überfälliger Baustein zur gebauten Identität von Unternehmen vorliegt. Das Buch dient gleichzeitig als Inspirationsquelle und enthält die notwendigen Eckdaten für den Besuch des einen oder anderen Corporate Museums.

Jons Messedat

Although more and more corporate museums are springing up around the world, there are no publications to date on their conception and design. There are some monographic documentations and surveys of regional corporate museums, but an overview is missing. This book therefore aims to demonstrate the range of possibilities available for the realisation of a corporate museum: from vanguard brand museum via scenographic installations through to temporary travelling exhibitions. The examples that have been selected give an insight into living corporate history and innovative design solutions. However, the subjective selection of companies and brands from A for adidas to Z for Zeppelin does not claim to be exhaustive and does not constitute an evaluation.

The comparatively young construction and design task is an interdisciplinary process in which planners from a whole range of areas are involved. This is reflected in the selection of themes which approach this task from all different directions. I would like to thank all the planners, guest authors and interview partners who have contributed their expertise from the respective projects and specialist fields with enormous commitment. My special thanks go to Dr. Franz Hebestreit for the possibility to present the publication in the corporate museums network and the companies which have supported the book project. I would also like to thank the publishers **av**edition GmbH, with whom I already realised the publication Corporate Architecture – Development, Concepts, Strategies.

I am delighted that a long-overdue component on the built identity of companies is now available. The book is intended at the same time as a source of inspiration and contains the necessary facts for a visit to one of the corporate museums showcased here.

Jons Messedat

BEITRÄGE
ARTICLES

VON DER IDEE ZUM MUSEUM – EIN PROZESS
FROM THE IDEA TO THE MUSEUM – A PROCESS

Wie konzipiert und baut man ein Museum? Der vorliegende Beitrag erläutert die einzelnen Phasen der Entstehung eines Museums von der Idee bis hin zum Betrieb und gibt wichtige Hinweise zur Umsetzung eigener Konzepte und Ideen. Grundsätzlich kann man den Ablauf eines Projekts in vier Phasen einteilen: 1. Start, 2. Planung, 3. Ausführung, 4. Betrieb.

1. START – VON DER IDEE ZUR ZIELDEFINITION
Der Start ist wohl die schwierigste Phase eines Projekts, weshalb er in diesem Beitrag auch am ausführlichsten betrachtet wird. Die Festlegungen und Entscheidungen, die hierbei getroffen werden, sind grundlegend und später nur schwer korrigierbar. Die Beantwortung von zwei Kernfragen sollte am Anfang eines jeden Projekts stehen: 1. Welches Ziel verfolge ich mit dem Projekt? 2. Welche Mittel möchte ich aufwenden?

Zu Beginn eines Projekts geht es also nicht darum, wie das Projekt aussehen soll, sondern wozu das Projekt dienen soll. Die dabei getroffenen Festlegungen helfen, durch das gesamte Projekt hindurch Entscheidungen effizient, zielgerichtet und präzise zu treffen. Diese Festlegungen bilden das Rückgrat oder den roten Leitfaden. Je besser die Basis in Form eines Zielbildes definiert ist, desto einfacher lassen sich später Detailentscheidungen treffen, die das Gesamtkonzept unterstützen. Gleichzeitig definieren die Vorgaben, die in der Anfangsphase des Projekts entstehen, den Großteil des Kostenrahmens der Investitions-, aber auch der Folgekosten im Betrieb. Die Festlegung des Ziels ist für Laien im Bereich Bau ggf. noch zu bewältigen; spätestens bei der Frage der

How do you design and build a museum? This essay explains the individual development stages of a museum from the idea right through to running. It also gives important advice on putting concepts and ideas into practice. A project can basically be divided into four phases: 1. Start, 2. Planning, 3. Realisation, 4. Operation.

1. START – FROM IDEA TO GOAL DEFINITION
The start is probably the most difficult phase of a project, which is why it is examined in most detail here. The things that are defined and decided at this stage are fundamental and hard to change at a later point in time. Finding the answer to two core questions should stand at the beginning of every project: 1. What is the goal of the project? 2. What resources are available?

At the beginning of the project, it is thus not about the content of the project, but about the purpose. The things defined in the process will help to ensure that the decisions needed throughout the whole project are made efficiently, expediently and precisely. These specifications form the backbone or guiding principle. The better the basis is defined in the form of a statement of intent, the easier it is at a later stage to decide about the details which support the overall concept. At the same time, the conditions set in the early stages of the project dictate the cost framework of the investment but also the running costs. Specifying the objective in the construction area may still

aufzuwendenden Mittel ist die Aufgabe aber nicht mehr alleine lösbar. Doch wer ist der richtige Partner für die Startphase? Viele Bauherren beauftragen zu diesem Zeitpunkt einen Architekten. Doch wie soll der Architekt ein Gebäude planen, wenn noch gar nicht klar ist, was genau in diesem Gebäude stattfinden soll? Ohne Ziel und ohne Konzept kann kein maßgeschneidertes Gebäude entstehen. Am sinnvollsten ist es, zu Beginn einen unabhängigen Berater hinzuzuziehen, der bei der Klärung der zwei Kernfragen hilft. Solange die Kernfragen nicht beantwortet sind, ist es nicht sinnvoll, mit der Planung zu beginnen. Der Berater kann bei Analysen unterstützen, die gemeinsamen Diskussionen moderieren und die Wünsche, Anforderungen und Ideen sammeln, strukturieren und zu Entscheidungen führen. Benchmarking kann ein hilfreicher Start ins Projekt sein: Welche Konzepte gibt es bereits, welche Zielgruppen werden damit angesprochen, was sind die Erfolgsfaktoren der Vergleichsprojekte, welche Zielgruppen werden mit welchen Mitteln erreicht? Auch die Analyse des Ortes ist wichtig: Was wird im Umfeld bereits angeboten und was fehlt, wie ist die Erreichbarkeit und wie steht diese im Einklang zur Zielgruppe? Weitere Ideen können aus der Analyse der Sammlung hervorgehen: Was ist einzigartig an der Sammlung, für wen ist sie besonders interessant, welche Präsentationskonzepte passen zur Sammlung und welche eher nicht? Sehr wichtig ist auch eine Analyse der Funktionen: Was sollen die zukünftigen Besucher tun oder erleben können, werden neben der Ausstellung Tagungsräume benötigt, oder Flächen für Events, Spielplätze, Kinderbetreuung? Ohne eine klare Definition der Zielgruppe können auch hier nur schwer Antworten gegeben werden. Jede Funktion muss mit einer gewissen Qualität verbunden werden. Müssen die Ausstellungsflächen klimatisiert sein? Welche Anforderungen an die Sicherheit bestehen? Welchen Komfort soll der Besucher erleben?

be manageable for an ordinary person, but at the latest when the question of the funds to be spent arises, this task is no longer possible without professional assistance. But, who is the right partner for the start phase? Many developers commission an architect at this point. Yet, how is an architect supposed to plan a building if it is still not even clear what is actually to take place in this building? Without a goal and without a concept it is not possible to build a tailor-made building. It makes more sense to consult an independent expert at the beginning who can help to clarify the two core questions. Until the core questions are answered, it does not make sense to start with the planning. The consultant can help with the analyses, facilitate the joint meetings and collect wishes, requirements and ideas and then structure these as a decision-making basis. Benchmarking can be a helpful starting point. What concepts already exist? What target groups are being addressed? What are the success factors of comparable projects? What means are used to attract which target groups? An analysis of the location is also important: What is already on offer in the vicinity and what is missing? How easy is it to get to and does that match the target group? Other ideas may arise from an analysis of the collection. What is unique about the collection? Who would find it particularly interesting? Which presentation concepts go with the collection and which do not? An analysis of the functions is also important. What should the future visitors be able to do or experience? Will conference rooms be needed? Or areas for events? Playgrounds? Childcare? These questions are hard to answer without a clear definition of the target group. Every function requires a certain quality. Does the exhibition space have to be air-conditioned? Are there any special security requirements? What level of comfort should the visitors experience?

Mithilfe dieser Analysen können die Zielvorstellungen präzisiert werden und vielleicht auch schon erste Ideen für ein Konzept entstehen. Genauso nötig wie die Festlegung der Ziele ist auch die Festlegung der Ressourcen. Beide haben erheblichen Einfluss aufeinander und müssen gut abgestimmt sein. Es muss z. B. geprüft werden, ob der Ansatz einer sehr großen, hochwertigen Ausstellungsfläche mit einem kleinen Budget realisierbar ist.

Bei diesen Betrachtungen sind sowohl die Erstinvestition als auch die Nutzungskosten des Projekts zu bedenken. Letztere werden oft unterschätzt. Bereits nach 7–9 Jahren erreichen die Nutzungskosten die Höhe der Investitionskosten eines Gebäudes. Dabei ist der überwiegende Teil der Nutzungskosten bereits nach der Planungsphase eines Projektes festgelegt.

Neben den Nutzungskosten (Kapital-, Objektmanagement-, Betriebs- und Instandsetzungskosten) fallen noch Ausgaben für weiteres Personal an, wie z. B. Bewachung, Kartenverkauf etc. Hinzu kommen Kosten für die Bespielung des Museums, wie z. B. für Wechselausstellungen, Events, Marketing, Ferienprogramme, Aktualisierung der Ausstellung etc. Museen, die nicht gepflegt, aktualisiert, belebt und bespielt werden, haben schon nach 1–2 Jahren erhebliche Einbrüche in den Besucherzahlen.

Bei den Investitionskosten sollte beachtet werden, dass bereits während der Planungs- und Bauphase Kosten auf Bauherrenseite anfallen, wie z. B. für die Mitarbeiter des Projektteams, Räumlichkeiten, Exponatankäufe, Restauration, Archivrecherchen, Faksimile und vieles mehr. Auch die Abgrenzung der Budgets für Investitions- und Nutzungskosten sollte überdacht werden. Nicht selten führen höhere Investitionskosten zu erheblich niedrigeren Nutzungskosten. LED-Leuchten sind z. B. in der Anschaffung teuer, rechnen sich aber bereits nach kurzer Zeit aufgrund ihres sehr geringen Stromverbrauchs. Investitions- und Nutzungskosten sollten daher stets parallel und von

The results of these analyses can be used to define the goals more precisely and the first ideas for a concept may also start to emerge. Just as important as defining the goals is specifying the resources. Both these steps have a considerable influence on one another and have to be closely reconciled. For instance, one would need to examine whether the idea of having a large, high-quality exhibition space is compatible with a small budget.

When considering this aspect, both the initial spend and also the user costs of the project are important. The latter are often underestimated. After just seven to nine years, the user costs reach the investment costs of a building. Most of the user costs should already be defined after the planning phase of a project.

Besides the user costs (capital, object management, operating and maintenance costs), additional costs will be incurred for staff, e.g. for security, ticket sales, etc. On top of this are costs for the programming of the museum, e.g. for temporary exhibitions, events, marketing, holiday programs, updating the exhibition, etc. Museums that are not kept up to date, taken care of, brought to life and filled with a programme see a significant drop in visitor numbers after just one to two years.

When considering the investment costs it should be taken into account that during the planning and construction phase, the developers will already incur costs such as for employees on the project team, premises, purchases of artefacts, restoration, archive research, facsimiles and much more. The distribution of the budget between investment and user costs should also be carefully considered. Very often higher investment costs ultimately lead to significantly lower user costs. LED lamps, for example, are expensive to buy but pay off after just a short time due to their lower electricity consumption. Investment and user costs should therefore always be considered in

Projektbeginn an betrachtet werden. Die wichtigsten Ziele, Ressourcen und Nutzungsanforderungen sind definiert. Aber ergibt das schon ein Konzept? Nein! Es wurden lediglich die Bausteine eines möglichen Besucherangebots definiert. Diese Bausteine stellen die Basis für ein inhaltliches Gesamtkonzept dar – eine ganz individuelle Geschichte, ein einzigartiges Museum. Wie man eine Geschichte erzählt oder woraus das Erlebnis für den Besucher genau besteht, wird in der Planungsphase entschieden. Spätestens hier sollten Kreativpartner eingebunden werden. Die richtige Mischung aus Vorgaben und Spielräumen bietet den idealen Start für die Planungsphase.

2. PLANUNG – VOM KONZEPT ZUM RAUM

Zu Beginn der Planung sollten die Inhalte im Vordergrund stehen: Welche Geschichte soll der Besucher erzählt bekommen? Welche zentralen Inhalte soll er erleben? Wie soll der Ablauf des Besuchererlebnisses aussehen? Es geht hier immer noch nicht um Räume, sondern um eine inhaltliche Abfolge. Aus diesem inhaltlichen Konzept können dann präzise Raumvorgaben erstellt und von einem Architekten in einen Entwurf umgesetzt werden. Es ist daher sinnvoll, zuerst den Ausstellungsgestalter zu beauftragen und erst nach der Erstellung des inhaltlichen Konzepts einen Architekten hinzuzuziehen. Museumsgestalter, Ausstellungsmacher, Konzeptgestalter, Szenografen – die Bezeichnungen sind vielfältig – haben sich im Gegensatz zu Architekten darauf spezialisiert, inhaltliche Vorgaben in Besuchererlebnisse umzusetzen. Beauftragt man zuerst den Architekten, dann ist das vergleichbar mit der Beauftragung eines Verpackungsdesigns für ein Produkt, das noch gar nicht existiert. Natürlich ist es möglich, einen neutralen Raum zu bauen, in dem dann später eine Geschichte erzählt werden kann, aber dieser Raum wird nie maßgeschneidert sein und damit auch nicht alle Potenziale nutzen können, die die Geschichte bietet.

parallel and from the outset of the project. The most important goals, resources and requirements have been defined. But does that already constitute a concept? No, it does not! So far, only the components of a possible offering for the visitor have been defined. These components represent the basis for an overall concept for the content – a very individual history, a unique museum. How a story is told and what the visitor will actually experience is decided at the planning stage. Creative partners should be consulted at this stage at the latest. The right mixture of conditions and discretionary scope offers the ideal starting point for the planning phase.

2. PLANNING – FROM CONCEPT TO SPACE

At the beginning of the planning, the content should be at the forefront. What story should the visitor be told? What central content should he experience? What pattern should the visitor experience follow? It is still not about space, but about the content sequence. Using this conceptual framework as a basis, the space requirements can be precisely defined and a draft design drawn up by an architect. It therefore makes sense to first appoint the exhibition designer and then after a conceptual framework has been developed to consult an architect. Museum designers, exhibition organisers, concept designers, scenographers – there are various names for this profession. Unlike architects, these planners have specialised in turning content requirements into visitor experiences. If you commission the architect first, it is much like awarding a packaging design for a product that does not exist yet. It is, of course, possible to build a neutral room in which a story can later be told. But this room will never be tailor made and will not use all the potential that the history has to offer.

Neutrale Räume, die viel Flexibilität bieten, sind zudem sehr teuer in der Herstellung. Ohne ein Gesamtkonzept ist es nicht möglich, dem Architekten die Vorgaben zu geben, die er für seine Planung benötigt. Wie können für einen Ausstellungsbereich sinnvolle Raumhöhen oder technische Vorgaben, wie z. B. Klimaanforderungen, benannt werden, wenn noch nicht klar ist, was ausgestellt werden soll? Wie können Flächenansätze vorgegeben werden, wenn die Funktionen oder Nutzungen noch nicht definiert sind? Der Inhalt sollte die zentrale Rolle spielen, denn er ist entscheidend für das Besuchererlebnis und muss deshalb auch zuerst entwickelt werden. Der Gebäudeentwurf hat die Vorgaben aus dem inhaltlichen Gesamtkonzept optimal zu unterstützen und zu steigern. Unabhängig davon, ob das inhaltliche Gesamtkonzept aus einem Wettbewerb oder einer Einzelbeauftragung entsteht, die Vorschläge werden in jedem Fall überraschen und zunächst ungewohnt sein. Eine gute Messlatte zur Bewertung der Konzepte und Ideen sind die Vorgaben aus der Startphase:

- Dient das Konzept dem definierten Ziel?
- Werden die Zielgruppen adäquat angesprochen?
- Ist die Zuordnung der Funktionen gelungen?
- Ist das Konzept mit den zur Verfügung stehenden Ressourcen umsetzbar?
- Bietet das Konzept auch Ausblicke für den Betrieb? (Aktualisierung, Bespielung etc.)

In dieser sehr frühen Planungsphase fallen die wichtigsten Entscheidungen; hier werden auch die Kosten des Projekts maßgeblich bestimmt. Je weiter die Planung fortschreitet, desto weniger kann die Kostenentwicklung beeinflusst werden. An diesem Punkt wird noch einmal ersichtlich, wie wichtig die Startphase für das Projekt ist. Es ist daher unerlässlich, dass diese frühen Vorgaben und Zieldefinitionen von den höchsten Entscheiderebenen mit getragen werden und möglichst

Neutral rooms with a high degree of flexibility are also very expensive to build. Without an overall concept, it is not possible to give the architect the instructions he needs for the planning. How can the right ceiling heights for an exhibition space or the technical requirements, e.g. air-conditioning, be specified without knowing what is to be exhibited? How can estimated area sizes be stipulated if the functions or usages are not yet defined? The content should play the central role because it is decisive for the visitor experience and must therefore also be developed first. The design of the building should support or even enhance the overall conceptual framework. Regardless of whether the overall conceptual framework stems from a competition or if it is commissioned directly, the proposals will most certainly be surprising and initially feel unusual. A good benchmark for evaluating the concepts and ideas are the requirements defined in the start phase:

- Does the concept serve the defined goal?
- Are the target groups addressed adequately?
- Have the functions been allocated successfully?
- Can the concept be realised with the available resources?
- Does the concept also offer perspectives for running it? (Keeping it up to date, programming, etc.)

It is at this very early planning phase that the most important decisions are taken and the costs of the project are largely determined. The further the planning advances, the less the cost development can be influenced. This shows just how important the start phase of the project is. It is therefore essential that these early specifications and goal definitions are carried at the highest decision-making levels so that they will not be revised later.

unverändert bleiben. So wie die Ergebnisse aus der Startphase die Basis für das inhaltliche Gesamtkonzept sind, so ist dieses nun die Basis für die Architektur. Aber auch für die Architektur sind die Ergebnisse aus der Startphase wichtig. Die Ziele des Projekts und auch die Definition der Zielgruppe sollten sich in der Architektur widerspiegeln – ja, sie sollten bereits die Auswahl des Architekturbüros mit beeinflussen.

Ebenso wie bei der inhaltlichen Gesamtkonzeption werden die ersten Ergebnisse der Architekten Überarbeitungen und Anpassungen durchlaufen müssen. Die Architektur kann dem inhaltlichen Konzept neue Impulse geben, die es zu integrieren gilt. Vielleicht sind die Zielsetzungen aus der Vorbereitungsphase anzupassen, wenn sich neue Erkenntnisse ergeben. Wichtig ist, dass zu jedem Zeitpunkt eine klare Zielvorstellung gegeben ist, an der die Projektentwicklung vorangetrieben werden kann.

In der weiteren Planung gilt es nun, zwei gänzlich unterschiedliche Abläufe aufeinander abzustimmen. Zum einen müssen die Inhalte weiterentwickelt werden: Exponate müssen definiert oder vielleicht noch beschafft oder restauriert werden, Texte dazu verfasst und Filme produziert werden. Zum anderen schreitet gleichzeitig die Planung für den Bau voran. Rechtzeitig müssen die Angaben vorliegen, wo Stromauslässe oder Datenanschlüsse benötigt werden, welche besonderen Lasten durch Exponate zu erwarten sind etc.

Auf der einen Seite arbeiten Texter, Historiker und Kulturwissenschaftler. Auf der anderen Seite Architekten, Statiker und Baufachleute. Beide haben oftmals wenig Wissen über die Arbeitsweise des anderen. Trotzdem müssen sich die Terminabläufe an einem bestimmten Punkt treffen und aufeinander abgestimmt werden. Entscheidend für die Terminabläufe ist oft die Ausführungsart. Wird ein Text im Siebdruckverfahren aufgebracht, so ist dies sehr viel leichter in der Werkstatt möglich.

Just as the results from the start phase formed the basis for the conceptual framework for the content, this now forms the basis for the architecture. The results of the start phase are, however, also important for the architecture. The goals of the project and also the definition of the target group should be reflected in the architecture – indeed they should influence the choice of architect.

Like the overall conceptual framework, the first results of the architect will pass through a series of revisions and adjustments. The architecture can give the conceptual framework new impetus which will then have to be integrated. Perhaps the objectives from the preparatory phase have to be adjusted in light of new findings. What is important at this point in time is that a clear vision is in place which drives the project development along.

In the planning of the next stage, two completely different processes have to be reconciled with one another. On the one hand, the content has to be refined: exhibits have to be defined or maybe purchased or restored, texts have to be written and films produced. At the same time, the planning for the construction progresses. For instance, details of where the electricity outlets or data connections are needed or where extreme loads are to be expected from exhibits have to be provided in time.

On the one side, copywriters, historians and cultural scientists are doing their job. On the other, there are the architects, structural engineers and construction experts. The two sides often have little idea about how the other side works. Nevertheless, the timelines have to meet at a certain point and be reconciled with one another. The type of execution is often decisive for the timeline. If a text is applied using screen printing, this can be done so much easing in the workshop.

Dies erfordert, dass der Text sehr früh zur Verfügung steht, da danach noch das Lektorat und ggf. Übersetzungen, Bildbearbeitung, grafische Ausgestaltung, Satz und Druckvorlagenherstellung zu berücksichtigen sind, bevor der Druck in der Werkstatt und danach die Montage des Möbels im Museum erfolgen kann. Wird mit Klebefolien gearbeitet, können Texte noch kurz vor Eröffnung auf der Baustelle geklebt werden. Die Ausführungsart kann also nicht nur nach gestalterischen Kriterien festgelegt werden, sondern muss auch die zur Verfügung stehenden Ressourcen der Mitarbeiter berücksichtigen.

Schwierig wird es, wenn Abläufe grundsätzlich entgegengesetzt gelagert sind. So wurden z. B. beim Mercedes-Benz Museum die Inhalte gemäß des Besucherweges entwickelt. Da dieser im obersten Stockwerk beginnt, wurde auch die inhaltliche Konzeption vom obersten Geschoss bis hinunter ins Erdgeschoss erarbeitet. Die Architekten arbeiteten jedoch gemäß dem Herstellungsprozess des Hauses – also vom Keller zum Dach. Sie fragten zuerst nach den genauen Angaben zu den Bauteilen im unteren Teil des Hauses. Diese beiden Terminabläufe von Inhalt und Bau gilt es aufeinander abzustimmen und ein Bewusstsein auf beiden Seiten zu schaffen. Eine professionelle Unterstützung im Bereich Projektmanagement ist für die gesamte inhaltliche Arbeit ebenso wichtig wie für den Bau.

3. UMSETZUNG – VOM PLAN ZUM BAU

Meistens wird mit der Umsetzung begonnen, sobald die Planung des Rohbaus abgeschlossen ist. Die fertig geplanten Leistungen werden ausgeschrieben, d. h. die Leistungsverzeichnisse werden von den Planern erstellt. Auf Basis dieser Leistungsverzeichnisse bieten ausführende Firmen ihre Leistungen an und mit der Vergabe an einen Bieter wird das Leistungsverzeichnis mit den Preisen

This means that the text has to be available at a very early stage because before a text can be printed in the workshop and subsequently installed in the museum it will have to be proofread, possibly translated, images processed, graphic design, typesetting and artwork completed. If adhesive film is used, texts can be affixed in the construction site, even shortly before opening. The type of execution therefore depends not only on design criteria, but also the human resources available.

Things get difficult when the processes run contrary to each other. At the Mercedes-Benz Museum, for instance, the content was developed along the route to be taken by the visitor. As this begins on the top floor, the concept for the content was also developed from the top floor down to the ground floor. The architects, however, worked in the way a house is built – i.e. from the cellar to the roof. Naturally, they therefore asked first for the precise specifications of the components in the lower part of the building. These two timelines of content and construction have to be reconciled with one another and an awareness for the other party created on both sides. Professional support in the area of project management is equally important for the whole content work as it is for the construction work.

3. REALISATION – FROM PLAN TO CONSTRUCTION

The realisation usually commences as soon as the planning of the building shell is completed. Work that has been finalised is put out for tender, i.e. the contract specifications are drawn up by the planners. Based on these contract specifications, contractors offer their services and once the contract has been awarded to one of the bidders, the contract specifications become a construction contract including the prices of the bidders.

des Bieters zum Bauvertrag. Nach einer kurzen Vorlaufphase kann dann mit dem Bau begonnen werden. Die Umsetzungsphase läuft also nicht nach der Planungsphase ab, sondern parallel dazu. Besonders wichtig ist in dieser Phase, dass aufgrund der noch ausstehenden Planungen nicht bereits fertig gestellte Planungen überarbeitet werden müssen. Dies erfordert dann nicht nur eine Anpassung der Planung, sondern auch eine Anpassung der bereits abgeschlossenen Bauverträge und ist meist mit Terminverzögerungen und Kostensteigerungen verbunden.

Für den Bauherrn wird das Projekt mit Baubeginn erstmals sichtbar und greifbar. Die Versuchung, sich nun mit Ideen und Vorschlägen einzubringen, ist groß – für den Bauherrn geht es gerade erst richtig los! Für die Planer ist der Prozess aber fast abgeschlossen. Es ist nicht immer leicht zu vermitteln, dass die größte Aktivität des Bauherrn am Anfang des Projekts notwendig ist und nicht am Ende. Ein gut aufgestelltes Änderungsmanagement, das die Auswirkungen von Änderungen auf Kosten, Termine und Qualitäten klar und transparent abbildet, ist in dieser Phase sehr hilfreich.

Während der Umsetzungsphase gibt es eine Fülle von anderen Tätigkeiten, die der Bauherr bzw. der spätere Nutzer des Museums vorantreiben und koordinieren muss: Transport und Einbringung der Exponate, Einstellung des Personals, Klärung der Betriebsprozesse, Gebäudemanagement, Pressearbeit und vieles mehr sind nun gefragt.

4. BETRIEB – VOM GEBÄUDE ZUM LEBENDIGEN OBJEKT
Bevor das Museum eröffnet werden kann, muss das Gebäude in Betrieb genommen werden. Die Inbetriebnahme ist ein häufig unterschätzter Ablauf, der jedoch insbesondere bei großen Projekten sehr komplex werden kann und einer guten Planung bedarf.

After a brief run-up phase, the construction work can commence. Thus, the realisation phase does not commence after the planning phase, but parallel to it. In this phase it is particularly important that plans that have already been finalized do not have to be revised due to the planning that is still outstanding. This would entail not only adjusting the planning, but also an adjustment of construction contracts that have already been concluded and will normally involve delays and cost increases.

For the developers, the project only becomes visible and tangible when construction work begins. The temptation to contribute ideas and suggestions is therefore great – for the developers things are just getting going! For the planners, by contrast, the process is almost finished. It is not always easy to explain that the greatest input of the developers is necessary at the beginning of the project, and not at the end. A well-organised change management which clearly and transparently maps the effects of changes on costs, deadlines and qualities is very helpful in this phase.

During the realisation phase, there is a multitude of other tasks which the developers or the later user of the museum has to press ahead with and coordinate: transportation and installation of exhibits, hiring staff, clarifying the operating processes, facility management, press work and much more are now the order of the day.

4. OPERATION – FROM BUILDING TO LIVING OBJECT
Before the museum can be opened, the building has to be commissioned. Commissioning is a frequently underestimated procedure and which can be highly complex, particularly with large projects, and requires careful planning.

Eine Fülle von Betriebsprozessen gilt es im Voraus zu bedenken und bereits in der Planungsphase zu klären. Stellvertretend sind hier drei Beispiele genannt:

- Wer schließt morgens das Gebäude auf und wo geht das Licht an?
- Was ist zu tun, wenn ein Besucher sich verletzt?
- Wo kann der geliebte Vierbeiner des Besuchers untergebracht werden, wenn er in der Ausstellung nicht zugelassen ist?

Das gesamte Personal muss geschult und auf die neuen Aufgaben vorbereitet werden. Wie ist es gekleidet und welche Sprachen muss es sprechen? Bei sehr komplexen Projekten empfiehlt sich ein Probebetrieb. Ein kostenloser Zutritt für Vorab-Besucher kann als Marketinginstrument genutzt werden und kleine Missgeschicke werden in dieser Phase leicht verziehen. Nicht alles funktioniert auf Anhieb und insbesondere bei komplexen technischen Anlagen ist der Know-how-Transfer von Planung und Bau hin zu den Betreibern ein Schritt, der Wochen oder gar Monate in Anspruch nehmen kann. Deshalb empfiehlt es sich, dass die Betreiber sehr frühzeitig in den Bauprozess mit einbezogen werden, um die Anlagen bereits bei der Montage kennenzulernen. Genauso können bereits in den Bauverträgen von den ausführenden Firmen Schulungen bis weit hinein in den Betrieb vereinbart oder gar komplette Betriebsszenarien mit verhandelt werden.

Für den laufenden Betrieb gilt: Das schönste Konzept ist nur so gut, wie es täglich gelebt wird. Die Freundlichkeit am Empfang ist dem Besucher oft länger in Erinnerung als ein weiteres schönes Exponat. Auch die Aktualisierung des Konzepts ist sehr wichtig. Generell gilt: Je aktueller die Inhalte, desto schneller veralten sie. Es ist also wichtig, bereits bei der Konzeption Aktualisierungsmöglichkeiten mit einzuplanen und diese auch in der Budgetplanung für den Betrieb zu

A whole variety of operating processes have to be considered beforehand and need to clarified in the planning phase. To name but a few examples:

- Who unlocks the building in the morning and where are lights switched on?
- What has to be done when a visitor injures him- or herself?
- Where can visitors' dogs be tied up if they are not allowed into the exhibition?

All the staff have to receive training and be prepared for the new tasks. How will they be dressed and what languages do they have to speak? For highly complex projects, a trial operation or test run is advisable. Free entrance for pre-opening visitors can be used as a marketing instrument and minor hiccups are more readily forgiven in this phase. Not everything will work first time and particularly in the case of complex technical equipment, the know-how transfer from planning and construction through to the operators is a step which can take weeks if not months. It is therefore advisable to involve the operator in the construction process at a very early stage so that they get to know the equipment when it is being installed. Equally, the construction contracts with the contractors can include training that continues right through to the operating phase or even entire operating scenarios.

For the day-to-day operations the following rule applies: the best concept is only as good as the way it is filled with life every day. The friendliness at the reception often sticks in the mind of a visitor longer than another fantastic artefact. Updating the concept is also very important. Generally speaking: the more current the content, the faster it goes out of date. It is therefore important to already integrate possibilities for updating the museum in the conception, taking this into account in the budgeting for the operations.

berücksichtigen. Ferienprogramme für Kinder, Besucherführungen mit neuen Themen, Events und Sonderveranstaltungen bringen das Museum immer wieder in die Presse, sorgen für Bekanntheit in der Öffentlichkeit und geben dem Besucher Grund zu einem erneuten Besuch. Die Bespielungskonzepte sind bereits in der Planungsphase zu bedenken. Sie machen einen Großteil des Besuchererlebnisses aus.

SCHLUSSBETRACHTUNG

Die Erstellung eines Museums ist sehr komplex und aufgrund der Unterschiedlichkeit der einzelnen Projekte gibt es keine standardisierte Abwicklung – dies ist ganz typisch für klassische Projektarbeit. In der Art der Herangehensweise liegen große Potenziale – insbesondere im Hinblick auf Kosten und Termine, aber auch im Hinblick auf die Qualität des Konzepts. Ob es um Ausstellungen in staatlichen Museen, um Konzepte für Firmenmuseen oder gar um ganze Erlebnisparks geht, der hier beschriebene ideale Ablauf unterscheidet sich nicht. Die Anfänge sind entscheidend – je mehr Sorgfalt hier aufgewendet wird, desto besser wird das Museum gelingen!

Holiday programmes for children, guided tours with new themes, events, and specials keep the museum in the press, ensure that it is well known and give the visitor a reason to visit again. Programming concepts should be considered in the planning phase. They make up a large part of the experience for the visitor.

CONCLUSION

Developing a museum is a highly complex process and because no two projects are alike there is no standardised approach – that is very typical of classical project work. The way the project is approached harbours a great deal of potential, particularly in terms of costs and deadlines but also the quality of the concept. Whether the project in hand is an exhibition in a public museum, a concept for a corporate museum or even a theme park – the ideal process described here never varies. The beginnings are decisive – the more care applied here, the better the museum!

CHRISTINE KAPPEI

Christine Kappei ist Architektin und führt seit 2006 ein Büro für Baukostenplanung und Projektmanagement für Museen in Stuttgart. Der Schwerpunkt ihrer Arbeit ist die Schnittstelle zwischen inhaltlichen Konzepten und deren Umsetzung im Bauablauf. Vor ihrer Selbstständigkeit war sie bei HG Merz verantwortliche Projektleiterin für das neue Mercedes-Benz Museum in Stuttgart. Christine Kappei ist Professorin an der Hochschule für Technik in Stuttgart und lehrt in den Fachbereichen Bauorganisation und Internationales Projektmanagement.

Christine Kappei is architect and since 2006 runs an office for building cost planning and project management for museums in Stuttgart. Her work focuses on the interface between content and its realisation in the construction phase. Before setting up business on her own, as project manager at HG Merz she was responsible for the new Mercedes Benz museum in Stuttgart. Christine Kappei is professor at the Hochschule für Technik in Stuttgart. She teaches building organisation and international project management.

MUSEUM … IS FOREVER – ZUM TRANSFER DES FORMATS „MUSEUM" IN DIE SPHÄRE DER UNTERNEHMEN
MUSEUM … IS FOREVER – TRANSFERRING THE "MUSEUM" FORMAT TO THE CORPORATE SPHERE

Einmal jährlich veröffentlicht das Institut für Museumsforschung die „Statistische Gesamterhebung an den Museen der Bundesrepublik Deutschland". Und wenige Tage später steht es in jeder Zeitung: die deutschen Museen haben höhere Besuchszahlen als die Fußballstadien! Die jüngste vorliegende Zahl ist die für das Jahr 2010: 109 Millionen Besuche in einem Jahr! Zählt man noch jene der Ausstellungshäuser ohne Sammlung hinzu, kommt man auf 115 Millionen. Jeder, der in einem kommerziellen Geschäftsfeld tätig ist, merkt sofort, dass dies ein riesiger Markt sein muss. Diese Perspektive, dass das Museum ein erfolgreiches Instrument ist, um Menschen an einen Ort zu locken, dürfte der Grund dafür sein, dass das Format Museum immer häufiger von Unternehmen adaptiert wird.

Unter den über 6.200 Museen in Deutschland, die das Institut für Museumsforschung erfasst, sind nur einige wenige Firmenmuseen. Davon gibt es insgesamt ca. 200. Dazu zählen die großen Museen der Automobilhersteller in Wolfsburg, Stuttgart, München und Ingolstadt, die seit dem Jahr 2000 alle erneuert und erweitert wurden. Sie sind die Pace-Setter in der Wahrnehmung der Firmenmuseen. Die Besucherfrequenz dieser Einrichtungen kann sich mit der der größten Kunst- oder Kulturmuseen messen – häufig liegen sie sogar hinsichtlich der Publikumsresonanz vor ihren lokalen öffentlichen Nachbarn, obgleich diese in den reichen Landeshauptstädten im Süden durchaus Schwergewichte der Museumswelt sind.

In Bayern hat die BMW Welt, die nun kein Firmenmuseum ist, sondern eine Markenerlebniswelt und quasi die große – wenn auch jüngere – Schwester des benachbarten BMW Museums, den Rang der meistbesuchten Attraktion des ganzen Bundeslandes eingenommen und steht somit vor

Once a year, the Institut für Museumsforschung (Berlin-based institute responsible for museum research) publishes a statistical survey on museums in the Federal Republic of Germany. A few days later every newspaper reports that the German museums have higher visitor numbers than football stadiums! The most recent figures available are for 2010: 109 million visits in one year. If those exhibition houses without a collection are counted as well, the figure rises to 115 million. Anyone working in a commercial sector realises immediately that this must be a huge market. This perspective that the museum is a successful instrument to attract people to a place is presumably the reason why companies are increasingly adopting the museum format.

Of the more than 6,200 museums in Germany surveyed by the Institut für Museumsforschung, only very few are corporate museums. In fact, there are only around 200. They include the large museums of the car makers in Wolfsburg, Stuttgart, Munich and Ingolstadt, all of which have been renewed and expanded since 2000. They are perceived as the pacesetters among the corporate museums. The visitor frequency of these facilities is comparable to that of the largest art and cultural museums – in fact they often beat their local public neighbours in terms of the interest they attract, despite the fact that the museums in the wealthy state capitals in the south are among the heavyweights in the world of museums.

so namhaften Konkurrenten wie Neuschwanstein, Nymphenburg, den Pinakotheken … und eben dem BMW Museum. Entbunden von den Zwängen eines Museums kann die Markenwelt jedwedes Angebot machen, das sich irgendwie um die „Marke" herum organisieren lässt. Das Firmenmuseum ist in seiner Form und seinen Möglichkeiten etwas enger gefasst, aber es hat gleichermaßen der „Marke" zu dienen.

Dieser auf Marktwert und Markenbindung äugende Erfolg ist überaus interessant und verständlich. Firmenmuseen werden in den seltensten Fällen gegründet, weil man ein Museum betreiben möchte. Firmen richten Museen vordergründig deshalb ein, weil sie Material dafür haben, vielleicht ein Jubiläum ansteht oder ein Wechsel in der Führung, vielleicht weil ein altes Firmengebäude eine Nachnutzung sucht oder um ein durch einen Konkurrenten geschaffenes neues, werbewirksames Angebot zu kopieren. Wenn ein Unternehmen aber ein Museum gründet, geschieht dies immer im Sinne des Unternehmens. Ein Firmenmuseum soll als funktionierendes Element im Marketing-Mix eine zentrale Rolle bei der Markenbildung, beim Markenerlebnis und in der Kundenbindung übernehmen. Es ist ein wichtiges Instrument im Bereich der internen und externen Kommunikation und dient der Repräsentation ebenso wie der Schulung und dem Public Relation Management.

Daher erfolgt zwar häufig der Impuls für das Projekt des Firmenmuseums durch die Archivare oder das „History Department" im Unternehmen, aber im Verlauf der Umsetzung wird es früher oder später ein Projekt unter der Ägide der schnittigen Damen und Herren vom Marketing. Und die Zahlen sprechen hier für sich. Auch abseits der großen Zentren stellen Firmenmuseen immer häufiger spannende Destinationen für den Tourismus dar und erreichen Publikumszahlen, von denen klassische Museen nur träumen können. Die Hansgrohe Aquademie der Firma Hansgrohe in Schiltach im Schwarzwald erreicht über 100.000 Besucher pro Jahr. Sie verbindet in sich die

In Bavaria, BMW Welt, which is more a brand experience world than a corporate museum and essentially the big – if younger – sister of the adjacent BMW Museum, is the best visited attraction in the whole state of Bavaria, ahead of prestigious competitors such as Neuschwanstein, Nymphenburg, the Pinakothek museums … and the BMW Museum itself. Released from the constraints of a museum, the brand world can offer anything that can be organised around the "brand". The corporate museum has somewhat narrower confines, but still serves the "brand".

Geared as it is to enhancing market value and strengthening brand loyalty, this success is extremely interesting and understandable. Corporate museums are rarely founded because the company wants to run a museum. The main reason for setting up museums is because they have material for a museum, perhaps there is an anniversary to celebrate or a change in management, maybe because an old company building is looking for a new purpose or to copy a new offering which a competitor has created to showcase itself. But when a company founds a museum, they always do so in the interest of the company. A corporate museum is designed to play a central role in the marketing mix in the context of branding, brand experience and reinforcing customer loyalty. It is an important tool in internal and external communication, can be used for promotional and training purposes and also public relations. Thus, although the idea for the corporate museum often stems from the archivists or the history department of a company, in the course of its implementation sooner or later it becomes a project managed by the smart ladies and gentlemen from marketing. And the figures speak for themselves. Even off the beaten track, corporate museums are more and more frequently becoming exciting destinations for tourism and achieve visitor figures which

Elemente eines Showrooms, eines Science Centers, eines kulturhistorischen Museums sowie eines Fortbildungszentrums. Nun kommen die Besucher nicht zwangsläufig wegen des Museumsbereichs mit dem Thema „700 Jahre Badekultur in Europa" – aber immerhin finden über 100.000 Menschen ihren Weg in das in einem Schwarzwaldtal gelegene Städtchen aufgrund des Angebotes der Hansgrohe Aquademie.

Die Firmenmuseen bewegen sich, wie dieses Beispiel zeigt, freier und vor allem ungezwungener im Rahmen der verfügbaren Mittel, um ihr Publikum zu erreichen. Man stelle sich vor, die Alte Pinakothek in München würde einen ähnlichen Mix an Angeboten entwickeln wie die Hansgrohe Aquademie. Sie würde über ein angeschlossenes Science Center und einen Erlebnisbereich verfügen. Vielleicht gelänge das sogar mit vergleichbarem Erfolg? Aber wäre sie dann noch dieselbe Einrichtung? Man müsste wohl fürchten, dass sie ihren „Markenkern" verlieren würde. Gerade diese großen Museen aus dem 19. Jahrhundert atmen in ihren Räumen noch etwas von jener Zeit und Gesellschaft, in der Männer Hüte trugen und alles, was heute Mode ist, völlig undenkbar war, das meiste wohl als obszön gegolten hätte.

Museen sind Erfindungen einer besonderen Epoche. Und sie verkörpern bestimmte Werte, die in dieser Epoche selbstverständlicher waren, als sie das heute sind. Es ist nicht einfach ein in Fleisch und Blut übergegangener Beißreflex, der alle Museumsdirektoren öffentlicher Institutionen vereint, wenn die von politischen Trägern in den Raum gestellte Forderung nach höheren Besucherzahlen ertönt und auf den Erfolg kommerziell geführter Einrichtungen hingewiesen wird. Die Direktoren bestehen darauf, dass Museen unter anderen Bedingungen agieren als Unternehmen, wenn diese etwas betreiben, das sie Museum nennen.

conventional museums can only dream of. The Hansgrohe Aquademie run by the company Hansgrohe in Schiltach in the Black Forest attracts more than 100,000 visitors a year. It combines the elements of a showroom, a science centre, a cultural-historical museum and a training centre. The visitors will not necessarily go there to see the museum section presenting "700 years of bathing culture in Europe" – but still, more than 100,000 people make their way to a small town located in a Black Forest valley each year to see what the Hansgrohe Aquademie has to offer.

As this example shows, corporate museums can act more freely and above all with fewer constraints and use the funds available to attract visitors. Imagine the Alte Pinakothek in Munich was to develop a similar mix of offerings like that of the Hansgrohe Aquademie. It would incorporate a science centre and a museum experience section. Perhaps that would be achieved with comparable success. But would it still be the same institution? It is to be feared that it would lose its "brand core". In the rooms of these large museums from the 19th century one still breathes something of the time and society of that era when men still wore hats and everything that is fashionable these days would have been unthinkable, if not obscene.

Museums are inventions of a special era. They embody certain values which at that time were more self-evident than is the case today. When the political organisation that funds a museum calls for higher visitor figures with reference to the success of the commercially run institutions all museums directors of public institutions react in the same way. They insist that museums work under other conditions than companies that run something they call a museum.

Museums put together, preserve, research and publicly display collections. This means that they assemble things which have to be conserved in order to be able to convey what knowledge and insight can be gained through the study of these collections. Museums are fighting against

Museen erstellen, bewahren, erforschen und veröffentlichen Sammlungen. Das heißt, sie versammeln Dinge, die sie erhalten müssen, um vermitteln zu können, was man durch Studium dieser Sammlungen an Erkenntnis gewinnen kann. Museen kämpfen gegen die Zeit; je älter die Sammlungen, desto bedeutender, desto schwieriger zu erhalten und desto unverständlicher sind sie. Dieser Teil der Arbeit der Museen, der Sammlungserhalt, ist zeit-, personal-, flächen- und kostenintensiv. Und er ist wenig spektakulär.

Die Menschen, die früher in einem Museum arbeiteten, hießen Konservatoren – Bewahrer. Teilweise heißen sie heute auch noch so, mittlerweile gibt es aber ein ganzes Berufsfeld, das auf deutsch Restaurierung heißt, im Englischen aber „conservation". Die Leute, die heute erfolgreich Firmenmuseen betreiben, heißen anders und verstehen ihre Aufgabe auch anders. Die Aufgabe des Sammlungserhalts stellt sich jedoch auch all jenen Firmenmuseen, die mit Anspruch eine Sammlung verwalten und sich als Museum ernst nehmen.

Auch sie beschäftigen Restauratoren, verwalten Depots, sehen sich mit Fragen des Sammlungszuwachses, mit den Kosten für Restaurierung und mit Forschungsfragen konfrontiert, die der Erhalt zeitgenössischen Kulturguts mit sich bringt.

Es ist daher falsch, zu glauben, dass sich die Zeit geändert hat und heute Museen anders gemacht werden müssen. Die Grundaufgabe der Museen, wie sie sich im Verlauf der letzten 350 Jahre entwickelt hat, ist vor dem Ausstellen vor allem das Bewahren der Sammlungen. Den an Eintrittskarten abzählbaren Erfolg erreicht man nicht mit der Sammlung, man erreicht ihn mit der Attraktion, dem Programm, dem Spektakel. Deswegen ist die BMW Welt auch besser besucht als das BMW Museum.

Museen haben zwar den alltäglichen öffentlichen Nutzen, dass Besucherinnen und Besucher sich die Sammlungen anschauen, teilweise im Rahmen dieses Besuchs sogar etwas lernen können.

time; the older the collections, the more important, the more difficult they are to preserve and the less comprehensible. This part of the work of the museums, the preservation of the collection is time consuming, costly, labour intensive and requires a lot of space. And it is not particularly spectacular.

The people who work in a museum used to be called "conservators" – custodians. And sometimes they are still called this, and meanwhile there is a whole range of professions which are devoted to restoration or conservation. The people who run successful corporate museums today are called something else and also understand their task differently. The task of preserving the collection, however, also faces all those corporate museums who manage a collection with high standards and which see themselves as a serious museum.

They too employ conservators, manage repositories, are confronted with questions relating to additions to the collection, with costs for their conservation and with research questions which the preservation of contemporary cultural heritage brings with it.

It would therefore be wrong to believe that the times have changed and museums have to be done differently these days. The basic task of museums as they have developed over the past 350 years is above all the conservation of collections, before they are exhibited. The success that can be measured on the number of entrance tickets sold is not achieved with the collection but with the attraction, the programme, the spectacle. That is why BMW Welt has more visitors than the BMW Museum.

Und unter dem Aspekt des Publikumserfolgs kann man all diese Ausstellungen und alle Angebote, die dazu gehören, durchaus so gestalten und organisieren, dass sehr viele Menschen einen schönen Aufenthalt verleben. Aber der tatsächliche gesellschaftliche Wert der Museen liegt darin, dass sie die Sammlungen erhalten. Und zwar trotz widriger Umstände, wenn größte wirtschaftliche Not oder Krieg herrschen. Und auch wider den Impuls, alles zu versilbern, was verkäuflich wäre.

Der Sammlungserhalt ist der ursprüngliche Auftrag der Museen. Die Epoche, aus der die meisten großen Museen in Deutschland stammen, ist die Zeit zwischen 1806 und 1871; sie umfasst also jene 65 Jahre nach der Auflösung des Heiligen Römischen Reichs Deutscher Nation, bis das Deutsche Kaiserreich unter Führung Preußens eine neue nationale Einheit schuf.

Es war eine Zeit großer politischer Unsicherheit, ein Systemwechsel von der Monarchie zur Demokratie wurde befürchtet und erhofft und Europa wurde in zahlreichen Kriegen alle paar Jahre neu aufgeteilt. Die Ära des alten Kaiserreichs war nach 1.000 Jahren zu Ende gegangen. Die der lokalen Fürsten war bereits im Schwanken begriffen. Und in genau dieser Phase entstehen aus den vormals fürstlichen Sammlungen überall öffentliche Sammlungen zur Kunst, zur Archäologie, zur Naturkunde. Wissen um die Herkunft – um die vergangenen Leistungen und Krisen – sollte Halt geben und Zuversicht in der eigenen vagen Zeit. Die eigene Bedeutung und Größe wurde abgeleitet aus der „großartigen Vergangenheit" – die Identität der Nation sollte erwachsen aus den Zeugnissen der Geschichte.

Außerdem sollten die Schätze vor dem Verschwinden gerettet werden. Die Sammlung im öffentlichen Besitz war nicht so gefährdet wie jene im privaten herrschaftlichen Besitz, die im Falle von Krieg oder Revolution der blinden Zerstörung hätte zum Opfer fallen können.

One everyday, public benefit of museums is certainly that visitors can look at the collections, and possibly even learn something during their visit. And with a view to achieving success measured in terms of ticket sales, these exhibitions and all the offerings that go with them can be designed and organised in such a way that many people pass a pleasant afternoon. But the actual social value of the museums lies in the conservation of their collections – despite adverse conditions and even in times of economic crisis or war, resisting the urge to sell off the "family silver".

The conservation of the collection is the original responsibility of the museums. The era from which most of the big museums in Germany stem is the period between 1806 and 1871, covering those 65 years after the end of the Holy Roman Empire until the German Empire under the leadership of Prussia created a new national unity.

It was a time of great political uncertainty, a system change from the monarchy to democracy was feared and hoped for, Europe was being redivided every few years in numerous wars. The era of the old empire ended after 1,000 years. That of the local princes was already wavering. And yet it was just in this phase that public collections of art, archaeology, natural science emerged from the previous collections of the princes. Knowledge of the origin – of past achievements and crises – was intended to give support and optimism in uncertain times. Significance and greatness were derived from the "great past", the identity of the nation should accrue from the historical evidence.

And the treasures were to be saved from disappearing. Collections in public ownership were not at such great risk as those owned privately by the rulers which could have fallen prey to blind destruction in the event of war or revolution.

Museen erhalten Dinge und schützen sie nach Kräften vor dem Untergang. Durch das Angebot der öffentlichen Zurschaustellung der Sammlungen erlauben sie dabei Identifikation und Wertschätzung. Sie bieten Orte, an denen sich die Zivilgesellschaft ihrer eigenen Herkunft und Werte bewusst werden kann.

Vor der Folie der historischen Entstehungsgeschichte ist es interessant, die aktuellen Entwicklungen der Museumswelt zu betrachten. Die Formatkopie der Industrie, die ganz heterogene Angebote Museum nennt, ist nicht nur eine erfolgreiche Strategie zur Generierung kurzfristiger Kundenbindung und zur Erreichung strategischer Kommunikationsziele.

Sie ist eine Reaktion auf die große gesellschaftliche und politische Umwälzung, die Anfang der 90er Jahre des 20. Jahrhunderts begonnen hat. Nationalstaaten und ihre Identitäten werden durch Staatenbündnisse, die globalisierte Wirtschaft sowie ubiquitäre Kommunikationsmöglichkeiten in Frage gestellt. Unternehmen bewegen sich in einem temporeichen Wettkampf um Innovation und Marktkraft. Man kann sagen, dass nach dem ersten Jahrzehnt des 21. Jahrhunderts die Zukunft vieler Unternehmen ähnlich ungewiss ist wie die der Fürstenhäuser in der Mitte des 19. Jahrhunderts.

Die Unternehmen und ihre Unternehmer sind selbst zu einer historischen Größe geworden. Sie waren seit Mitte des 19. Jahrhunderts eine Elite mit großer Machtfülle und gesellschaftlicher Vorbildfunktion geworden und hatten der ehemaligen gesellschaftlichen Elite, dem Adel, den Rang abgelaufen. Heute sehen sie sich in einer ähnlichen Situation wie die Fürstenhäuser um 1860 in Deutschland. Es ist ungewiss, ob es sie in ein paar Jahren noch geben wird, viele sind schon in den vergangenen Jahren verschwunden, mehr noch werden verschwinden. Und so mehren sich die Einrichtungen, die die Leistungen jener Epoche der modernen Industrie konservieren und so gleichzeitig die ganze Epoche vor dem Verschwinden retten sollen.

Museums preserve things and protect them as best they can from loss. By putting the collections on public display, they allow identification and appreciation. They offer places where civil society can become aware of its own origin and values.

It is interesting to consider the current developments in the world of museums in light of these historical origins. The format copy by industry which calls all mannor of offerings "museum" is not only a successful strategy with which to obtain short-term customer loyalty and to achieve strategic communication objectives. It is also a reaction to the massive social and political change which began in the early 1990s. National states and their identities are questioned by alliances of nations, the globalised economy as well as ubiquitous communication possibilities. Companies compete at high speed for innovation and market power. One could say that after the first decade of the 21st century, the future of many companies is just as uncertain as it was for the nobility in the middle of the 19th century.

The companies and their entrepreneurs have themselves become an historical factor. Since the middle of the 19th century they had become an elite with great power and a social role model function and had taken over from the former social elite, the aristocracy. Today, they find themselves in a situation similar to that of the nobility in Germany around 1860. It is uncertain whether they will still exist in a few years, how many have already disappeared in recent years, how many more are yet to disappear. And that is why the institutions which are designed to conserve the achievements of the era of modern industry aim at the same time to save the whole era from disappearing.

Das Erwin Hymer Museum in Bad Waldsee ist ein Beispiel hierfür. Es musealisiert nicht nur die Firma und ihre Produkte, sondern auch die gesamte Kulturgeschichte des Camping-Reisens. Aufgemacht ist es als architektonisch moderne Erlebniswelt, die sich der Mittel der zeitgenössischen Ausstellungsgestaltung bedient. Das große Gebäude liegt mit seinen abgerundeten Ecken und seiner voll verglasten Fassade ein bisschen wie eine überdimensionierte Vitrine auf den grünen Hügeln Oberschwabens. Es erinnert durch seine exponierte Stellung ein wenig an eine Ruhmeshalle – ähnlich vielleicht wie „Walhalla" bei Regensburg, mit der die bayerischen Könige herausragende Köpfe der Geschichte verewigen wollten.

Aber auch das Museum rettet nicht immer vor dem Verschwinden. Das ehemalige Museum des Unternehmens Märklin wirbt heute mit derb-marktschreierischer Baumarkt-Ästhetik für sein aktualisiertes Angebot: Märklinmuseum jetzt Erlebniswelt! Und sieht dabei aus wie der Ramschkasten im Schlussverkauf-Angebot eines Kaufhauses.

Die meisten Firmenmuseen widmen sich kulturgeschichtlichen Phänomenen wie Verkehr, Reise, Spiel, Fabrikation usw. Was diese Sammlungen vor der Vergänglichkeit bewahren werden, wird die Zeit zeigen.

EXKURS: FIRMENEIGENES KUNSTMUSEUM

Ein anderes Museumsformat, das Firmen zusehends für sich entdecken, sind die öffentlich präsentierten Kunstsammlungen des Unternehmens oder des Unternehmers.

Diese Museen agieren als Kunstmuseum mit dem gleichen Anspruch wie öffentlich finanzierte Kunstsammlungen. Häufig haben sie aufgrund der konsequenten Erwerbsstrategie, guter Ankaufsetats, dem Verständnis, dass eine Sammlung auch zugunsten besserer Sammlungsbeiträge verändert werden kann, außerordentliche Sammlungen, die in jeder Hinsicht mit öffentlichen Institu-

The Erwin Hymer Museum in Bad Waldsee is an example of this. It not only puts the firm and its products into a museum, but also the whole cultural history of camping travel. Architecturally, it takes the form of a modern museum experience using contemporary exhibition design techniques. The large building with its rounded corners and fully glazed facade is a bit like an oversized display case on the green hills of Upper Swabia. Thanks to its exposed position, it is somewhat reminiscent of a hall of fame – like the "Walhalla" perhaps near Regensburg with which the Bavarian kings wanted to immortalise outstanding historical figures.

But a museum does not always stop things disappearing. The former museum of Märklin today advertises its updated offering with the course and blatant aesthetics of a DIY centre: Märklin museum now adventure world! And it looks like a rummage box in the end-of-season sale of a department store.

Most corporate museums are devoted to cultural-historical phenomena such as transport, travel, games, fabrication, etc. What these collections actually preserve for posterity only time will tell.

A BRIEF ASIDE: IN-HOUSE ART MUSEUM

Another museum format which firms are increasingly discovering is the public presentation of art collections belonging to the company or entrepreneur.

These museums act as art museums with the same standards as publicly financed art collections. Thanks to a consistent acquisition strategy, a healthy budget combined with an understanding that a collection can be changed in favour of better additions to the collection, they often

tionen konkurrieren können. Infolge hoher professioneller Standards, sehr guter Verbindungen und eines hohen Erfolgsdrucks sind diese firmeneigenen Kunstmuseen auch häufig Veranstalter herausragender Sonderausstellungen.

Ein Beispiel hierfür sind das Museum Würth in Künzelsau und die Kunsthalle Würth in Schwäbisch Hall: die Sammlung beschickt darüber hinaus Ausstellungshäuser bei Unternehmensdependancen in neun anderen europäischen Ländern.

Die firmeneigenen Kunstmuseen unterscheiden sich also vorrangig in ihrer Trägerschaft und in ihren Strukturen von staatlichen Museen. Sie widmen sich jedoch in gleicher Art und Weise den vier signifikanten Aufgaben des Museums: dem Sammeln, Bewahren, Erforschen und Vermitteln. Die Bedeutung ihrer Tätigkeit legitimiert sich durch jene zahlreichen öffentlichen Institutionen, die sich derselben Aufgabe verschrieben haben.

In diesen Kunstmuseen wird neben der eigentlichen Sammlung auch der Name des Sammlers verewigt. Hier sind es die Person, ihr Name und ihre Haltung, die vor dem Vergessen und Verschwinden bewahrt werden sollen – ein legitimer Zug, hat man doch stets den großen römischen Kunstförderer Maecenas vor Augen, wenn man vom Mäzenatentum spricht.

Aufgrund der stärkeren Parallelen stehen Firmenkunstmuseen und öffentliche Kunstmuseen in stärkerer Beziehung als jene, die sich um kulturhistorische Phänomene kümmern. Insbesondere im Bereich der Sonderausstellungen sind beide auf den gleichen Pool von privaten und öffentlichen Sammlungen angewiesen, der Sonderausstellungen über den Leihverkehr überhaupt erst möglich macht.

have extraordinary collections which can compete with public institutions in every respect. As a result of high professional standards, very good connections and immense pressure to be successful these in-house art museums often also organise outstanding special exhibitions. One example is the Würth Museum in Künzelsau and the Kunsthalle Würth in Schwäbisch Hall – the collection also supplies galleries at subsidiaries in nine other European countries. In-house art museums thus mainly differ from state-owned museums in terms of their funder and their structures. Otherwise they devote themselves in the same way to the four most important tasks of the museum – collecting, preserving, research and communication. The significance of their work is legitimised by the numerous public institutions which are committed to the same task.

These art museums immortalise not only the collection itself but also the name of the collector. In this case, it is the person, their name and their attitude that has to be preserved from being forgotten and disappearing. A legitimate move, after all the great Roman patron of the arts Maecenas is unforgotten.

Due to the marked parallels, corporate art museums and public art museums are more closely related than those which deal with cultural historical phenomena. If they want to hold special exhibitions, both are equally dependent on the same pool of private and public collections which through lending is what makes special exhibitions possible.

The other corporate museums form a parallel sphere to the public institutions. The opinions about the objectives are different, as are the schools of thought from which the respective players come. The more idealistic approach of a public museum and the more goal-oriented approach of corporate museums makes it more difficult for a consciousness to develop that both are working

Die anderen Firmenmuseen bilden eine parallele Sphäre zu den öffentlichen Einrichtungen – zu unterschiedlich ist die Auffassung über das Ziel und zu unterschiedlich sind die Denkschulen, aus denen die jeweiligen Akteure kommen.

Der eher idealistische Ansatz eines öffentlichen Museums und der stärker nutzenorientierte Ansatz der Firmenmuseen erschwert das Entstehen eines Bewusstseins, dass man für die gleiche Sache arbeitet. Auch sind die Bedingungen und damit der Erfahrungshorizont, unter denen gearbeitet wird, außerordentlich divergent. Die Spielregeln eines Unternehmens und diejenigen einer Behörde – was viele Museen rechtlich sind – sind sehr unterschiedlich. Wobei beide Strukturen ihre jeweiligen Vor- und Nachteile, ihre Stärken und Absurditäten aufweisen; schließlich werden beide von Menschen gemacht.

Ein intensivierter Austausch wäre insbesondere im Bereich von Arbeitsabläufen und Organisationsformen, aber auch bei der fachlichen Expertise, wie z. B. zu Restaurierungsfragen oder der technischen Ausstattung, sicherlich von gegenseitigem Nutzen. Insbesondere bei der Vermarktung werden Museen jeder Provenienz regional zusammenfinden. Der Erfolg bei den Bemühungen um das Publikum lässt sich so steigern, was in beiderseitigem Interesse ist.

Dies ist ein zentraler Punkt. Die Wirklichkeit eines öffentlichen Museums und diejenige eines Firmenmuseums unterscheidet sich vor allem in der Vorstellung darüber, durch welche Strategien man finanziell seine Zukunft sichert. Hier sind Staat und Wirtschaft zwei parallele Systeme mit unterschiedlichen Bedingungen. Beide Systeme sind jedoch nur Facetten einer einzigen Gesellschaft. Diese zeigt sich allen Museen täglich in Form ihrer Besucher. Für das erfolgreiche Fortbestehen der Museen ist der Zuspruch des Publikums unerlässlich. Dieses muss von der Notwendigkeit und Sinnhaftigkeit der Einrichtungen überzeugt sein, nicht nur, damit die Eintrittskarten bezahlt werden.

for the same thing. The conditions and thus the experience horizon under which they work also diverge hugely. The rules of play of a company and those of a government authority – which is legally what many museums are – are very different. And yet both structures have their own advantages and disadvantages, their strengths and absurdities, after all they are both run by people.

A more intensive exchange would certainly be of mutual advantage, particularly in the area of work flows and organisational forms, but also specialist expertise, e.g. in questions relating to conservation or technical equipment. Regional marketing of museums whatever the origin also makes sense. The success of efforts to attract visitors can be increased, which is certainly in everybody's interest.

That is a central point. The reality of a public museum and that of a corporate museum differs above all in the strategies they have in mind to secure their future financially. In this respect, state and industry are two parallel systems with different conditions. Both systems are, however, only facets of a single society. This is demonstrated to all museums on a daily basis by their visitors. For a museum to continue successfully the interest of the general public is essential. They have to be convinced that the institutions are necessary and that they make sense, not only so that the entrance tickets are paid for.

Society preserves the collections in museums to affirm its values. These are values such as "beauty", which can be experienced by looking at works of art, or "liberty" which can be experienced in history museums as an asset which has been fought for over the centuries, or "identity" as something whose origin links generations to the future. That is the central task of museums in

Die Gesellschaft erhält die Sammlungen in den Museen zur Vergewisserung von Werten. Das sind Werte wie Schönheit, die anhand von Kunstwerken erfahrbar wird, oder Freiheit, die in Geschichtsmuseen als ein über Jahrhunderte erstrittenes Gut erfahren werden kann, oder Identität als etwas, das durch die Generationen eine Herkunft mit der Zukunft verbindet. Dies ist eine zentrale Aufgabe der Museen in Zeiten historischer Umbrüche und rasanter Veränderungen. Es müssen hohe, zeitlose Werte sein, die vertreten werden, damit dauerhaft anerkannt wird, dass für den Erhalt der Dinge jener Aufwand notwendig ist, den Museen ihren Sammlungen angedeihen lassen. Nur wenn es um essentielle Werte geht, ist das Publikum, ist die Öffentlichkeit bereit, die Mühen und Aufwendungen zu akzeptieren, die für den Erhalt der Einrichtungen notwendig sind.

In Unternehmen wird der Sinn des Sammelns und der des Betreibens von Museen noch intensiver hinterfragt werden als bei den öffentlichen Trägern, da die Zwänge eines Unternehmens spürbarer und drängender sind. Ein Unternehmen verschwindet schneller als ein Staat. Und für welche großen, zeitüberdauernden Werte stehen die Unternehmen mit ihren Sammlungen? Die Antwort auf diese Frage wird darüber entscheiden, ob Firmenmuseen eine Episode bleiben, eine Mode der Kommunikation, oder ob sie tatsächlich dauerhaft Phänomene davor bewahren, im Sog des Vergessens zu verschwinden – für immer.

times of historical transition and rapid change. The values represented there have to be high and timeless to ensure that society recognises in the long term that the effort and expense which museums put into their collections is necessary to preserve the things. The general public is only prepared to accept all the effort and the expense needed for the upkeep of the institutions if the values concerned are essential ones.

In companies, the sense of collecting and of running museums will be questioned even more intensely than in the case of public funders because the forces at work in a company are even more tangible and more urgent. A company disappears more quickly than a state. And what great values that stand the test of time do the companies stand for with their collections? The answer to this question will decide whether corporate museums remain an episode, a communication trend, or whether they will in fact preserve phenomena from being forgotten – forever.

JAN-CHRISTIAN WARNECKE

Jan-Christian Warnecke ist Diplom-Kommunikationswirt. Er leitet seit 2004 die Abteilung für Ausstellungskoordination am Landesmuseum Württemberg in Stuttgart. Seit 2006 ist er Sprecher des Arbeitskreises Ausstellungsplanung im Deutschen Museumsbund. Er ist Lehrbeauftragter für „Text & Konzeption" an der Staatlichen Akademie der Bildenden Künste Stuttgart.

Jan-Christian Warnecke has a degree in communication studies. Since 2004, he has been head of the department for exhibition coordination at the Landesmuseum Württemberg in Stuttgart. Since 2006, he has been spokesperson of the working group for exhibition planning in the Deutscher Museumsbund, the association that represents the interests of German museums. He is lecturer for text and conception at the Stuttgart State Academy for Art and Design.

HISTORY MANAGEMENT

Tradition ist nicht das Halten der Asche, sondern das Weitergeben der Flamme.
Thomas Morus (1478–1535)

Die in dieser Publikation gezeigten Museen sind nicht reine Ausstellungsorte, sondern Teil durchdachter Unternehmensstrategien zur Nutzung ihrer eigenen Geschichte. Um Konzeption und Funktion von Firmenmuseen zu verdeutlichen, wird im Folgenden anhand eines Literaturüberblicks auf den unternehmerischen Umgang mit Geschichte eingegangen, der meist unter dem Schlagwort „History Management" diskutiert wird.

    In den letzten Jahren hielt die Vergangenheit zwar vermehrt ins Tagesgeschäft zahlreicher Unternehmen Einzug, zum Beispiel in Form von historischen Werbespots, Merchandising-Artikeln oder Zeitleisten auf Firmen-Homepages.[1] Die unternehmerische Nutzung von Geschichte blieb jedoch insgesamt hinter ihren Möglichkeiten zurück. Als Beiwerk zu den Ertrag bringenden Aspekten der Firmentätigkeit gesehen, wurden historische Themen meist in unkoordinierten Einzelprojekten durch externe Dienstleister aus Hochschulen oder Agenturen bearbeitet. Eine zentrale Verwaltung oder Nutzbarmachung des gewonnenen Wissens fand nicht statt.[2]

    Dies änderte sich erst in jüngster Zeit. Herbrand und Röhrig zufolge konnten viele Unternehmen durch zielgerichtetes History Management ihre Geschichte nicht nur in operativen Tätigkeiten verwenden, sondern durch „umfassende Planung, Organisation und Steuerung der Ressource Historie" (so ihre Definition des Begriffs) auch auf strategischer Ebene einbinden. Das vorherrschende statische Verständnis von Firmengeschichte als reiner „Ablage" konnte dadurch von

1   Gordon (2008), S. 30.

2   Achterhold (2011).

Tradition is not preserving the ashes, it is passing on the flame.
Attributed to Thomas More (1478–1535)

The museums in this illustrated book are not purely for exhibition purposes, but part of well thought through corporate strategies for utilising companies' own histories. So as to clarify the concept and function of company museums, we discuss below on the basis of an overview of the literature how business enterprises deal with history, often referred to as "history management".

    The past has featured increasingly in the day-to-day business of numerous business enterprises in recent years, for instance in the form of historical advertising commercials, merchandising items or timelines on corporate websites.[1] Overall, however, companies have yet to exploit the full potential of their corporate heritage. Historical topics as accessories to profit-earning company activities have usually been dealt with in uncoordinated individual projects by external service providers from universities or agencies, without any central administration or exploitation of the knowledge gained.[2]

    This changed only very recently. According to Herbrand and Röhrig, by means of targeted history management many companies have not only made use of their history in operative business, but also integrated it at the strategic level by means of "comprehensive planning, organisation and management of the resource history" (as they define the term). The prevailing static understanding of corporate history as purely filing matter was thus replaced by a more dynamic approach in which it is seen as a profitable factor of relevance to success.[3]

1   Gordon (2008), p. 30.

2   Achterhold (2011).

3   Herbrand/Röhrig (2006), p. 551.

einer dynamischeren Herangehensweise abgelöst werden, die sie als erfolgsrelevanten, gewinnbringenden Faktor versteht.[3]

Bereits in den 1980er Jahren bemerkte der amerikanische Wirtschaftshistoriker Albro Martin, dass jedes etablierte Unternehmen auf einem ganzen Schatz historischen Wissens sitze.[4] Dieses kann äußerst facettenreich sein und aus Elementen verschiedenster Historiengruppen bestehen. Genannt seien hier nur die institutionelle Historie (Gründung, Entwicklung und heutiger Stand des Unternehmens, Übernahmen, Fusionen), die Produkthistorie (wegweisende Produkte, berühmte Namen) sowie die gesellschaftliche Historie (soziale, ökologische, kulturelle Errungenschaften und Projekte).[5] Diesen Schatz gilt es nicht nur zu bewahren, sondern zu nutzen und zu investieren. Dies wird jedoch erst durch ein History Management möglich, das dem Unternehmen Kontrolle über seine eigene Geschichte verschafft und es überhaupt erst in die Lage versetzt, damit zu arbeiten. Sichtbare Zeichen einer solchen Kontrolle sind vor allem Firmenmuseen, in denen die bereits erarbeitete Geschichte nach innen und außen kommuniziert wird.

Einmal erschlossen, kann das historische Potenzial eines Unternehmens in vielerlei Hinsicht in zentralen Unternehmensbereichen nutzbar gemacht werden. Firmenintern hat es zuerst einmal eine Audit-Funktion. Es gibt in der Regel keinen institutionalisierten Beobachter, kein Managementsystem, welches die Auswirkungen einer Reihe von Entscheidungen über Jahrzehnte hinweg evaluiert. Diese Aufgabe kann laut Martin nur von einem Historiker mit einem gut verwalteten Archiv übernommen werden, wobei es nicht um das Speichern reiner Zahlen und Statistiken geht, sondern um eine langfristige „Handlungsbuchhaltung": Wer hat wann welche Entscheidungen getroffen und warum? Was waren die langfristigen Folgen?[6] Bereiche, in denen dieses Wissen dann von besonderer Bedeutung ist, werden unter anderem von Bühler und Düring genannt: Bei der Ausbildung und Einarbeitung neuer Mitarbeiter (Lehrbeispiele aus der Vergangenheit), in der Produktforschung, dem Produktdesign und der Werbung (Geschichte als „Kraftquelle", uner-

3 Herbrand/Röhrig (2006), S. 551.

4 Martin (1981), S. 14.

5 Hinzu kommen u. a. noch geografische, Methoden-, Kultur- und Kommunikationshistorie. Eine umfangreiche Liste findet sich in Bühler/Dürig (2008a), S. 25.

6 Martin (1981), S. 15.

Back in the 1980s, the US economic historian Albro Martin remarked that every established business enterprise was sitting on a wealth of historic knowledge.[4] This can be extremely multifaceted and consist of elements of a wide variety of histories, to name here but institutional history (founding, evolution and present state of the company: takeovers, mergers), product history (pioneering products, famous names) and social history (social, ecological, cultural achievements and projects).[5] This wealth must not only be preserved, but also utilised and invested. However, that is only possible with the kind of history management that gives the company control over its own history and enables it to start working with that history. One of the main visible signs of this type of control is company museums where the history that has been compiled is communicated internally and externally.

Once the historical potential of a company has been tapped, it can be put to various uses in central areas of the business. Internally, it first has an audit function. As a rule, there are no institutionalised observers or a management system to evaluate the consequences of a series of decisions over decades. Martin says that only an historian with a well managed archive can take on this task, which is not just about storing pure figures and statistics, but about long-term "action accounting". Who took what decisions when and why? What were the long-term consequences?[6] Bühler and Düring inter alia mention areas in which this knowledge is especially important: in training and inducting new employees (learning examples from the past), in production research, product design and advertising (history as a "source of strength", an inexhaustible source of ideas and crea-

4 Martin (1981), p. 14.

5 In addition, there are inter alia geographical, methods, cultural and communications history. A comprehensive list can be found in Bühler/Dürig (2008a), p. 25.

6 Martin (1981), p. 15.

schöpflicher Fundus von Ideen und Kreativität, für kostenlose Testimonials) sowie in rechtlichen Fragen (Patente, Schadenersatzansprüche). Auf strategischer Ebene spielt historisches Wissen vor allem bei Fragen der Expansion und Internationalisierung eine große Rolle: Wo und wie war man bisher erfolgreich? Lassen sich neue Standorte im Rahmen dieser traditionellen Erfolgsfaktoren integrieren?[7] Was hier letztlich Zuversicht bei Entscheidungen gibt, ist das zur Verfügung stehende akkumulierte Wissen darüber, wie die Firma „tickt". Führungskräften dieses Wissen zur Verfügung zu stellen, ist ein wichtiges Ziel von History Management. Bei allen Beschäftigten des Unternehmens kann zudem ein erhöhtes Geschichtsbewusstsein zu mehr Loyalität und Effektivität führen. Sie entdecken, dass sie Teil eines historisch gewachsenen Projekts mit bestimmten Werten und Zielen sind, für welche sich Menschen vor ihnen eingesetzt haben und nach ihnen noch dauerhaft einsetzen werden. Das Wissen um frühere harte Zeiten und deren Lösung (z. B. durch aufopferungsvollen Einsatz des Firmengründers) sind ein großes ideelles Potenzial zur Bewältigung akuter Krisen. Auch in diesem Kontext spielt das Firmenmuseum, zum Beispiel als fester Programmpunkt bei der Einarbeitung neuer Mitarbeiter, eine zentrale Rolle.[8]

Firmenextern sind die marktschaffenden Potenziale der Firmenhistorie zu nennen, zu denen historische Werbeartikel gehören, aber auch der Aufbau komplett neuer, lukrativer Geschäftsfelder (z. B. das Mercedes-Benz Classic Center, in dem Oldtimer und Ersatzteile zum Verkauf stehen). Wichtiger sind jedoch die Einsatzmöglichkeiten bei der Markenplatzierung und dem Kundenverhältnis.[9] Kaufentscheidungen werden heutzutage vor allem durch eine Fülle von sich ständig wandelnden Informationen zu Marken, Produkten und Serviceleistungen erschwert, aus denen Kunden die aktuellen, für sie relevanten auswählen und verarbeiten müssen. Diez weist darauf hin, dass unter diesen Umständen die Stärke einer Marke zum zentralen Kriterium wird, da nur starke Marken „gelernt" und im Überfluss der Informationen wahrgenommen werden. Geschichte und Tradition eines Unternehmens tragen viel zur Stärke seiner Marken bei und können wichtige, dauerhaft vermittelbare Alleinstellungsmerkmale sein.[10]

7 Herbrand/Röhrig (2006), S. 567.

8 Bühler/Dürig (2008b), S. 41; Bethke (2009), S. 54.

9 Herbrand/ Röhrig (2006), S. 574.

10 Vgl. Diez (2002), S. 16–21.

tivity, for free testimonials) and in legal matters (patents, claims for damages). At a strategic level historical knowledge plays a major role primarily in matters of expansion and internationalisation. Where and how was the company successful hitherto? Can new locations be integrated within the framework of these traditional success factors?[7] Ultimately, decision-making confidence in this area stems from the stock of accumulated knowledge available about how the company "ticks". Placing this knowledge at the disposal of managers is a key goal of history management. Moreover, an enhanced awareness of history can lead to greater loyalty and effectiveness throughout the company workforce. Employees discover that they are part of an historically evolved project with specific values and goals to which people before them have committed and people after them will continue to commit on a lasting basis. Knowledge of earlier hard times and how they were overcome (e.g. thanks to self-sacrificing efforts on the part of the firm's founder) holds great potential in terms of ideas for overcoming acute crises. The company museum plays a central role in this context, too, for instance as a fixed item in the induction programme for new employees.[8]

Outside the company, mention should be made of the market-creating potential of corporate heritage. This includes historic advertising items, but also the development of completely new, lucrative fields of business (e.g. the Mercedes-Benz Classic Center, where veteran cars and spare parts are sold). More important than this, however, are the possibilities of utilisation in market placement and customer relations.[9] Nowadays, purchase decisions are made more difficult by a plethora of constant-

7 Herbrand/Röhrig (2006), p. 567.

8 Bühler/Dürig (2008b), p. 41; Bethke (2009), p. 54.

9 Herbrand/Röhrig (2006), p. 574.

Im selben Kontext verweist Buß auf die zunehmende Verschiebung von der informativen zur emotionalen Kommunikation zwischen Kunden und Marken. Oft steht nicht mehr die rationale Überzeugung des Kunden von einer Marke im Vordergrund, sondern die persönliche Identifikation mit ihr, das Wiederfinden eigener Vorstellungen in den repräsentierten Werten. Nicht nur das Produkt selbst schafft dann Präferenzen, sondern auch die Identitäts- und Reputationsbilder des Unternehmens, die sich aus seiner Geschichte herleiten.[11] Kunden achten auf Identifikationsmöglichkeiten, die stabil sind und überdauern – der Erfolg von Retrowellen und Nostalgieshows ist dafür nur ein Anzeichen unter vielen. Gesucht wird nach Werten wie Sicherheit, Kontinuität und Durchhaltevermögen – Werte, die Unternehmen zu großen Teilen durch ihre Firmengeschichte belegen können.[12] Hinzu kommt, dass Menschen dazu tendieren, nichtlebende Objekte zu „beseelen", um ihre Einordnung und die Interaktion mit ihnen zu vereinfachen. Dazu muss ein Unternehmen jedoch mit einem „Leben", einer Geschichte unterfüttert werden, am besten in Verbindung mit der wirklichen Biografie einer Gründerpersönlichkeit.[13] Ein letzter Punkt wird von Niebuhr Eulenberg angesprochen: Ein sich mit seiner Geschichte auseinandersetzendes Unternehmen beweist, dass es sich seiner sozialen Verantwortung bewusst ist. Es reflektiert seine historische Verankerung und die Wechselwirkungen mit der Gesellschaft im Allgemeinen und seiner Standortregion im Besonderen.[14] Ein fundierter historischer Hintergrund trägt also maßgeblich zur Glaubwürdigkeit eines Unternehmens und dessen Marke(n) bei. Wie groß die Potenziale der Kundenbindung sind, zeigen Marken, die in gewisser Weise öffentliches Gut geworden sind und als Symbol für ganze Epochen stehen (z. B. der VW Käfer).[15] Die Unternehmensgeschichte bietet also – über verschiedene Kausalketten – diverse, zum Teil immense Nutzenpotenziale für Anbieter, Nachfrager und Mitarbeiter, die letzten Endes durch das Unternehmen kapitalisiert werden können.[16]

11 Buß (2008), 77; Esch/Brunner (2006), S. 161; Deichsel (2004), S. 34.

12 Huber (2002), S. 8.

13 Herbrand/Röhrig (2006), S. 565.

14 Niebuhr Eulenberg (1984), S. 36.

15 Die Markenhistorie kann dabei an verschiedene gesellschaftliche Situationen in unterschiedlichen Absatzländern angepasst werden; vgl. Rieger (2009, 2010).

16 Herbrand/Röhrig (2006), S. 575.

ly changing information about brands, products and services from which customers must select and process what is of current relevance to them. Diez points out that in these circumstances the strength of a brand becomes the central criterion, since only strong brands are "learned" and noticed amid the superfluity of information. The history and tradition of a company contribute much to the strength of a brand and are very valuable as important, enduringly communicable unique selling points.[10]

In the same context, Buß points to the increasing shift from informative to emotive communication between customers and brands. Often, the customer's rational conviction by a brand is no longer uppermost, but rather his or her personal identification with the brand and finding his or her own ideas reflected in the values it represents. It is not only the product itself that creates preferences, but also the company's corporate identity and reputation, which derive from its history.[11] Customers pay attention to identification possibilities that are stable and lasting. The success of retro trends and nostalgia shows is only one sign of this among many. People look for values such as certitude, continuity and staying power, values that business enterprises can prove through their company history.[12] In addition, people often tend to "animate" inanimate objects so as to make it easier to place them and interact with them. For this, a business enterprise must be bolstered by a "life", a history, best of all in combination with the actual biography of a founder figure.[13] Niebuhr Eulenberg addresses one final point. A business enterprise that gets to grips with its history proves that it is aware of its social responsibility. This reflects its historical anchorage in and interactions with society in general and its home region in particular.[14] A properly researched historical background thus makes a critical contribution to the credibility of a company and its brand(s). Brands that have in a sense, become public

10 Cf. Diez (2002), p. 16–21.

11 Buß (2008), 77; Esch/Brunner (2006), p. 161; Deichsel (2004), p. 34.

12 Huber (2002), p. 8.

13 Herbrand/Röhrig (2006), p. 565.

14 Niebuhr Eulenberg (1984), p. 36.

Die Implementierung von History Management betreffend weist Achterhold darauf hin, dass die Erarbeitung einer historischen Identität nicht ausschließliche Aufgabe des Historikers ist. Vielmehr sollte die Führungsebene erkennen, dass sich History Management im Endeffekt auch betriebswirtschaftlich lohnt, und daher von Anfang an bei der Erstellung eines Geschichtskonzeptes mitwirken. Im Gegenzug muss sie jedoch für günstige Rahmenbedingungen sorgen. Nur wenn die Bearbeitung historischer Themen strukturell gebündelt erfolgt und mit anderen strategischen Bereichen (Marketing, Produktdesign, Öffentlichkeitsarbeit, Personal- und Rechtsabteilung) vernetzt ist, kann History Management seine volle Wirkung entfalten. Vor diesem Hintergrund sollte sich am bisherigen Randdasein historischer Arbeit in vielen Firmen etwas ändern.[17] Erste Schritte in die richtige Richtung sind dabei institutioneller Art: Das Firmenarchiv sollte eine Aufwertung und Ausweitung seiner Aufgaben erfahren. Vom reinen Sammelort alter Dokumente kann es sich zum zentralen Informationsdienstleister und kollektiven Gedächtnis des Unternehmens entwickeln. Transparenz und Offenheit können durch die Öffnung ausgewählter Bestände nach außen gezeigt werden, zum Beispiel für die akademische Forschung. Hier wird ein adäquat ausgestattetes und zugängliches Archiv (mit Datenbank und Leseraum) zum prestigeträchtigen Aushängeschild.[18]

Ähnliches gilt für das Firmenmuseum. Dieses sollte kein schlichter Ausstellungsraum sein, in dem alte Produkte und Zeitleisten konzeptlos aneinandergereiht sind, sondern ein durchdachter und geplanter Raum. Für den oben besprochenen Nutzen von History Management gibt es keinen stärker wirkenden Platz als diesen „Heimatort" der Firma, wo die Verbindung zur Firmengeschichte und ihren Gründerpersönlichkeiten am offenbarsten ist. Adressat des Museums ist daher nicht nur die Öffentlichkeit im Sinne klassischer PR-Arbeit. Vielmehr muss das Museum selbst

17 Achterhold (2011).

18 Niebuhr Eulenberg (1984), S. 22.

property and symbolise entire epochs, such as the Volkswagen Beetle, show the dimension of the customer loyalty potential.[15] Thus corporate history offers, via different causal chains, diverse, sometimes immense, utility potential for sellers, buyers and employees, potential on which in the final analysis the company can capitalise.[16]

On the implementation of history management, Achterhold points out that developing an historical identity is not exclusively the job of an historian. Rather, management should recognise that history management is ultimately worthwhile economically and should therefore be involved from the outset in drawing up a history concept. In return, it must ensure favourable framework conditions. Only if historical topics are processed in a structurally concentrated way and networked with other strategic areas (marketing, product design, public relations, human resources, legal department) can history management realise its full potential. Against this background, the historical work in many companies needs to be liberated from its marginal existence.[17] The first steps in the right direction are of an institutional nature. The role of the company archive should be upgraded and expanded. From a pure collecting place for old documents, it can develop into the central information service and collective memory of the business enterprise. Transparency and openness can be demonstrated externally by opening selected collections, for example for academic research. A properly equipped and accessible archive (with a database and reading room) can then be a prestigious showcase.[18]

The same applies to the company museum. This should not be simply a display room where old products and timelines are arrayed without any concept, but a well thought out and planned space. No place is more effective in terms of utilisation of history management than this company "home" where the link with the company history and its founder figures is most apparent. Ideally, the muse-

15 The brand history can be adjusted to suit different social situations in different countries; see Rieger (2009, 2010).

16 Herbrand/Röhrig (2006), p. 575.

17 Achterhold (2011).

18 Niebuhr Eulenberg (1984), p. 22.

zum öffentlichen Raum werden, durch welchen das Unternehmen nach innen wie außen wirkt und in das wirtschaftliche, kulturelle und gesellschaftliche Leben seiner Region eingebunden ist. Es wird zu einem Erinnerungsort, an dem sich die Unternehmensgeschichte akkumuliert, erfolgreiche Produkte und wegweisende Objekte sichtbar und erlebbar sind. Firmenmuseen sind also zentraler Bestandteil von History Management, da in ihnen das Potenzial der Vergangenheit offensichtlich wird.[19]

19 Gordon (2008), S. 33.

um is not targeted only at the public in the interest of classical PR. Rather, the museum itself must become a public space via which the company has an impact both internally and externally and which is integrated into the economic, cultural and social life of its region. It becomes a place of remembrance where the corporate history accumulates and where successful products and pioneering objects can be seen and experienced. Company museums are thus a central component of history management, because they are where the potential of the past is clear for all to see.[19]

19 Gordon (2008), p. 33.

LITERATUR | LITERATURE

Achterhold, Gunda (2011): Rechercheprofis mit dem Blick fürs Große und Ganze, in: FAZ, 13.09.2011, www.faz.net/-h1g-6ncdn, last access 14.07.2012.

Bethke, Cora (2009): Ohne Wurzeln keine Flügel. Corporate Heritage: Unternehmensgeschichte als Marketinginstrument, in: Research & Results, No. 2, p. 54.

Bühler, Heike/Uta-Micaela Dürig (2008a): Tradition und Geschichte, Wurzeln und Werte. Bausteine und Bedeutung der Heritage Communication, in: Heike Bühler/Uta-Micaela Dürig (Eds.): Tradition kommunizieren, Frankfurt am Main, pp. 20–28.

Bühler, Heike/Uta-Micaela Dürig (2008b): Chancen der Kommunikation über Traditionen und Werte. Aufgaben, Potenziale und Wirkungsmacht der Heritage Communication, in: Heike Bühler/Uta-Micaela Dürig (Eds.): Tradition kommunizieren, Frankfurt am Main, pp. 33–43.

Buß, Eugen (2008): Traditionen und Werte. Die Seele der Unternehmenskommunikation, in: Heike Bühler/Uta-Micaela Dürig (Eds.): Tradition kommunizieren, Frankfurt am Main, pp. 76–85.

Deichsel, Alexander (2004): Markensoziologie, Frankfurt am Main.

Diez, Willi (2002): Markenprofil aus dem Museum, in: Auto-Marketing Journal, No. 3, pp. 16–21.

Esch, Frank/Christian Brunner (2006): Markenhistorie und Markenidentität – Markenentwicklung im Zeitverlauf, in: Nicolai O. Herbrand/Stefan Röhrig (Eds.): Die Bedeutung der Tradition für die Markenkommunikation – Konzepte und Instrumente zur ganzheitlichen Ausschöpfung des Erfolgspotenzials Markenhistorie, Stuttgart, pp. 151–180.

Gordon, Tammy S. (2008): Heritage, Commerce, and Museal Display. Toward a New Typology of Historical Exhibition in the United States, in: The Public Historian, No. 30 (3), pp. 27–50.

Herbrand, Nicolai O./Stefan Röhrig (2006): History Management – Grundzüge eines umfassenden Ansatzes zur Ausschöpfung des Erfolgspotenzials Markenhistorie, in: Nicolai O. Herbrand/Stefan Röhrig (Eds.): Die Bedeutung der Tradition für die Markenkommunikation – Konzepte und Instrumente zur ganzheitlichen Ausschöpfung des Erfolgspotenzials Markenhistorie, Stuttgart, pp. 551–595.

Huber, Thomas (2002): Consumer Trends 2005. 17 Konsumententrends für das Zukunfts-Marketing, Kelkheim.

Martin, Albro (1981): The Office of Corporate Historian. Organization and Functions, in: The Public Historian, No. 3 (3), pp. 10–23.

Niebuhr Eulenberg, Julia (1984): The Corporate Archives. Management Tool and Historical Resource, in: The Public Historian, No. 6 (1), pp. 20–37.

Rieger, Bernhard (2009): "The Good German" Goes Global: The Volkswagen Beetle as an Icon in the Federal Republic, in: History Workshop, No. 68 (1), pp. 3–26.

Rieger, Bernhard (2010): From People's Car to New Beetle: The Transatlantic Journeys of the Volkswagen Beetle, in: The Journal of American History, No. 97 (1), pp. 91–115.

PHILIPP EHLE

Philipp Ehle hat in Heidelberg, Löwen und an der Yale University Geschichte und Politikwissenschaften studiert. Nach beruflichen Stationen im Europäischen Parlament in Brüssel und der Landeszentrale für Politische Bildung Baden-Württemberg ist er nun in der Öffentlichkeitsarbeit der Alfred Kärcher GmbH & Co. KG tätig. Seine Schwerpunkte liegen im Bereich Archiv, Museum und Besucherbetreuung.

Philipp Ehle studied history and politics in Heidelberg, Löwen and at Yale University. After working for the European Parliament in Brussels and the Landeszentrale für Politische Bildung Baden-Württemberg (state office for political education) he is now responsible for public relations at Alfred Kärcher GmbH & Co. KG. His tasks revolve around the archive, museum and the visitor services.

OLIVER HÄUSER

Oliver Häuser hat in Tübingen und am University College Cork Geschichte und Empirische Kulturwissenschaft studiert. Nach beruflichen Stationen in diversen Archiven (Landesamt für Denkmalpflege, Unternehmensarchiv der Bertelsmann SE & Co. KGaA und im Archiv der Porsche AG) sowie freiberuflicher Tätigkeit ist er nun in der Öffentlichkeitsarbeit der Alfred Kärcher GmbH & Co. KG tätig. Dort betreut er das Kärcher Museum und das Firmenarchiv.

Oliver Häuser studied history and empirical cultural sciences in Tübingen and at University College Cork. After working in various archives – at the Landesamt für Denkmalpflege (state office for heritage management), the corporate archive of Bertelsmann SE & Co. KGaA and in the archive of Porsche AG – and then as freelancer, he now works in the press and public relations department of Alfred Kärcher GmbH & Co. KG. He takes care of the Kärcher Museum and the corporate archive.

CORPORATE SCENOGRAPHY – VON DER BEGEHBARKEIT DER MARKE
CORPORATE SCENOGRAPHY – MAKING BRANDS ACCESSIBLE

Mit dem wachsenden Bedürfnis von Auftraggebern, sich dreidimensional zu präsentieren und der Erschwinglichkeit der dafür notwendigen Gestaltungsmittel hat die Corporate Scenography an Bedeutung gewonnen. Neben der Corporate Philosophy, einem einprägsamen Selbstverständnis, und dem Corporate Design, einem durchgängigen Gestaltungsprinzip und visuellen Erscheinungsbild, spielt die Corporate Scenography eine zunehmend wichtige Rolle. Aus der Sicht der Rezipienten bedeutet dies die Erweiterung des Corporate Designs in die dritte Dimension – die Möglichkeit, eine Firmenphilosophie, Botschaften oder auch museale Inhalte unmittelbar und authentisch erleben zu können. Die Rezipienten werden persönlich und physisch angesprochen. Gute Szenografie schafft es, Firmenphilosophie und Produktbewerbung in Raumerlebnisse zu übersetzen. Sie funktioniert dann besonders effektiv und nachhaltig, wenn sie entsprechend dem Credo „form follows content" aus den eigenen, inhaltlichen Ressourcen entwickelt ist. Diese Ressourcen sind Objekte oder Produkte, wissenschaftliche Erkenntnisse oder Markenkriterien sowie CI-Farben, Typografie, Layout, Grafik und der architektonische Raum.

SZENOGRAFIE – WAS IST DAS?
Szenografie will Inhalte lesbar, erfahrbar und interpretierbar machen. Sie bedient sich dabei der Gestaltungspotenziale aus Architektur, Interior Design, Theater/Oper, Film/Video und Kunstinstallationen/Performances. Die Szenografie ist eine narrative, integrative, dynamische, dramaturgische und holistische Gestaltungsdisziplin und somit eine zeitgemäße Antwort auf das sich ständig ändernde Rezeptionsverhalten.

With the growing need of clients to present themselves three-dimensionally and thanks to the affordability of the design means needed to do so, corporate scenography has gained in importance in recent years. Alongside corporate philosophy, a memorable self-image, and corporate design, a ubiquitous design principle and visual appearance, corporate scenography is playing an important role. From the perspective of the recipients, this means expanding the corporate design by a third dimension, offering the possibility to experience a corporate philosophy, messages and museum content directly and authentically. The recipients are addressed personally and physically. Good scenography manages to translate corporate philosophy and product advertising into spatial experiences. It works particularly effectively and sustainably when it is developed in line with the credo "form follows content" from the company's own content resources. These resources are objects or products, scientific findings or brand criteria like CI colours, typography, layout, graphics and architectural space.

SCENOGRAPHY – WHAT IS THAT?
Scenography allows content to be read, experienced and interpreted. To this end, it uses the design potential from architecture, interior design, theatre/opera, film/video and art installations/performances. Scenography is a narrative, inclusive, dynamic, dramaturgical and holistic design discipline and thus a contemporary answer to the constantly changing receptive behaviour.

Der gemeinsame Nenner all dieser Disziplinen ist der Raum, wobei der Raum in unterschiedlichen Ausprägungen auftritt: als der real begehbare, physische Raum (Architektur), als virtuellelektronischer Raum (z. B. Second Life) oder auch als metaphysisch-imaginierbarer Raum (z. B. Hörspiel und Roman) sowie als performativer Bühnenraum oder als Kunstinstallation im Raum.

Szenografisches Gestalten ist ein inszenatorischer Akt, vergleichbar dem Theater, dem Film oder der Performance. Es gibt eine Dramaturgie wie etwa in der Oper mit einem Vorspiel, einem Hauptteil mit verschiedenen Akten und einem Finale. Dramatisiert wird entlang eines Spannungsbogens. Szenografisches Gestalten ist ein dynamisches Gestalten, d. h. der szenografische Raum ist ein choreografierter Raum bzw. eine Choreografie von Raumabfolgen. Die Szenografie kümmert sich dabei um die aktuelle Momentaufnahme, in der sich ein Besucher gerade befindet, und um den Zugang zu bestimmten Themen oder Botschaften – wohlwissend, dass es auch ein relevantes Davor und eine Konsequenz fürs Danach gibt.

Der szenografierte Raum vermag einem aktiven und sich bewegenden Rezipienten unmittelbare und reale Erfahrung zu vermitteln. Raum und Rezipient können frei interagieren und kommunizieren. Raum wird zum Körperraum, Bewegungsraum, Erlebnisraum, aber auch zur Metapher, zum Interpretationsraum, zur Geste, zum Raumbild, das assoziativ oder konsistent für etwas steht. Der Begriff Raum entsteht durch bewusste Umgrenzung, eine Art Markierung des relevanten Inhalts oder Ortes, durch die Ausgrenzung des Umfeldes – ohne dessen Einfluss zu ignorieren –, durch die Eingrenzung des Handlungsradius, die Erweiterung des Denk- und Spielraumes, sein Volumen, seine Dimension, seine Raumhülle und ihre haptische Materialität, seine Belichtung, sein akustisches und sein narratives Potenzial.

The common denominator of all these disciplines is the space, with space taking on different forms: real, accessible, physical space (architecture), virtual-electronic space (e.g. Second Life) or as metaphysical-imaginary space (e.g. radio plays and novels) as well as performing stage space or as an art installation in a space.

Scenographic design is about setting the scene, comparable with theatre, film or performances. It has a dramatic composition, like in an opera with a prelude, a main part with various acts, and a finale. This is dramatised along an arc of suspense. Scenographic design – if one can speak of static design in the case of architecture or interior design – is dynamic design, i.e. the scenographic space is a choreographed space or a choreographed sequence of spaces. Scenography is concerned here with the snapshot in time in which a visitor finds him- or herself and about access to certain themes or messages – knowing full well that there is also a relevant beforehand and a consequence for afterwards.

If scenographic design principles have been applied to a space or room, it can convey direct and real experience to an active recipient as he moves around in it. Space and recipient can interact freely with one another and communicate. Space becomes a physical space, room for movement, a place for experience, but also a metaphor, room for interpretation, gestures, or a spatial image which stands for something through association or consistency. The term space is defined by consciously drawing a boundary, as it were demarcating the relevant content or place, by excluding the surroundings – without ignoring their influence –, by limiting the radius of action, expanding the space to allow for thought and action, its volume, its dimension, its physical shell and its haptic materiality, its lighting, its acoustic and narrative potential.

Inszenierte Räume leben von ihrer Verwandlungsfähigkeit oder ihrer Eigenchoreografie, der dramaturgisch überlegten Abfolge von interessanten Erlebnissen oder der Choreografie von Erlebnisabfolgen. Der szenografische Raum kalkuliert das Verhalten der Rezipienten als Inszenierungspotenzial wie auch als anarchistischen Parameter bewusst mit ein.

Gute Szenografie berücksichtigt Raum und Inhalt; sie intendiert ein Gesamtkunstwerk im Wagner'schen Sinn und ermöglicht die Darstellung von Content im Kontext mittels Zusammenspiel verschiedener Disziplinen und Kombination unterschiedlicher Medien im Raum. Letztlich bietet szenografisches Gestalten die Möglichkeit eines dynamischen Umgangs mit dem Raum. Szenografie erlaubt das Choreografieren von Raum und die choreografierte Abfolge von Räumen. Es entsteht ein gebauter, mehrdimensionaler, in der Regel begehbarer, explorierbarer Parcours von Themen oder Botschaften.

RAUM IN ANALOGIE ZU SPRACHE UND MUSIK
Der Raum wird von Szenografen in Analogie zur Sprache und Musik begriffen: Räume sind kommunikativ. Wie die gesprochene Sprache verfügen sie über Syntax und Semantik, über eine Grammatik und eine dramaturgische Struktur mit entsprechendem Spannungsbogen. Szenografierte Räume sind Kompositionen, im anspruchsvollsten Sinne Opern mit orchestrierten Gestaltungsinstrumenten – der Raum wird selbst zum Narrativum, mit Stimme, Gestik und Charakter. Narrative Räume stellen somit ein generatives System dar, das mit wenigen Gestaltungselementen eine Vielzahl von Äußerungen hervorbringen kann und so ein multivalentes System bildet. Raum ist in diesem Sinne eine Konzentration von Content im Kontext, eine Konzentration von Botschaften, deren Komplexität es dechiffrierbar zu machen gilt, jenseits von reiner Funktionalität und gestalterischen Formalitäten.

Staged rooms live from their transformability or their own choreography, a dramaturgically arranged sequence of interesting experiences or the choreography of sequences of experiences. Scenographically staged spaces consciously factor in the behaviour of the recipients as dramatic potential or also as anarchistic parameters.

Good scenography takes into account space and content; it intends to create an overall work of art in Wagner's sense and allows the presentation of content in context by means of an interplay of different disciplines and a combination of different media in the room. Lastly, scenographic design offers the possibility of dynamic approach to the room. Scenography allows a room and a sequence of rooms to be choreographed. The result is a built, multi-dimensional, accessible, explorable circuit of themes or messages.

SPACE IN ANALOGY TO LANGUAGE AND MUSIC
Space is understood by scenographers in analogy to language and music: rooms are communicative. Like the spoken word, they have syntax and semantic, grammar and a dramatic composition with a corresponding arc of suspense. Staged rooms are compositions, in the most sophisticated form operas with orchestrated design instruments – the room itself becomes a narrative, with a voice, gestures and personality. Narrative spaces thus represent a generative system which can produce a large number of expressions with just a few design elements, thus forming a multivalent system. Space in this sense is a concentration of content in context, a concentration of message, whose complexity has to be made decipherable, beyond pure functionality and design formalities.

Die Komposition, Beschaffenheit, Gestaltung sowie Stil, Rhythmus und Mittel der Darstellung sind als vierdimensionales Zeichensystem zu betrachten, das wie Sprache nicht nur mitteilt, sondern auch handelt, sich verhält und Aufforderungscharakter besitzt, in der Lage ist zu überzeugen, auch zu täuschen oder gar zu manipulieren – je nach Intention.

Inszenierte Räume sind wie Opern komplexe artifizielle Konstruktionen aus Bühne (Raum), Narration (Sänger, Tänzer, Schauspieler) und einem Orchester, dessen Instrumente dem Gestaltungsinstrumentarium in der Szenografie entsprechen: Erst im perfekten Zusammenspiel der einzelnen Instrumente entfaltet sich ein Klangkörper, ein immersives Klang-Raum-Gefühl für die Zuhörer. Immer wieder kann es ein anderes Instrument geben, das die Solorolle einnimmt, durch eine große Geste Aufmerksamkeit erzeugt, ohne jedoch das harmonische Zusammenspiel zu gefährden. In diesem Spannungsfeld zwischen Raum und Inhalt, Objekt und Bedeutung, dem gezielten Einsatz eines Gestaltungsinstrumentariums aus Raum, Licht, Grafik, Projektion, Sound und digitalen Medien eröffnen sich neue Wege für das inhaltsorientierte Gestalten, für das Bildererfinden und das Inszenieren von Raum. Gerade die Szenografie schafft neue Kompositionen, indem sie Raum und Inhalte in ungewohnter Weise in einen neuen (Sinn-) Zusammenhang bringt, konventionelle, statische, vorwiegend ästhetisierende Formensprache in Frage stellt und stattdessen mit Inszenierungsstrukturen aus der Installationskunst, der Performance und dem Musiktheater arbeitet. Der theatrale Bedeutungsraum wird genutzt, um eine neue, ungewöhnliche Beziehung zwischen den Rezipienten und dem authentischen Raum zu eröffnen.

Der Szenograf denkt vom Ergebnis her – ausgehend von der Botschaft, der Auflösung, dem Ziel – und entwickelt folglich den Raum ausgehend von den angestrebten Erlebnisqualitäten („start thinking from the end").

The composition, condition, design as well as style, rhythm and means of presentation can be thought of as a four-dimensional sign system which, like language, does not only inform but also acts, behaves and challenges, is able to convince, also to deceive or even manipulate – depending on the intention.

Staged spaces are like operas, complex artificial compositions made up of stage (space), narration (singers, dancers, actors) and an orchestra whose instruments correspond to the design instruments in scenography: a sounding body, an all-immersing sound-space feeling for the listener when the individual instruments play perfectly together. Every now and then there is another instrument which plays a solo role, which draws attention to itself through a large gesture, without however endangering the harmonious interplay. It is in this area of tension between space and content, object and meaning, using a set of design instruments made up of space, light, graphics, projection, sound and digital media, open up new channels for content-oriented design, for the finding of images and staging of space. Scenography creates new compositions by bringing together space and content in an unusual way and giving it a new sense, questioning the conventional, static, largely aestheticising design idiom, working instead with stage-setting structures from installation art, performance and musical theatre. The theatrical context is used in order to open up a new, unusual relationship between the recipient and the authentic space.

From the outset, the scenographer has the outcome in mind, the denouement, the objective – and thus develops the space starting from the desired qualities of experience.

Elemente, die der gewünschten Raumwahrnehmung dienen, sind somit die Grundlage der Raumbildung wie der Raumgestaltung. Die einzelnen Gestaltungselemente und Medien werden nicht additiv verwendet, sondern integrativ, im orchestralen Zusammenspiel. Es ist eine Frage der Dosierung und des inhaltsadäquaten Einsatzes der Gestaltungsmittel, um einen nachhaltigen Eindruck zu erzeugen. Es geht nicht darum, möglichst viele Eindrücke gleichzeitig zu vermitteln, sondern zu überlegen, zu komponieren, das heißt, die Reize in überlegter Reihenfolge oder Kombination zu setzen, um eine nachhaltige Wahrnehmung oder Wirkung zu erzielen. Die bewusste Reduktion auf synergetische und kalkulierbare Kausalketten wahrnehmbarer Parameter und Ereignisse schafft eine besondere thematische Authentizität und eröffnet simultane Rezeptionskanäle, die das authentische Erlebnis und die assoziative Wahrnehmung verstärken.

Hinter der Summe des ganzen Aufwandes von Objekt-, Themen- oder produktgerechter Inszenierung, von der Vermittlung von Botschaften steht die Zielgruppe der gestalterischen Intentionen: der Rezipient, der Besucher, der Zuschauer oder Kunde. Dieser Adressat will mündig behandelt und auf Augenhöhe ernst genommen werden. Er oder sie soll selbst entscheiden können, wann, wo und wieviel Information er oder sie gustieren will, das nenne ich „Information on demand". Der Rezipient will seriös beeindruckt werden, die Wahrnehmung soll individuell und nachhaltig sein, die Wirkung möglichst exklusiv, die Erfahrung möglichst kollektiv.

MARKE UND RAUM: MARKENMUSEEN

Corporate Scenography ist mittlerweile ein fester Bestandteil professioneller Unternehmenskommunikation. Das Medium Museum bietet hierbei einen Baustein mit zunehmender Bedeutung. Markenmuseen, d. h. Museen, die speziell einer Marke gewidmet sind, bringen die Corporate Identity des Unternehmens in Architektur und Ausstellung zum Ausdruck – mit durchaus unterschiedlicher Akzentsetzung.

Elements which help a room to be perceived in the desired way are thus the basis of the creation and design of the space. The individual design elements and media are not added but integrated, playing together like in an orchestra. It is a question of the dosage and the use of design resources to fit the content with a view to generating a lasting impression. It is not about conveying as many impressions as possible at the same time, but about considering, about composing, i.e. putting the stimuli in a deliberate order or combination in order to achieve a sustainable perception or effect. The conscious reduction to synergetic and calculable chains of causation of perceptible parameters and events creates a special themed authenticity and opens up simultaneous reception channels which reinforce the authentic experience and the associative perception.

Behind the sum of the whole effort of setting the stage in such a way that is commensurate with the object, theme and product, of conveying messages is the target group of the design intentions: the recipient, the visitor, the audience or the customer. This recipient wants to be treated responsibly and taken seriously at eye level. He or she should decide for him- or herself when, where and how much information he or she wants to absorb, what I call "information on demand". The recipient wants to be seriously impressed, the perception should be individual and long lasting, the effect as exclusive as possible, the experience as collective as possible.

Ein Blick auf die wachsende Zahl an Automobilmuseen zeigt beispielsweise: Alle deutschen Automobilhersteller haben bereits ein Firmenmuseum gebaut oder zumindest in Auftrag gegeben – wobei BMW mit seinem Museum durchaus eigene Wege beschreitet. Es wurde kein neues Gebäude errichtet, sondern das neue Museum in die bestehende Architektur am Münchner Firmensitz integriert. Der Wiener Architekt Karl Schwanzer hatte hier bereits in den 1970er Jahren die Corporate Architecture des Unternehmens richtungsweisend realisiert.

Zu dem Gebäudeensemble, das mittlerweile unter Denkmalschutz steht, gehörte von Anfang an auch ein Museumsgebäude: die sogenannte „Schüssel", mit der Schwanzer seinen Leitgedanken der „Fortführung der Straße im umbauten Raum", wie es Peter M. Bode nannte, verwirklichte. Dieses Leitmotiv der Rampe wurde auf den benachbarten, entkernten Westflügel übertragen, der nun die Dauerausstellung beherbergt. Die Rampe führt den Besucher durch ein urbanes Gefüge von Ausstellungskuben und medial bespielbaren Plätzen. Auf 4.000 m^2 (plus 1.000 m^2 Sonderausstellungsfläche in der „Schüssel") werden nicht nur historische Fahrzeuge präsentiert, sondern die Ausstellung selbst setzt sich in sieben Themenkuben mit der Bedeutung und den Potenzialen der Markenwerte und ihrer historischen Entwicklung auseinander. Die Besucher sollen die Sportlichkeit und das anspruchsvolle Design einer Premiummarke erleben können und die Dynamik spüren, die hinter der „Freude am Fahren" steht.

Eine „Mediatektur", die den zentralen Innenraum vollständig umschließt, erlaubt es, den gesamten sogenannten Central Space, der von den Besuchern auf dem 1.000 m langen Ausstellungsparcours drei Mal durchquert wird, dynamisch zu bespielen.

BRAND AND SPACE: BRAND MUSEUMS

Meanwhile, corporate scenography has become an integral element of professional corporate communication. The medium museum offers a component of growing importance in this respect. Brand museums, i.e. museums which are dedicated to a specific brand, express the corporate identity of the company in architecture and exhibition – only the main emphasis is not always the same.

Taking a look at the growing number of automobile museums, shows, for example that all German car manufacturers have already built a company museum or at least commissioned the construction of a museum – although BMW has gone its own way with its museum. Rather than erecting a new building, the new museum was integrated in the existing architecture at the company's headquarters in Munich. Back in the 1970s, the Viennese architect Karl Schwanzer had already given the direction for the corporate architecture of the company.

The ensemble of meanwhile listed buildings included a museum building from the outset: nicknamed the "Bowl", Schwanzer realised his guiding idea of "continuing the street in an enclosed space" as Peter M. Bode called it. This leitmotif of the ramp has now been transferred to the adjacent, gutted west wing that now houses the permanent exhibition. The ramp leads the visitor through an urban arrangement of exhibition cubes and places that can show media content. The 4,000 m^2 (plus 1,000 m^2 special exhibition space in the Bowl) not only display historical vehicles. The exhibition also explores the significance and potential of brand values and their historical development. Visitors should experience the sportiness and the sophisticated design of a premium brand and sense the drive behind the "Freude am Fahren" (pleasure in driving) tagline.

A "Mediatecture", which encompasses the Central Space and which visitors cross three times on the 1,000-metre course round the exhibition, can be used as a dynamic projection surface.

Der statische, physische Raum löst sich auf, der Raum generiert unterschiedliche Raumperspektiven und verschiedene Aggregatzustände und bietet ein themenadäquates Sujet für wechselnde Exponate und Sondernutzungen.

Der für das Markenmuseum so wichtige Bezug zwischen Tradition, dem Heute und der Zukunft, die sogenannte identitätsstiftende „Markenpflege", kann mit diesem dynamischen Konzept dargestellt werden. Die szenografische Gestaltung selbst nimmt die Corporate Identity von BMW auf, setzt sie in eine vierdimensionale, dynamische Sprache um und wird somit zur Corporate Scenography des Unternehmens.

EPILOG

Corporate Scenography gewinnt zunehmend an Bedeutung – nicht nur bei temporären Markenpräsentationen, sondern auch bei permanenten Firmenauftritten. Das authentische, physische Erlebnis einer Firmen- oder Markenphilosophie trägt zu einer erinnerungsfähigen Corporate Identity bei.

Architektur wurde lange Zeit als Additivum zum Corporate Design betrachtet. Corporate-Design-Richtlinien wurden auf Beschriftungen, Farben und CI-konforme Materialien reduziert, um eine gewisse Einheitlichkeit im Erscheinungsbild zu gewährleisten. Allgemeine Zielvorstellungen wie „hochwertig", „repräsentativ" oder „zukunftsweisend" wurden lediglich verbal oder zweidimensional verfolgt. Mehr und mehr werden auch weiterreichende Möglichkeiten räumlicher Gestaltung zur Aufwertung und Vermittlung eines Markenimages erkannt und genutzt. Mit einer konsistenten, an den Markenwerten orientierten Corporate Scenography gelingt ein nachhaltiger, auch physischer Zugang zur Marke. Es entstehen dreidimensionale, begehbare Sujets, wie dies z. B. aufwändig inszenierte „Flagship Stores" zelebrieren. Dies bedeutet: keine banale, plakative

The static, physical space dissolves, generates various different perspectives and various aggregate states and offers itself as a suitable venue for temporary exhibits and special usages.

The all-important relationship for the brand museum between tradition, today and the future, what is referred to as identity-creating "brand grooming", can be presented with this dynamic concept. The scenographic design itself picks up the corporate identity of BMW, translates it into a four-dimensional, dynamic language and thus becomes the corporate scenography of the company.

EPILOGUE

Corporate scenography is increasingly growing in importance; not only for temporary brand presentations but also for permanent corporate appearances. The authentic, physical experience of a company or brand philosophy helps to make a corporate identity memorable.

For a long time, architecture was seen as an additive to corporate design. Corporate design directives were reduced to labelling, colours and CI-compatible materials to achieve a certain uniformity of appearance. General visions such as "high quality", "representative" or "forward-looking" were only pursued verbally or two-dimensionally. More far-reaching possibilities of designing space to upgrade and convey a brand image are increasingly being recognised and used. Sustainable, even physical access can be obtained to the brand through consistent corporate scenography geared to the brand values. The result are three-dimensional subjects, the way elaborately staged "flagship stores" celebrate this. This means: no mundane, brash presentation, but multifaceted associations, a clever and surprising translation of brand values and corporate philos-

Präsentation, sondern vielschichtige Assoziationen, eine schlaue und überraschende Übersetzung von Markenwerten und Firmenphilosophie in begehbare Raumbilder, die die persönliche, oft exklusive, physische Präsenz der Besucher fordern und nur dort zu einem erinnerungswürdigen Erlebnis werden lassen. Das ist nichts weniger als die Umkehrung der Verhältnisse: Nicht die Marke kommt zum Adressaten, sondern der Kunde zur Marke. Es ist nicht mehr nur „I shop therefore I am" (Barbara Kruger), sondern „The brand that is me" – „Ich gehöre dazu, deshalb bin ich". So wie der Kunde zum Anhänger einer Marke wird, so erwartet er den Raum als Träger der Markenbotschaften.

Corporate Scenography ist das Raum gewordene oder Raum generierende Selbstverständnis einer Marke, eines Unternehmens oder einer Institution. Szenografie ist eine identitätsbildende und -bewahrende Gestaltungsdisziplin. Letztlich liegt auch in ihr die Chance zur dauerhaften Identifikation mit Produkt, Marke und Hersteller. Gute Corporate Scenography zieht an, geht unter die Haut, erweitert die Pupillen, bettet uns ein, gibt uns eine Rolle, lässt uns partizipieren und Teil der Inszenierung werden … sie ermöglicht einen intravenösen Zugang zum Produkt und zur Marke.

ophy into accessible spaces which demand the personal, often exclusive, physical presence of the visitors and only make it into a memorable experience there. This is nothing less than the reversal of the relationship: the brand doesn't come to the target, the customer comes to the brand. It is no longer just "I shop therefore I am" (Barbara Kruger), but "The brand that is me" – "I belong, therefore I am". The way the customer becomes a fan of a brand, that is how he expects the space to be a carrier of brand messages.

Corporate scenography is the self-image of a brand, a company or an institution translated into space. Scenography is a design discipline that forms and preserves identities. In it lies the chance to identify permanently with product, brand and manufacturer. Ultimately, good corporate scenography attracts and moves us, enlarges the pupils, embraces us, gives us a role, allows us to participate and to become part of the staging – it allows intravenous access to the product and to the brand.

UWE R. BRÜCKNER

Uwe R. Brückner leitet das Atelier Brückner als Kreativdirektor. Der studierte Architekt und Bühnenbildner gilt als Protagonist der Szenografie. Gemäß der Philosophie „form follows content" setzt er auf individuelle, inhaltsgenerierte Gestaltung von Rauminszenierungen. Uwe R. Brückner lehrt an der Hochschule für Gestaltung und Kunst in Basel und der Tongji Universität in Shanghai.

Uwe R. Brückner heads the Atelier Brückner as creative director. As qualified architect and stage designer, he is known as a protagonist of scenography. In line with the philosophy "form follows content" his spatial installations are individual and content-driven. Uwe R. Brückner teaches at the Basle Academy of Art and Design and Tongji University in Shanghai.

INDIVIDUALISIERUNG, INTERKONNEKTION UND INVOLVIERUNG: NEUE KOMMUNIKATIONSFORMATE UND REAKTIVE RÄUME IM FIRMENMUSEUM DER ZUKUNFT

INDIVIDUALISATION, INTERCONNECTION AND INVOLVEMENT: NEW COMMUNICATION FORMATS AND REACTIVE SPACES IN CORPORATE MUSEUMS OF THE FUTURE

HETEROGENE ZIELGRUPPEN, VERÄNDERTE NUTZUNGSGEWOHNHEITEN UND ERWARTUNGEN

Was suchen Menschen eigentlich in Firmenmuseen? – Unterhaltung? Information und Erkenntnisse? Nostalgische Vergangenheit? Innovation? Ein Markenerlebnis? Einen potenziellen Arbeitgeber? Inspiration? – Die Frage muss präzisiert werden: Wer sucht hier eigentlich was? Daraus leitet sich die Herausforderung ab, der sich die überwiegende Mehrheit der Firmenmuseen stellen muss: einem heterogenen Publikum gerecht zu werden.

Es ist die Aufgabe von uns Ausstellungsgestaltern, für alle adressierten Besucher attraktive Angebote zu machen – bezogen auf Alter, Vorkenntnisse, Interessen und auch auf aktuelle Befindlichkeiten. Diese Herausforderung ist nicht neu. Interaktive Technologien erleichtern es jedoch, sie zu meistern.

Digitalisierung und technische Innovationen haben nicht nur den Werkzeugkasten der Museumskommunikation bereichert, sondern auch die Nutzungsgewohnheiten und -erwartungen stark verändert. Das gilt insbesondere für das Internet und seine Mobilisierung sowie für den alltäglichen Gebrauch von Mobile Devices und Social Networks. So setzen viele Nutzer heute voraus, dass Inhalte orts- und zeitunabhängig auffindbar und „on demand" abrufbar sind.

Sie wollen ihre Eindrücke und Erfahrungen mit anderen teilen und austauschen, wollen Inhalte kommentieren. Im Zeitalter von Mobile Web und Social Media begreifen wir Museen daher nicht

HETEROGENEOUS TARGETS, CHANGED USER BEHAVIOUR AND EXPECTATIONS

What are people actually looking for in corporate museums? – Entertainment? Information and knowledge? A nostalgic trip down memory lane? Innovation? A brand experience? A potential employer? Inspiration? – The question needs to be worded more precisely: Who is looking for what here? This is where the challenge comes from that the large majority of corporate museums face: namely to cater to the needs of a heterogeneous public.

It is up to us exhibition designers to make attractive offerings for all the targeted visitors – in terms of age, previous knowledge, interests and also current mood. This challenge is not new. But interactive technologies make it easier to manage.

Digitalisation and technical innovation have not only enriched the tool kit of museum communication, but have also had a strong impact on user behaviour and expectations. This applies in particular for the internet and its mobilisation for everyday use in the form of mobile devices and social networks. These days many users expect content to be available on demand, regardless of time and place.

They want to share and exchange their impressions and experiences with others, want to comment on content. In the age of mobile web and social media we therefore understand museums not

mehr nur als Räume für die Präsentation statischer Exponate, sondern als Domänen in einer dynamischen, hochvernetzten Informations- und Kommunikationswelt.

TREND ZUR INDIVIDUALISIERUNG UND SEHNSUCHT NACH ORIENTIERUNG

Egal, ob es um die Farbe und Ausstattung des neuen Wagens geht oder das Design eines T-Shirts – über Apps und Online-Konfiguratoren kann heute jeder bestimmte Artikel nach seinen Wünschen gestalten. Auch Medienhäuser bieten konfigurierbare Nutzeroberflächen und Inhaltsfilter. Diese und andere Arten des Customizing sind Ausdruck und zugleich Treiber des Trends zur Individualisierung. Diesem Anspruch der Besucher müssen auch Museen gerecht werden.

Als Ausstellungsgestalter haben wir viele Möglichkeiten, um den Besuchsverlauf und die Präsentation der Inhalte an den spezifischen Bedarf einzelner Personen oder Gruppen anzupassen, was Dauer, Präsentationsform, Themenwahl, Inhaltstiefe oder Sprache angeht. Die Individualisierung kann z. B. durch Online Tools oder Mobile Apps zur Planung des Museumsbesuchs erfolgen. Das Exploratorium in San Francisco fragt die Besucher seiner Website einfach ganz direkt „Who Are You?" Flyer oder digitale Museumsführer können zu themen- und zielgruppenspezifischen Touren einladen. Weitergehende Individualisierung wird möglich, wenn wir beim Eintritt oder während des Besuchs persönliche Präferenzen erfragen und dann einen elektronischen Ausstellungsbegleiter so konfigurieren, dass er an den jeweiligen Stationen die passenden Präsentationen aktiviert. Solche Individualisierungsangebote sind umso hilfreicher, je heterogener das Publikum, je breiter das Themenportfolio und je größer dementsprechend der Bedarf an Informationsfiltern bzw. an Orientierung ist.

1 | Die Homepage des Exploratoriums in San Francisco fragt den Besucher gezielt: „Who Are You?"
The homepage of the Exploratorium in San Francisco asks the visitor directly: "Who Are You?"

only as spaces for the presentation of static exhibits, but as domains in a dynamic, highly networked information and communication world.

TREND TOWARDS INDIVIDUALISATION AND LONGING FOR ORIENTATION

Be it the colour and extra equipment of the new car or the design of a t-shirt – via apps and online configurators, anyone can design certain articles in line with his own ideas. Media companies also offer configurable user surfaces and content filters. These and other kinds of customizing are an expression and at the same time driver of the trend towards individualisation. And museums also need to cater to these expectations.

As exhibition designers we have many possibilities to adapt the course of the visit and the presentation of content to the specific needs of individual persons or groups as regards dwell time, type of presentation, choice of themes, depth of content or language. This kind of individualisation can be achieved, for instance, through online tools or mobile apps for the planning of the visit to the museum. The Exploratorium in San Francisco asks visitors to its website quite simply and directly: "Who Are You?" Leaflets or digital museum guides can invite potential visitors to tours on a specific theme or for a specific target group. Further individualisation is possible if we ask the visitor at the start or during the visit what his or her personal preferences are. With this information, an electronic exhibition guide can be configured which then activates the suitable presentation at the respective stations. Such individualisation offerings are all the more helpful, the more heterogeneous the visitors are, the broader the portfolio of themes and the greater the need for information filters or guidance is.

PARTIZIPATION UND DIE WEITERENTWICKLUNG DER INTERAKTION ZUR INTERKONNEKTION

Auch die Prinzipien von Social Media lassen sich auf die Ausstellungskommunikation übertragen. Das gilt für Partizipation und User Generated Content genauso wie für das Social Networking. Wir können Museumsbesucher von reinen Ausstellungskonsumenten zu Mitwirkenden machen, z. B. indem sie einzelne Stationen mit ihren Gedanken anreichern, eigene Bilder und Videos hochladen, Inhalte bewerten, mit ihren individuellen Erlebnissen verlinken und so das Museum fortwährend erneuern. Dieses Einbeziehen der Besucher kann schon in der Planungsphase beginnen. Und warum sollten Besucher nicht auch selbst Exponate stellen, wie z. B. bei der Ausstellung „Ein gewisses jüdisches Etwas" im Jüdischen Museum in Hohenems (Vorarlberg) oder wie jetzt beim Sammlungsaufruf des im Aufbau befindlichen Stadtmuseums Stuttgart?

Ein weiteres Prinzip, das wir von Social Media auf das Museum übertragen können, ist die Weiterentwicklung der Interaktion zur Interkonnektion. Über interkonnektive Exponate bringen wir ursprünglich fremde Menschen in Kontakt, den sie über den Museumsbesuch hinaus in einer Online-Community weiterführen können. Während interaktive Schnittstellen oft als Vereinzelungsmaschinen wirken, führen interkonnektive Systeme Menschen mit ähnlichen Interessen zueinander, regen zum Austausch an und dazu, gemeinsam etwas zu erleben oder auch gemeinsam etwas zu bewegen, wie in der Energiezentrale des Deutschen Pavillons auf der EXPO 2010 in Shanghai.

Durch Zurufe und Applaus konnten hier mehrere hundert Besucher pro Show, die gemeinsam aktiv wurden, eine drei Meter große, von oben herabhängende Kugel zum Schwingen bringen und die Bilder auf ihrer mit 400.000 Leuchtdioden besetzten Oberfläche beeinflussen. Das akustikbasierte Regelungs- und Antriebskonzept, das die 1,2 t schwere Kugel an dem 5,6 m langen Pendel

2–3 | Die Ausstellung „Ein gewisses jüdisches Etwas" basierte auf den Zusendungen der Besucher.
The exhibition "Ein gewisses jüdisches Etwas" is based on contributions sent in by visitors.

PARTICIPATION AND THE DEVELOPMENT FROM INTERACTION TO INTERCONNECTION

The principles of social media can also be transferred to exhibition communication. This applies for participation and user generated content as well as for social networking. We can transform museum visitors from pure exhibition consumers to participants, e.g. by adding their thoughts to certain stations, uploading their own photos or videos, rating content, creating links to their individual experiences, thus constantly refreshing the museum. This involvement of visitors can already commence at the planning stage. And why shouldn't visitors provide their own exhibits as was the case at the exhibition "Ein gewisses jüdisches Etwas" at the Jewish Museum in Hohenems (Vorarlberg) or in the shape of a call for exhibits like that launched for the Stuttgart city museum which is currently being set up?

Another principle that we can transfer from social media to museums is the development from interaction to interconnection. Via interactive exhibits, we put strangers in contact with one another and allow them to stay in touch after the visit to the museum in an online community. While interactive interfaces often seem like isolation machines, interconnective systems bring people with similar interests together, encourage exchange and in addition experience something together or make a difference together like at the Energy Centre of the German Pavilion at the EXPO 2010 in Shanghai.

By shouting and clapping, the hundreds of visitors at each show "worked" together to start a suspended three-metre sphere moving and to influence the images on the surface of the sphere that was covered with 400,000 light-emitting diodes. We developed the acoustic control and drive concept which made the 1.2 t sphere attached to a 5.6 m pendulum swing backwards and forwards or

zu Schwing- und Kreisbewegungen anregte, haben wir mit dem Institut für Technische und Numerische Mechanik (ITM) und zwei weiteren Instituten der Universität Stuttgart entwickelt.

EXPONATE IN EINER VERNETZTEN WELT

Schon heute können wir Exponate zum Teil der Museumswelt 2.0 machen. Es gibt verschiedene Technologien, die es Besuchern ermöglichen, Texte, Bilder, Töne und Filme ihres Interesses zu sammeln und dauerhaft abzurufen, Kommentare zu hinterlassen oder Querbezüge zwischen einzelnen Stationen herzustellen, etwa der berührungslose Datenaustausch über RFID, um nur eine Möglichkeit zu nennen.

Den berührungslosen Datenaustausch nutzen wir u. a. mit einem mobilen Tool, das unser Innovationslabor entwickelt hat. Mit diesem handlichen Begleiter können Museumsbesucher Informationen und Eindrücke sammeln, sie übers Internet dauerhaft abrufen und mit anderen teilen. Es kann Inhalte individualisieren und Exponate aktivieren. Es übernimmt nicht nur die Funktion eines mehrsprachigen Audioguides, sondern begleitet die Besucher inszenatorisch. Durch Licht- und Tonimpulse kann es Menschen mit gleichen Interessen zusammenführen und Ideen überspringen lassen. Deswegen nennen wir es auch ioFUNKE.

NEUE BEDIENKONZEPTE UND DIE DEMATERIALISIERUNG VON EXPONATEN UND SCHNITTSTELLEN

Die Veränderungen in den Gewohnheiten der Mediennutzung betreffen auch die Bedienkonzepte. So hat z. B. das Smartphone als Lifestyleprodukt dafür gesorgt, dass heute jeder die Prinzipien der Touch-Semantik kennt und fast schon automatisch mit dem Finger auf jedes Display tippt.

4 | Durch gemeinschaftliche Interaktion, gemeinsames Rufen und Klatschen, konnten die Besucher des Deutschen Pavillons „balancity" die von oben herabhängende Kugel zum Schwingen bringen.
By interacting with one another, shouting and clapping together, the visitors to the German Pavilion "balancity" made the suspended sphere swing backwards and forwards .

move in circles together with the Institute of Engineering and Computational Mechanics (ITM) and two other institutes at the University of Stuttgart.

EXHIBITS IN A NETWORKED WORLD

We can already make exhibits part of Museumswelt 2.0. There are various technologies which allow visitors to collect texts, images, sounds and films that interest them and to retrieve them permanently, leave comments or create cross-references between the individual stations, to name but one example the touchfree data exchange via RFID.

We use the touchfree data exchange with a mobile tool that our innovation laboratory developed. With this handy companion, visitors to museums can collect information and impressions, access them permanently via the internet and share them with others. It can individualise content and activate exhibits. It acts not only as a multilingual audio guide, but accompanies the visitor like a stage manager. Through light and sound impulses it can bring people with the same interests together, or spread ideas. That is why we also call it ioFUNKE (German word for "spark").

NEW OPERATING CONCEPTS AND THE DEMATERIALISATION OF EXHIBITS AND INTERFACES

The changes in habits of media usage also affect the operating concepts. As lifestyle product, the Smartphone for instance has ensured that these days everyone is familiar with the principles of touch semantics and almost automatically touches every display with their fingers.

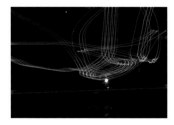

5 | Im Dunkeln lässt sich erahnen, wie der ioFUNKE Exponate und Besucher miteinander verbindet.
In the dark, one can imagine how ioFUNKE links exhibits and visitors with one another.

6 | Auf der EXPO 2010 in Shanghai hat die berührungsfreie Gestensteuerung die Besucher verblüfft. Durch die schnelle Verbreitung des Sensorsystems Kinect werden sich vermutlich schon bald allgemein übliche Gesten herausbilden.
At the EXPO 2010 in Shanghai, the touchfree gesture control amazed visitors. With the rapid spread of the Kinect sensor system, it is likely that generally accepted gestures will soon emerge.

Mittlerweile ermöglichen neue Arten von Sensoren eine Dematerialisierung von Schnittstellen. Dadurch lösen sich die Grenzen zwischen realen und virtuellen Räumen auf. Ein wichtiges Beispiel dafür ist die Gestensteuerung. Im Deutschen Pavillon auf der EXPO in Shanghai konnten wir beobachten, wie verblüfft die Leute von dieser Möglichkeit der Interaktion waren, die wir 2009 gemeinsam mit dem Heinrich-Hertz-Institut aus Berlin weiterentwickelt hatten. Es zeigte sich, dass die EXPO-Besucher darin noch ungeübt waren. Das war vor der Markteinführung des Systems Kinect, das Microsoft zur Steuerung der Spielkonsole Xbox entwickelt hat. Durch dessen schnelle Verbreitung werden sich vermutlich schon bald allgemein übliche Gesten herausbilden.

Neben Lösungen zum Erfassen und Interpretieren von Bewegungen und Gesten gibt es weitere Sensorsysteme, die spannende Interaktionsmöglichkeiten bieten. So können wir z. B. einen Besucher an der nächsten Station am Gesicht wiedererkennen oder über die Mimik seine Stimmung einschätzen.

QUALITÄTSKRITERIEN FÜR INTERFACES UND EFFIZIENTES CONTENT MANAGEMENT ALS LOHNENDE INVESTITION

Die wichtigsten Qualitätskriterien, denen Schnittstellen aller Art gerecht werden müssen – seien sie nun dematerialisiert oder greifbar, interaktiv oder interkonnektiv, analog oder digital – sind Usability, Ergonomie, intuitive Bedienbarkeit, Authentizität und Angemessenheit. Zudem zahlt es sich mittel- bis langfristig aus, interaktive Stationen plattformunabhängig und möglichst modular zu konzipieren. Das versetzt Museen in die Lage, flexibel auf aktuelle Entwicklungen zu reagieren.

Ein weiteres wichtiges Qualitätskriterium ist Effizienz im Inhaltemanagement, ein Aspekt, der mit der Vielfalt von Informationsebenen, wachsendem Aktualitätsbedürfnis und zunehmender Multi- und Crossmedialität an Bedeutung gewinnt. Das beginnt schon bei der Content-Produktion, wenn etwa Filme, Simulationen oder Sounds auf verschiedenen Plattformen ausgespielt

Meanwhile, new types of sensors allow the dematerialisation of interfaces. In this way, the borders between real and virtual spaces are dissolved. An important example of this is gesture control. In the German pavilion at the EXPO in Shanghai we observed how amazed people were by this possibility to interact which we had worked on with the Heinrich-Hertz-Institute in Berlin in 2009. It showed that the EXPO visitors had little or no practice in it. That was before the market launch of the Kinect system, which Microsoft has developed to control the playstation Xbox. As the technology spreads, it is likely that generally accepted gestures will soon develop.

Besides solutions to register and interpret movements and gestures, there are further sensor systems which offer exciting opportunities for interaction. For instance, we can recognise a visitor at the next station from their face or judge his or her mood from their facial expression.

QUALITY CRITERIA FOR INTERFACES AND EFFICIENT CONTENT MANAGEMENT AS A WORTHWHILE INVESTMENT

The most important quality criteria which interfaces of all kinds have to satisfy – whether they are dematerialised or tangible, interactive or interconnective, analogue or digital – are usability, ergonomics, intuitive operability, authenticity and appropriateness. Moreover, in the medium to longterm it pays off to design interactive stations independent of a certain platform and as modular as possible. That allows museums to respond flexibly to current developments.

werden sollen, z. B. in Projektionen, im Internet oder auf mobilen Endgeräten. Von großem Nutzen für Museumsorganisatoren und -betreiber ist hier ein plattformunabhängiges Content-Management-System (CMS), mit dem sie Inhalte und Designs unabhängig von externen Dienstleistern bequem crossmedial verwalten und flexibel anpassen können – an spezielle Besuchergruppen oder den neuesten Wissensstand. Durch effizientes Content Management im laufenden Betrieb können Museen viel Geld sparen, das beim Ausstellungskonzept besser investiert ist.

DAS MUSEUM DER ZUKUNFT: BESUCHER, EXPONATE UND REAKTIVE RÄUME ALS AKTIVE ELEMENTE EINER HOCHGRADIG VERNETZTEN WELT

Das Museum der Zukunft ist nutzerzentriert. Smarte Kommunikationsformate mit neuen Sensorsystemen und Schnittstellen werden es möglich machen, noch besser auf die individuellen Bedürfnisse jedes Besuchers einzugehen, auf seine Interessen und seine aktuelle Befindlichkeit. Eine auf natürliches menschliches Handeln abgestimmte Ergonomie in der Bedienung wird selbstverständlich.

Die Sensorik wird eine zunehmend detailgenaue Erfassung und Interpretation von Bewegungen ermöglichen – von Arm- und Hand- bis hin zu Augenbewegungen –, sodass sich interaktive Stationen bald mit einem Augenzwinkern steuern lassen. Durch die Weiterentwicklung und -verbreitung von Sensorsystemen wie Kinect werden Schnittstellen immer häufiger Aktionsräume sein, und jede beliebige Oberfläche wird sich in einen Multitouchscreen verwandeln lassen. Bildgebende Medien werden zunehmend transparent in Wände und hinter Glasflächen integriert.

Manche Exponate werden ganz oder teilweise dematerialisiert sein und erst durch flexibel einspielbare, immer realistischer werdende 3D-Visualisierungen und -Simulationen Gestalt annehmen, gerade passend zum aktuellen Interesse des sich ihnen nähernden Besuchers.

Another important quality criteria is efficiency of content management, an aspect which is gaining in importance with the variety of information levels, the growing need to keep things up to date and increasing multi- and cross-mediality. This begins when the content is being produced, for instance if films, simulations or sounds are to be played on various platforms, e.g. in projections, in the internet or on mobile end devices. In this context, a platform-independent content management system (CMS) is of great benefit for museum organisers and operators with which they can conveniently manage and flexibly adjust cross-media content and designs to the needs of special visitor groups or bring it up to date without the support of external service providers. Efficient content management during operation can save museums a lot of money which can be better invested in the exhibition concept.

THE MUSEUM OF THE FUTURE: VISITORS, EXHIBITS AND REACTIVE SPACES AS ACTIVE ELEMENTS OF A HIGHLY NETWORKED WORLD

The museum of the future is user centric. Smart communication formats with new sensor systems and interfaces will make it possible to address even more closely the individual needs of every single visitor, his or her interests and current state of mind. Ergonomic operation in tune with natural human movements will become a matter of course.

Sensor technology will allow movements to be registered and interpreted with an increasing degree of precision – from arm and hand movements through to eye movements – so that soon it will be possible to control interactive stations with the wink of an eye. With the further develop-

Augmented Reality wird sich weiterentwickeln, wie etwa mit der Datenbrille von Google, sodass digitale Objekte und Informationen immer stärker ins Realbild einwandern.

Gleichzeitig werden Exponate und Infrastruktur mittels druckbarer Codes mit Zusatzinformationen aufgeladen, die Besucher mit handlichen Devices abrufen können. Dabei werden Bar- oder QR-Codes bald von unsichtbaren, designneutralen Codes abgelöst werden.

Den eigentlichen Innovationssprung werden Museen aber nicht durch den Einsatz der genannten Technologiekomponenten vollziehen, sondern erst durch deren kluge Vernetzung. Über Lokalisierungstechnologien und Standards zum kontaktlosen Datenaustausch werden Exponate, Aussteller, Besucher und Infrastruktur vernetzt. In Zukunft können wir Firmenmuseen zu reaktiven Räumen machen, deren smarte Technologie kaum wahrnehmbar im Hintergrund wirkt – z. B. durch die Projektion beim Eingang, die den per Mobile Web angemeldeten Besucher persönlich begrüßt, die zur Stimmung passende Raumatmosphäre oder die interaktive Installation, die erst sichtbar wird, wenn sich jemand mit dem passenden Interessenprofil nähert. So erreichen wir ein hohes Maß an Partizipation und Immersion, ein ganzheitliches Eintauchen in die jeweilige Thematik. Exponate, Besucher, Aussteller und Museumsräume werden zu aktiven Elementen einer vernetzten Welt, in der sie vor, während und nach dem Museumsbesuch miteinander interagieren.

Allerdings ist – bei aller Faszination für neue Sensoren, Visualisierungs- und Interaktionsmöglichkeiten – zu beachten: Technik ist kein Selbstzweck. Um ein nachhaltiges Erlebnis zu schaffen, gilt es, Originalexponaten ihre Aura zu lassen, die richtige Mischung aus analogen und digitalen Schnittstellen zu finden sowie Raum und Zeit für Vertiefungs- und Ruhephasen zu lassen.

ment and spread of sensor systems such as Kinect, interfaces will increasingly become spaces for action and it will be possible to turn any surface into a multitouch screen. Imaging media will increasingly be integrated transparently in walls and behind glass surfaces.

Some exhibits will be wholly or partly dematerialised and will only take shape through increasingly realistic 3D visualisations and simulations that can be flexibly imported, to match the current interest of the approaching visitor. Augmented reality will continue to advance with new developments such as the Google glasses so that digital objects and information migrate more and more into real images.

At the same time, exhibits and infrastructure will be loaded with additional information using printable codes which visitors can retrieve with handy devices. Bar or QR codes will soon be replaced by invisible, design-neutral codes.

It is, however, not through the use of the technology components mentioned above that museums will achieve the actual innovation leap, but by linking them in a smart way. Using localisation technologies and standards for noncontact data exchange, it will be possible to link up artefacts, exhibitors, visitors and infrastructure. In future, we can make corporate museums into reactive spaces whose smart technology works virtually imperceptibly in the background – e.g. through the projection at the entrance which personally welcomes visitors who have announced that they are coming by mobile web, which creates an atmosphere in the room that suits the mood or the interactive installation which does not become visible until someone with a suitable profile of interests approaches. In this way, we achieve a high degree of participation and immersion in the respective theme. Artefacts, visitors, exhibitors and museum spaces thus become active elements of a networked world in which they interact with one another before, during and after the visit to the museum.

Nicht jeder Weg, den der technologische Fortschritt bereitet, muss gegangen werden. Aufgabe ist es, eine Balance mit weiteren entscheidenden Faktoren zu finden: Wie können Firmenmuseen ihren eigentlichen Trumpf ausspielen, nämlich die persönliche Begegnung zwischen Mensch und Marke sowie die räumliche Erfahrung und die Dramaturgie des Besuchsverlaufs? Wo will das Publikum eben nicht entscheiden, eben nicht partizipieren, sondern einfach gezeigt bekommen, woran es sich orientieren kann? Wo müssen Ausstellungsmacher dem Bedürfnis nach Passivität gerecht werden?

Wesentliche Faktoren für den dauerhaften Erfolg sind zudem Wartungsfreundlichkeit, Aktualisierbarkeit und Aufwärtskompatibilität. Denn die Arbeit an einer Ausstellung endet nicht mit der Eröffnung, wie viele Architektur- und Interior-Design-Bücher suggerieren, sondern sie fängt dann erst richtig an.

Und über allem gilt: Keine Technologie, keine mobile Anwendung hilft einem Unternehmen, das nicht weiß, was es erzählen will. Entscheidend ist der Inhalt, ist die Qualität dessen, was der Absender zu sagen und zu zeigen hat.

However, as fascinating as the new sensors, visualisation and interaction possibilities are: technology is not an end in itself. To create a lasting experience, original exhibits need to be left to exude their own aura and the right mix found of analogue and digital interfaces, allowing space and time for phases of immersion and rest.

Not every way that technological progress paves has to be taken. The task is to find a balance with other decisive factors: how can corporate museums use their main asset – the personal encounter between human and brand, the spatial experience and the way the visitor is guided through the museum? Where do visitors not want to decide, not participate, but simply be shown which way to go? Where do exhibition designers have to accommodate the need for passivity?

The main factors for long-term success also include ease of maintenance, refreshability and upgradability. Work on an exhibition does not end with the opening as many architecture and interior design books suggest. In fact that it is when the work really starts.

And above all it should be remembered: no technology, no mobile application will help a company that does not know what tale it has to tell. The content is decisive, as is the quality of what the originator has to say and show.

JOHANNES MILLA

Johannes Milla ist seit 1989 Geschäftsführer und Mitinhaber von Milla & Partner. Gemeinsam mit seinem Partner Peter Redlin und 49 Mitarbeitern gestaltet er multimediale Räume, Medienarchitektur, Erlebnisse und Szenografien für Marken, Unternehmen und die öffentliche Hand: drei- und vierdimensionale Kommunikation. Johannes Milla ist bei Milla & Partner als Geschäftsführer, Kreativ-Director und Kundenberater tätig. Er lebt in Stuttgart und ist im Ehrenamt 1. Vorstand des Produktionszentrums Tanz und Performance e. V. Stuttgart sowie Präsidiumsmitglied des ADC Art Directors Club für Deutschland e. V.

Johannes Milla has been managing director and co-owner of Milla & Partner since 1989. Together with his partner Peter Redlin and 49 co-workers he designs multimedia spaces, media architecture, experiences and scenography for brands, companies and public authorities: three- and four-dimensional communication. Johannes Milla works at Milla & Partner as managing director, creative director and customer adviser. He lives in Stuttgart and holds an honorary office as first chairman of Produktionszentrum Tanz und Performance e. V. Stuttgart and is also a member of the executive body of ADC Art Directors Club für Deutschland e. V.

7 | Ein Prototyp des ioFUNKEn aus dem Innovationslabor von Milla & Partner: Bei der Entwicklung diente eine transparente Kunststoffkugel als Hülle für die Technik. Mit dem handlichen Tool können Museumsbesucher Informationen sammeln und mit anderen teilen. Es kann Inhalte individualisieren und Exponate aktivieren.

A prototype of ioFUNKEn from the innovation laboratory of Milla & Partner: in the development process, a transparent plastic sphere served as a shell for the technology. Museum-goers can use this handy tool to collect information and to share it with others. It can individualise content and activate exhibits.

8 | Durch gemeinschaftliches Rufen und Klatschen konnten die Besucher des Deutschen Pavillons „balancity" eine tonnenschwere Kugel zum Schwingen bringen, gemeinsam etwas bewegen. Die Kugel hatte einen Durchmesser von drei Metern und war mit mehr als 400.000 LEDs besetzt. By shouting and clapping, the hundreds of visitors to the German Pavilion "balancity" worked together to get a sphere weighing several tonnes moving. The sphere was three metres in diameter and covered with 400,000 light-emitting diodes.

BESUCHERORIENTIERUNG FÜR MEHR ERLEBNISQUALITÄT MIT FALLBEISPIEL WEDGWOOD
ENHANCED EXPERIENCE THROUGH VISITOR ORIENTATION WITH WEDGWOOD CASE STUDY

EINLEITUNG

Firmenmuseen, Markenwelten und Werksführungen sind eine faszinierende Chance der Unternehmenskommunikation und der Erfolg der bekannten großen Vorreiter ermutigt immer mehr Unternehmen zu einer solchen Darstellung ihrer Werte und Marken. Die meisten Unternehmen begeben sich damit auf unbekanntes Terrain.

Die Risiken einer solchen Neuentwicklung fallen deutlich geringer aus, wenn das Unternehmen die Erfolgsfaktoren dauerhaft populärer Besucherattraktionen kennt. Ob kleine Werksbesichtigung in bestehenden Produktionshallen oder großer Markenthemenpark – die zentralen Erfolgsfaktoren lassen sich für alle anwenden.

Das Besuchererlebnis beginnt am Parkplatz – die Erlebnisqualität umfasst deshalb nicht nur die Art der Ausstellungsinszenierung, sondern auch Aspekte wie Verweildauer, Besucherlenkung (visitor flow), Shops, Gastronomie und viele mehr. Ebenso wichtig wie Erlebnisqualität sind die betrieblichen Anforderungen einer Besucherattraktion. Um die Vielzahl der relevanten Kriterien berücksichtigen zu können, setzen immer mehr Unternehmen auf strategische Methoden aus der Besucherforschung. Von Interesse sind dabei nicht nur Museen, sondern vor allem dynamisch wachsende, privatwirtschaftlich geführte Freizeitattraktionen.

INTRODUCTION

Corporate museums, brand worlds and factory tours are fascinating opportunities for corporate communication and the success of large, well-known pioneers in this field is encouraging more and more companies to present their values and brands in this way. For most companies this means venturing into unknown territory.

The risks such a new development entail can be reduced significantly by looking at the success factors of popular attractions that have been drawing visitors for a long time. Whether small factory tours in existing production halls or large brand theme parks – the key success factors are generally applicable.

For the visitor, the experience begins in the car park – the quality of the experience depends therefore not only on the way the exhibition is presented, but on aspects such as dwell time, visitor flow, shops, catering and much more. Equally important as the quality of the experience, are the operational requirements of a visitor attraction. To be able to take into account the large number of relevant criteria, more and more companies rely on strategic methods from visitor research. Not only museums are of interest, but also dynamically growing, privately-run leisure attractions.

Of course, there are many other criteria which are decisive for the success of such a project – not least the popularity and appeal of the brand that is to be presented in the corporate museum.

Selbstverständlich gibt es viele weitere Kriterien, die über den Erfolg entscheiden – nicht zuletzt die Popularität und Attraktivität der Marken, die im Corporate Museum präsentiert werden sollen. Im Praxisbeispiel lesen Sie, wie für das Unternehmen Wedgwood Porzellanmanufaktur die Krise zum Glücksfall wurde.

STRATEGISCHE BESUCHERFORSCHUNG

Wie verhalten sich Besucher? Was wollen die zukünftigen Besucher? Und: Wie lassen sich die gewonnen Erkenntnisse dann konkret in der eigenen Planung umsetzen?

Die Besucher haben Erwartungen hinsichtlich der Inhalte und Themen, die sie mit der jeweiligen Marke verbinden. Diese Erwartungen lassen sich über repräsentative Befragungen herausfinden. Sehr nützliche Erkenntnisse liefert auch die Beobachtung von Besuchern. Aus dem tatsächlichen Nutzungsverhalten in vergleichbaren Besucherattraktionen lassen sich konkrete Schlüsse ziehen, wie verschiedene Präsentationsformen genutzt werden. Zum Beispiel, wie kurz sich Besucher mit einzelnen Exponaten befassen oder wie lange sie durchschnittlich im Museumscafé sitzen. Diese Art der Evaluation liefert wertvollen Input zu funktionierenden Präsentationsformen oder zur Verweildauer und erleichtert die Kapazitätsplanung. Mit dem Prinzip „Copy the best" vermeidet man Fehler, hat aber noch kein innovatives Konzept. Dazu bedarf es einer weiteren Differenzierung auf der Ebene einzelner Erlebnispräferenzen.

Ein ausgewogenes Besuchserlebnis ist ein komplexes Gebilde aus qualitativen und quantitativen Kriterien. Die effektivsten Methoden modellieren diese Gebilde. Sie beruhen auf Datenbanken mit Erlebnispräferenzen und einer großen Zahl an Besucherbeobachtungen und liefern ganz konkrete Antworten, wie die eigene Planung optimiert werden kann.

In the case study we read how the crisis turned out to be a stroke of luck for the Wedgwood porcelain manufacturer.

STRATEGIC VISITOR RESEARCH

How do visitors behave? What do future visitors want? And: how can the findings made then be implemented in one's own planning?

The visitors have expectations regarding content and topics which they associate with the brand concerned. These expectations can be identified in representative surveys. Observing visitors also produces very useful information. Concrete conclusions can be drawn from the actual behaviour of visitors at similar attractions. How the various forms of presentation are used, for instance. How long visitors engage with the individual exhibits. Or how long they sit in the museum café on average. This kind of evaluation provides valuable input about the forms of presentation that work or the dwell time, thus making it easier to plan capacity. Applying the principle "Copy the best" allows mistakes to be avoided, but one still needs an innovative concept. This requires a further degree of differentiation at the level of individual experience preferences.

A well-balanced visitor experience is a complex of qualitative and quantitative criteria. The most effective methods model these complexes. They are based on databases with experience preferences and a large number of visitor observations and provide very concrete answers as to how one's own planning can be optimised.

GRUNDLAGE FÜR DEN ERFOLG – BESUCHERORIENTIERUNG

Die Besucher stehen im Zentrum des Interesses erfolgreicher Besucherattraktionen. Für kommerziell betriebene Freizeitattraktionen ist die Ausrichtung an Besucherinteressen und eine systematische Erhebung von Besucherverhalten und -wünschen eine Selbstverständlichkeit. In erfolgreichen Besucherattraktionen werden Präsentationsformen und Ausstellungsgestaltung genauso wie die Gesamtgröße des Projekts durch Art und Anzahl der zu erwartenden Besucher bestimmt. Erfolgreiche Attraktionen halten ihre Besucherzahlen stabil und in Ausnahmefällen steigern sie diese sogar. Für Museen in Deutschland ist die Ausrichtung an Besucherinteressen noch kein Standard, was sich vielfach in beständig sinkenden Besucherzahlen manifestiert.

ZUSAMMENSETZUNG DES PROJEKTTEAMS

Die zukünftigen Besucher, um die es geht, sitzen bei der Projektplanung für ein Firmenmuseum nicht mit am Tisch. Deren Interessen, Bedürfnisse und Wünsche zu kennen und in einem Team aus Architekten und Ausstellungsdesignern sowie der Unternehmensleitung zur Geltung zu bringen, ist eine anspruchsvolle Aufgabe. Ideal besetzt ist diese Position mit einer erfahrenen Betreiberpersönlichkeit.

Die meisten Architekten und Ausstellungsdesigner verfügen über keine Erfahrung im Betrieb von Besucherattraktionen. Die betriebswirtschaftlichen Vor- oder Nachteile einer Planung haben für sie geringe Priorität. Im besten Fall nehmen sie Anforderungen und betriebliche Notwendigkeiten bereitwillig auf.

Die Aufgabe des Betreibers besteht darin, die fortschreitende Planung immer wieder darauf hin zu testen, ob sie Besucherinteressen dient und ob das Konzept betrieblichen Anforderungen standhält.

BASIS FOR SUCCESS – VISITOR ORIENTATION

The visitors are the centre of interest of successful visitor attractions. For commercially run leisure attractions, it goes without saying that they are guided by visitor interests and a systematic survey of visitor behaviour and wishes. In successful visitor attractions, the type and number of expected visitors determines the presentation forms and exhibition design as well as the overall size of the project. Successful attractions have stable visitor figures and in exceptional cases even see increases. For museums in Germany, it is not yet standard practice to be guided by visitor interests, and this is manifested in falling visitor numbers in many cases.

COMPOSITION OF THE PROJECT TEAM

The future visitors who it is all about are not directly involved in the project planning for a corporate museum. Knowing their interests, needs and wishes and enforcing them in a team of architects and exhibition designers and the company management is a challenging task. Ideally, this position would be filled by a person with experience running such an attraction.

Most architects and exhibition designers do not have any experience running visitor attractions. For them, the economic advantages or disadvantages of a plan are low in priority. In the best case, they willingly accept the requirements and operational necessities.

The task of an operator is to keep testing the planning as it progresses to determine whether it serves the interests of the visitors and whether the concept matches operational requirements.

Idealerweise erfolgen diese Tests anhand schon zu Beginn feststehender fundierter Kriterien. Die Rückbesinnung auf Besucherbedürfnisse kann sich im Rahmen der Dynamik des Kreativprozesses sehr kostenmindernd auswirken. Auch wenn die Eröffnung und der eigentliche Betrieb noch in weiter Ferne liegen – es wird sich vielfach bezahlt machen, diese Persönlichkeit von Beginn an zu integrieren.

PROJEKTDIMENSIONIERUNG FOLGT MARKTPOTENZIAL – DESIGN TO BUDGET

Erfolgreiche Attraktionen nehmen das vorhandene Marktpotenzial aus Einwohnern, Touristen und Tagesausflüglern zum Ausgangspunkt ihrer Planung. Aus einer konservativ-realistischen Besucherprognose wird das Einnahmenpotenzial des Museums oder der Markenwelt ermittelt.

Die Jahreserlöse bestimmen dann das maximal sinnvolle Gesamtinvestitionsbudget. Dieses Budget zu halten, ist eine große Herausforderung. Mit steigenden Gesamtinvestitionskosten sind häufig auch steigende Betriebskosten verbunden, die über Jahre erwirtschaftet werden müssen.

Das Einnahmenpotenzial sollte mindestens alle Kosten für Betrieb und regelmäßige Attraktivierungen decken. In der Praxis ist oft schon das erste Planungsbudget teurer als es eigentlich sein dürfte. Man erhöht dann kalkulatorisch die Einnahmen um einen Marketingzuschuss aus der Unternehmenskasse. Laufende Zuschüsse zum Firmenmuseum sind allerdings häufig die ersten, die gekürzt werden, wenn gespart werden muss. Setzt sich dies über ein, zwei Jahre fort, ist die Abwärtsspirale aus weniger Re-Attraktivierung und weniger Besuchern kaum mehr zu stoppen.

Decken die Einnahmen die Kosten voraussichtlich nicht oder zeigt sich, dass das Marktpotenzial aufgrund des Standorts sehr begrenzt ist, lohnt es sich deshalb, lieber gleich über Alternativen nachzudenken. Mehr dazu auch im nachfolgenden Praxisbeispiel Wedgwood.

Ideally, these tests will be performed using well-founded criteria established at the outset. Reflecting on visitor needs can greatly reduce costs in the dynamics of the creative process. And even if the opening and actual operation are a long way off – it will pay off to have such an expert integrated in the process from the beginning.

PROJECT DIMENSIONING FOLLOWS MARKET POTENTIAL – DESIGN TO BUDGET

Successful attractions take the existing market potential of locals, tourists and day trippers as the starting point of their planning. The potential income of the museum or brand world is determined from a conservative and realistic forecast of visitor numbers.

The annual revenue then dictates the maximum reasonable overall investment budget. Keeping within this budget is a huge challenge. Higher overall investment costs are frequently associated with rising operating costs which have to be generated over years.

The potential income should at least cover all the costs of running the attraction and regular upgrades. In practice, even the first planning budget is often higher than it actually should be. The estimated revenue is increased by a marketing subsidy from company funds. Ongoing subsidies to the company museum are, however, often the first to be slashed when a company has to cut costs. If this continues for one or two years, the downward spiral of less spending on making the museum more attractive and fewer visitors is very hard to stop.

If the revenue is not expected to cover the costs or if it becomes apparent that the market potential is very limited due to the location, it is worth thinking about alternatives right away. More about this in the Wedgwood case study below.

ERLEBNISQUALITÄT

Die Erlebnisqualität ist einer der entscheidenden Erfolgsfaktoren für Besucherattraktionen. Erlebnisqualität umfasst dabei mehr als nur die Ausstellungs- oder Erlebnisbereiche. Für ein gutes Besuchserlebnis sind auch Aspekte wie eine klare Wegeführung, attraktive Serviceeinrichtungen und Zusatzangebote oder eine der Verweildauer angemessene Erlebnismenge ausschlaggebend. Bezogen auf unterschiedliche Altersgruppen berücksichtigt ein erfolgreiches Konzept die Bedürfnisse und Erlebnispräferenzen der zu erwartenden Zielgruppen.

Abwechslung in der Art der Präsentation und Kontraste in der Gestaltung verschiedener Themenbereiche schaffen Attraktivität. Lachen beispielsweise ist eine Präferenz aus dem Bereich der Emotionen, die für sehr viele Besucher ein wichtiger Teil eines gelungenen Besuchserlebnisses ist. Es lohnt sich also, nach ein oder zwei kuriosen Geschichten rund um die präsentierten Marken und Produkte zu suchen und diese zu thematisieren.

Unterschiedliche Bedürfnisse gibt es auch bei der Art, Informationen aufzunehmen. Unabhängig vom Bildungsgrad erschließt sich ein wachsender Teil der Bevölkerung Informationen durch eigenes Ausprobieren oder durch zuhören und reden, während die Zahl der Analytiker, die lesen als Präferenz nennt, abnimmt – wer liest schon gerne eine Betriebsanleitung?! Genauso gibt es Vorlieben hinsichtlich Ambiente und Thematisierung oder der Sinne und Fähigkeiten, die angesprochen werden. Für alle die Erlebnispräferenzen gilt: Zuviel desselben ist nicht förderlich.

Gelingt es, die Vielzahl dieser Anforderungen in eine abwechslungsreiche Besuchsdramaturgie zu integrieren, ist ein wesentlicher Schritt auf dem Weg zum Erfolg getan. Um das Planungskonzept zu optimieren, bedarf es der fundierten Kenntnis der Erlebnisvorlieben und bewährter Analysemethoden.

QUALITY OF EXPERIENCE

The quality of experience is one of the decisive success factors for visitor attractions. Quality of experience is about more than just the exhibition or experience areas. Whether visitors enjoy the experience depends on aspects such as clear signposting, attractive service facilities and additional offerings or on whether the volume of experience matches the dwell time. In terms of the different age groups, a successful concept takes the needs and experience preferences of the target groups expected into account.

Variety in the type of presentation and contrasts in the design of the various themed areas creates attractiveness. Laughing, for instance, is a preference from the area of emotions which for many visitors is an important part of a successful visit experience. It therefore is worth looking for one or two quaint stories relating to the brands and products on display and to highlight these.

The needs regarding the way information is absorbed also vary. Regardless of the educational level, a growing part of the population prefers to access information by trying things out for themselves or by listening and talking, while the number of analysts who prefer reading is declining. After all, who enjoys reading a user manual?! There are also preferences regarding ambiance and the themes focused on or the senses and abilities that are addressed. One thing that applies to all experience preferences is: too much of the same is not beneficial.

If most of these requirements are successfully integrated in a varied experience for the visitor, an important step on the way to success has been achieved. In-depth knowledge of the experience preferences and of tried-and-tested methods of analysis are needed to optimise the planning concept further.

BETREIBBARKEIT

Um erfolgreich zu sein, muss ein Firmenmuseum nicht nur für die Besucher attraktiv sein. Es muss auch im täglichen Betrieb gut funktionieren.

Die Erneuerung von Teilbereichen gehört zu den regelmäßigen Aufgaben des zukünftigen Betriebs. Muss das Museum für den Umbau von Teilbereichen komplett geschlossen werden oder kann unter Normalbetrieb ein Umbau erfolgen? Welche Ausstellungsbereiche sollen lange unverändert bleiben und müssen entsprechend robust und flexibel sein, welche sind eher temporär geplant und können daher kostengünstig gestaltet werden? Sind Sonderausstellungen geplant und wenn ja, wie viel Raum soll dafür bereitstehen und wo ist dieser Raum angeordnet?

Besteht eine Möglichkeit zu Erweiterungen und zu Ergänzungen des Museums? Wenn ja, wo sollte dann der Haupteingang liegen, wo sind Kassen, Shop und Gastronomie am besten angeordnet, um eine kombinierte Nutzung zu ermöglichen?

Geplant wird ein Firmenmuseum für den sogenannten „Design Day", einen gut besuchten Tag, ermittelt aus dem Durchschnitt der 20 besten Tage. Schon per Definition kommen diese „Design Days" nur an wenigen Tagen im Jahr vor. An einer Vielzahl von Tagen und in Randstunden sind niedrige Besucherzahlen zu erwarten. Wie lässt sich das Museum an solchen Tagen kostengünstig betreiben? Müssen Angebote geschlossen werden, um Personalkosten zu sparen? Werden zwei Mitarbeiter benötigt für Ticketkasse und Shop? Oder lässt sich der Shop räumlich so anordnen, dass zu besucherschwachen Zeiten Ticket- und Shop-Kasse an einer Stelle sind? Die eingangs erwähnte Betreiberpersönlichkeit wird diese Aspekte während des gesamten Planungsprozesses im Blick behalten.

OPERABILITY

To be successful, a corporate museum does not only have to be attractive to visitors. It must also work well in day-to-day operations.

Renewing areas of the museum is one of the regular tasks of the future operation. Does the museum have to be closed completely for the reconstruction of parts of it or can this work be carried out during normal operations? Which exhibition areas are to remain unchanged for a long time and therefore have to be robust and flexible, which are of a more temporary nature and can be designed more cheaply? Are special exhibitions planned and, if so, how much space is needed and where would they be located?

Is it possible to expand and build onto the museum? If so, where should the main entrance be, where are the cash desks, shop and catering ideally placed to allow combined usage?

A company museum is planned for what is referred to as a "design day", a well-visited day determined from the average of the 20 best days. By definition, these "design days" only occur a few times a year. Lower visitor numbers are to be expected on many days and at fringe times. How can the museum be run more cheaply on such days? Do offerings have to be closed to save personnel costs? Are two members of staff needed for ticket office and shop? Or can the shop be located in such a way that the ticket and shop cash desk is in the same place on days with fewer visitors? The person with experience running such an attraction on the planning team will keep an eye on these aspects throughout the planning process.

SHOP, GASTRONOMIE UND VERANSTALTUNGSFLÄCHEN

Auf das richtige Konzept und die richtige Lage im Objekt kommt es an, ob mit Shop, Gastronomie und Veranstaltungen Geld verdient werden kann oder ob ein Zuschussgeschäft entsteht.

Besucher nehmen gern eine schöne Erinnerung an den Besuch mit. Dafür brauchen Shops die richtige Lage. Versteckt im Souterrain oder abseits vom Besucherstrom werden die Umsätze weit hinter den Möglichkeiten zurückbleiben. Die Ware muss ansprechend präsentiert werden und das Sortiment muss den Besuchern gefallen. Um im Souvenirgeschäft gute Umsätze zu erzielen, bedarf es gut gefüllter Regale. Shops benötigen die richtige Größe – im Zweifelsfall lieber zu klein.

Große Shops benötigen große Warenmengen und binden damit viel Kapital. Bei der Gestaltung der Warenträger kann man sparen. Sie müssen in erster Linie funktional sein, denn im Vordergrund soll ja die Ware stehen und nicht das Regal.

Für die Konzeption des gastronomischen Angebots gelten ähnliche Regeln. Es ist eine äußerst anspruchsvolle Aufgabe, eine solche Gastronomie kostendeckend zu betreiben. Bei begrenzten Budgets gilt auch hier: das Angebot lieber klein und einfach halten, das aber in hoher Qualität.

Firmenmuseen eignen sich nicht nur für Veranstaltungen des eigenen Unternehmens. Gern genutzt werden sie auch von externen Unternehmen und Privatpersonen. Die verschiedenen Nutzungsmöglichkeiten und Anforderungen zu antizipieren, liefert wertvollen Input für die Planung. Wo liegen die Veranstaltungsflächen? Wie erfolgen Anlieferung, Auf- und Abbau, während das Museum gut besucht ist? Wie ist die Anbindung an die gastronomische Infrastruktur? Lassen sich Veranstaltungen und normaler Betrieb gleichzeitig durchführen?

FALLBEISPIEL: WEDGWOOD VISITOR CENTRE

Die ursprüngliche Idee beim Wedgwood Visitor Centre war es, einen Rundgang durch die Produktionsstätten in Barleston – der Heimat von Wedgwood – nachzustellen.

SHOP, CATERING AND EVENT AREAS

Whether shop, catering and events make money or whether they make a loss depends on the right concept and the right location within the property.

Visitors like to take home a nice souvenir of their visit. Shops need to be in the right place. Hidden in the basement or away from the visitor flow, sales will fall far short of what is possible. The goods have to be presented attractively and the range has to appeal to the visitors. To make good sales in the souvenir business, shelves have to be well filled. Shops have to be the right size – in case of doubt too small is better than too big.

Large shops need large quantities of goods and tie up capital. The design of the product carriers offers potential for saving. Above all, they need to be functional; the goods and not the shelf should be the focus.

When designing the catering, similar rules apply. It is an extremely challenging task to break even with such a restaurant or café. If the budget is small it is advisable to keep the offering small and simple, but of high quality.

Corporate museums are not only suited for events of one's own company. Other companies and private individuals also like to use them. Anticipating the various potential uses and requirements provides valuable input for the planning. Where are the event spaces? How can deliveries be made or equipment set up or dismantled when the museum is full? How can the catering facilities be integrated in such events? Can events and normal operations run in parallel?

Hierzu sollten zunächst ein charakteristisches Eingangsgebäude sowie ein ansprechender neuer Laden und ein Restaurant gebaut werden. Doch kurz bevor die Entwurfsphase abgeschlossen war, erlitt die Keramikindustrie einen schweren Einbruch und das Budget wurde um mehr als die Hälfte gekürzt.

Diese scheinbare Katastrophe erwies sich jedoch letztlich als enormer Glücksfall. Ein lediglich simulierter Fabrikrundgang war deshalb geplant, weil es als gegeben angesehen wurde, dass die eigentliche Fabrik aus Sicherheitsgründen keinesfalls der Öffentlichkeit geöffnet werden durfte – auch wenn alle Evaluierungen ergeben hatten, dass die Besucher sich gerade das wünschten! Nun, da das Projektteam sich den Bau neuer Gebäude nicht länger leisten konnte, hatte es praktisch keine andere Wahl, als Mittel und Wege zu finden, diesem Wunsch nachzukommen.

Anstatt auf direkten Konfrontationskurs zu den Kollegen aus der Produktion zu gehen, zog das Projektteam es vor, eng mit diesen zusammenzuarbeiten – und gemeinsam fand man heraus, dass es nicht annähernd so schwierig war, Besucher durch die Fabrik zu schleusen, wie man es sich vorgestellt hatte. So wurde es möglich, den Besuchern die Tore zu öffnen und sie in der Fabrik willkommen zu heißen. Das Projektteam war aber auch gezwungen, seinen Plan neu zu überdenken. Dieser hatte ursprünglich vorgesehen, doppelt so viele Besucher anzuziehen wie bisher, um die Ausgaben für das Projekt wieder hereinzuholen. Dies erschien nun nicht mehr schlüssig. Man erkannte, dass die überwiegende Mehrheit der neuen Besucher höchstens ein- oder zweimal kommen würde, so dass die günstigen Auswirkungen des neuen Besucherzentrums nur einige wenige Jahre anhalten würden. Ebenfalls hatte man sich klargemacht, dass sich die neuen Besucher stark von den bisherigen unterscheiden würden.

CASE STUDY: WEDGWOOD VISITOR CENTRE

The original intention at Wedgwood was to produce a simulation of a factory tour at Barlaston, the home of Wedgwood. The idea was to create a landmark entrance building, and a beautiful new shop and restaurant. Then just as the design was nearing completion the ceramics industry took a major downturn and the budget was cut by more than 50 %.

This apparent disaster turned out to be an enormous stroke of good fortune. Building a simulated factory tour was intended, because it was accepted that the public could not enter the factory for health and safety reasons, even though all the research was clear that visitors wanted to see the real factory. Now that the project team could no longer afford to construct new buildings they had no choice but to find out how this could be accomplished.

Rather than working in opposition to the production team they were asked to work together, and they found that allowing people into the factory was not nearly as difficult as they had thought. Suddenly it became possible to throw open the door between our visitors and what they wanted to see, and welcome them inside. The project team was also forced to re-examine the business case, which expected payback for the project to come from attracting twice as many visitors to the visitor centre. When thinking about it the team found it made little sense. They realised that the majority of those new visitors would only come once or twice, so the beneficial effect would only last for a couple of years. Also they realised that those new visitors would be very different to the visitors they already had.

Wedgwood already had a very loyal and dedicated audience, many of whom were international tourists. The new visitors would probably not have the deep interest in the subject that our existing visitors had, and there was every chance that they would cheapen or spoil the visit for those

Wedgwood hatte sich bereits ein sehr treues Stammpublikum erarbeitet, darunter viele Touristen aus dem Ausland. Die neuen Besucher würden vermutlich nicht das ausgeprägte Interesse dieses „harten Kerns" mitbringen, so dass stets die Gefahr im Raum schwebte, sie könnten all denjenigen den Besuch verderben, die von Wedgwood wirklich begeistert waren. Wieder einmal stellte sich das Überdenken von Zielen und Vorgaben als segensreich heraus. Nun wurde nicht länger darauf hingearbeitet, die Zahl der Besucher zu erhöhen, sondern die Menge des Geldes, die diese im Besucherzentrum lassen würden. Glücklicherweise gab die neue Erfahrung, die man geschaffen hatte, auch den Anreiz zu dieser Mehrausgabe – nicht durch lange, gewundene Erklärungen oder grafische Gestaltung, sondern durch die Authentizität, die sich einzig und allein dadurch ergibt, dass man die Besucher an der Produktion teilnehmen lässt.

Aufgrund der beschränkten finanziellen Möglichkeiten mussten neue Vermittlungsmethoden gefunden werden. Die Wahl fiel hierbei auf Audioguides als hauptsächliches Instrument – nicht zuletzt, weil man sich mit dem Anbieter darüber verständigen konnte, die Leihgebühren aus den laufenden Einnahmen zu begleichen. Dies stellte sich als glückliche Entscheidung heraus, da das Team die Möglichkeiten des Audiosystems dazu nutzten konnte, die Führungen zu individualisieren, indem den Besuchern die Möglichkeit gegeben wurde, den Komplexitätsgrad der Erläuterungen selbst zu wählen. Dies erlaubte es auch, den Verlauf der Fabrikbesichtigung nach einem festgelegten Programm zu gestalten. Die zusätzliche Aufenthaltszeit, die sich so für die Besucher ergab, führte zu höheren Einnahmen in Shop und Restaurant. Zusätzlich wurde eine „Wedgwood Collectibles"-Produktlinie entworfen und produziert, die nur im Laden des Besucherzentrums erhältlich ist und eine wichtige neue Einkommensquelle darstellt. Die wichtigste Lektion war, dass ein großes Budget alles andere als eine Garantie für den Erfolg eines Projektes ist und oftmals sogar zu seinem Scheitern beiträgt. Innovationen und neue Ideen gedeihen wesentlich besser, wenn das Geld knapp ist und Kreativität den Platz unbegrenzter Mittel einnimmt.

who really cared about Wedgwood. But again this re-examination of the aims and objectives proved to be beneficial. Now they planned not to increase visitor numbers, but to increase the amount that they spent. Luckily the new experience which was created, stimulated that extra spend. Not by long winded explanations and graphic design, but by the authenticity enabled only by allowing the visitors to see the real production.

The lack of capital to invest led to the research of different methods of interpretation. Audio guides were chosen as the primary means; mainly because they could make a deal with the supplier to take their fees from the revenue. This proved to be a lucky direction to take as the team exploited the ability of audio to personalise the visit, and allow the visitors to choose the level of interpretation they wanted. It also allowed to programme the factory tour. The extra dwell time produced through this approach led to increased spend in the shop and restaurant. In addition the company's craftspeople were used to design and produce a line of 'Wedgwood Collectibles', available only from our factory shop, which provided an important new income stream. The most important lesson was that having unlimited amounts of resources, far from improving the chances of a project's success, often contribute to its failure. Innovation and new ideas are more likely to come about when money is in short supply and creativity takes the place of unlimited resources.

ANKE SCHWARZWÄLDER

Anke Schwarzwälder verfügt über mehr als 15 Jahre Erfahrung in der konzeptionellen und strategischen Entwicklung von Freizeitanlagen. Seit der Gründung von Blackforesters 2003 haben ihre kommunikativen und analytischen Fähigkeiten zur erfolgreichen Entwicklung einer Vielzahl von Museen und Besucherattraktionen beigetragen. Für öffentliche Einrichtungen und private Kunden entwickelt Blackforesters strategisch und wirtschaftlich erfolgreiche Optimierungskonzepte für attraktivere Besuchererlebnisse.

Nach dem Studium der Betriebswirtschaft (FH) mit den Schwerpunkten Immobilienwirtschaft, PR und Marketing folgten Stationen im Betrieb von Shopping-Centern sowie als Projektentwicklerin für Cinemaxx-Multiplexkinos in Deutschland und Polen. Von 1999 bis 2003 verantwortete sie als Geschäftsführerin die Konzeption des ZDF Medienparks in Mainz.

As a senior analyst and project manager Anke Schwarzwälder has 15 years of leisure industry experience during which her analytical skills and leadership have helped develop successful concepts for various kinds of day visitor attractions. As owner of Blackforesters she advises commercial and not-for-profit organisations on how to develop successful visitor experience strategies.

She has a degree in business administration with focus on real estate, marketing and public relations. Following her studies she worked in shopping centre management and developed Cinemaxx movie theatres in Germany and Poland for several years. From 1999 to 2003 she led the development of the ZDF Medienpark (Mainz, Germany) as managing director.

MARTIN BARRATT

Martin Barratt ist seit 2004 als unabhängiger Berater tätig, nachdem er über 20 Jahre Betriebs- und Entwicklungserfahrung in der europäischen Freizeitindustrie sammeln konnte – unter anderem als Führungskraft in der „Chessington World of Adventures" bei der Tussauds Group sowie in seinen fünf Jahren als Technischer Leiter bei „Alton Towers". Anschließend wurde er Betriebsleiter des „Royal Armouries Museum" in Leeds, um dann den neu eingerichteten Werksrundgang für den Keramikhersteller Wedgwood in Staffordshire zu koordinieren. Danach trat er der Merlin Entertainments Group bei, wo er die Bereiche Auftragsvergabe, Unternehmensberatung und Geschäftsentwicklung sowie den Bereich „Dungeons and Parks" leitete. Zu seinen Beratungskunden zählen heute die Behörde „Historic Scotland", der Londoner Zoo, das ehemalige Kloster Woburn Abbey, die Blackstone Group, die Stadtverwaltung von Cardiff und die Merlin Group.

Martin Barratt became an independent consultant in 2004 after over 20 years of operations and development experience in the European attractions industry, including management roles with the Tussauds Group at Chessington World of Adventures and five years as Operations Director at Alton Towers. He then became operations manager at the Royal Armouries Museum in Leeds, before directing the new factory tour for the Wedgwood pottery company in Staffordshire. He subsequently joined the Merlin Entertainments Group, where he managed contracting and consulting, new business development and directed operations of the dungeons and parks business unit. His consultancy clients include Historic Scotland, London Zoo, Woburn Abbey, Blackstone Group, Cardiff City Council and Merlin.

VEREINSMUSEEN ALS MARKETINGINSTRUMENT
CLUB MUSEUMS AS MARKETING TOOL

Der Fußball ist in Deutschland die beliebteste Sportart. Er ist Gesprächsthema zu Hause, im Beruf und in der Kneipe. Wöchentlich bringt er Helden, Gewinner oder Verlierer hervor und produziert damit nahezu endlos Anekdoten, Geschichten und Mythen, die fast jeder kennt. Der Fußball lockt Hunderttausende als Zuschauer in die Stadien, erzielt die höchsten Quoten im Fernsehen, füllt die Zeitungen und ist somit zu einem bedeutenden Sektor der Unterhaltungs- und Freizeitindustrie geworden.

Die Fußballvereine haben sich im Zuge dieser Entwicklung zu professionellen Unternehmen gewandelt, deren Aufgabenfelder inzwischen weit über die klassische Organisation des Spielbetriebs hinausgehen.

So ist auch das Stadion längst kein Ort mehr, an dem nur Sportveranstaltungen ausgetragen werden. In vielen Arenen rund um den Globus entstanden in den letzten Jahren Angebote und Attraktionen, die auch an Tagen ohne Spielbetrieb die Besucher anlocken sollen. Besonders im Trend liegt dabei das Errichten von Fußballmuseen. Im Jahr 2001 eröffnete der FC Schalke 04 das erste Vereinsmuseum in Deutschland. Inzwischen sind zahlreiche Vereine wie der Hamburger SV, Borussia Dortmund, Werder Bremen und auch der Rekordmeister FC Bayern München mit seiner 2012 eröffneten FC Bayern Erlebniswelt dieser Entwicklung gefolgt.

Bei der Errichtung dieser Museen spielten wirtschaftliche Gründe zunächst eine untergeordnete Rolle. Die Grundidee der ersten Fußball- und Vereinsmuseen in Europa war, die Bedeutung des Sports und insbesondere des Fußballs als wichtigen Bestandteil des kulturellen Lebens unserer Gesellschaft herauszustellen, den es zu bewahren und zu dokumentieren gilt.

Football is the most popular sport in Germany. It is the subject of conversation at home, work and in the pub. Week for week, it produces heroes, winners and losers and, of course, endless anecdotes, stories and legends which nearly everyone knows. Football attracts hundreds of thousands to the stadiums, achieves record television viewing figures, fills the newspapers, indeed it has become one of the most important sectors of the entertainment and leisure industry.

In the course of this development, football clubs have changed into professional enterprises whose tasks extend far beyond the classic organisation of the actual matches.

The stadium is also no longer simply the location where sports events take place. In many arenas around the world, offers and attractions have been developed which are designed to attract visitors even on days when there are no matches. Especially Football museums have become increasingly popular. In 2001, FC Schalke 04 opened the first club museum in Germany. Meanwhile, numerous clubs have followed this trend including Hamburger SV, Borussia Dortmund, Werder Bremen and also record champion FC Bayern München that opened the FC Bayern Erlebniswelt in 2012.

When these museums were set up, economic reasons did not play such an important role. The basic idea of the first football and club museums in Europe was to highlight the importance of sport in general and football in particular in the cultural life of our society, and to preserve and document this heritage.

Eine weitere Intention der meisten Vereine bestand zunächst auch darin, den Fans die gewonnenen Pokale und Trophäen durch ein Museum zugänglich zu machen. Die FIFA Fußball-Weltmeisterschaft in Deutschland 2006 verstärkte den Trend der musealen Präsentation des Fußballs. Vor, während und nach der Weltmeisterschaft fanden zahlreiche Ausstellungen rund um dieses Thema statt. Auch in Kunst-, Theater- und Musikveranstaltungen wurde Bezug auf den Fußballsport genommen. Spätestens seit diesem Zeitpunkt ist der Fußball auch in Deutschland als vielschichtiges und faszinierendes Feld einer musealen Aufbereitung entdeckt worden.

Neben den kulturellen Aspekten spielt mittlerweile aber vermehrt auch die Marken- und Imagebildung bei der Errichtung und dem Betreiben von Vereinsmuseen eine bedeutende Rolle.

Die Markenführung gilt bei den Fußballvereinen inzwischen als Königsdisziplin. Die Etablierung des Vereins als erfolgreiche Marke verspricht die Erschließung von Erlösquellen, auch unabhängig vom kurzfristigen sportlichen Erfolg. Das Erzählen der Vereinsgeschichte in Form eines Museums bzw. einer Erlebniswelt ist ein hilfreiches Instrument, um dem Besucher das gewünschte Markenbild zu vermitteln und mit allen Sinnen erlebbar zu machen.

Durch das positive Besuchserlebnis und die intensive Beschäftigung mit der Geschichte des Vereins kann es einem Verein gelingen, die Bindung des Fans an den Verein zu stärken und eventuell auch neue Anhänger zu gewinnen. Erste Studien bewiesen zumindest eine positive Einstellungsveränderung vieler Besucher in ihrer Haltung gegenüber dem Verein.

Auch andere Abteilungen eines modernen Fußballunternehmens können von einem Vereinsmuseum profitieren. Als emotionale Visitenkarte eines Klubs kann ein Museum dabei helfen,

Another intention of most clubs was to make the cups and trophies they had won accessible to the fans in a museum. The FIFA World Cup in 2006 which took place in Germany strengthened the trend of presenting football in museums. Before, during and after the world championship there were numerous exhibitions on the subject. Reference was also made to football in art, theatre and music events. Since then, Germany has discovered football as a multifaceted and fascinating field for the museum format.

In the meantime, not only cultural aspects but also increasingly brand and image building have started to play a key role in decisions to set up and run club museums.

Brand management has become a core competency at football clubs. Establishing the club as a successful brand allows it to tap into sources of revenue which are somewhat less dependent on sporting success. Telling the history of the club in the form of a museum or brand experiences is a helpful instrument to convey the design brand image to the visitor which can be experienced with all the senses.

Through the positive experience of the visitor and the intense engagement with the history of the association, the club may succeed in strengthening the ties of the existing fans to the club or even win over new ones. Initial studies show that many visitors acquire a more positive attitude towards the club as a result of such visits.

Other departments of a modern football organisation can also benefit from a club museum. As emotional business card of the club, a museum can help to convince potential sponsors to invest in a club. Moreover, the museum itself represents an attractive space for customer events or incentives.

Many clubs also use their museums as instruments to motivate their own players. By offering guided tours round the museum to newly signed players or whole professional or youth teams,

potentielle Sponsoren von einem Engagement zu überzeugen. Darüber hinaus stellt das Museum selbst für Partner und Sponsoren eine attraktive Veranstaltungsfläche für Kundenevents oder Incentives dar.

Viele Vereine nutzen ihr Museum auch als Instrument für die Motivation der eigenen Spieler. Durch Museumsführungen neuverpflichteter Spieler bzw. von Profi- und Jugendmannschaften erhoffen sich die Verantwortlichen eine höhere Identifikation und damit eine langfristige Bindung ihrer wertvollsten Spieler sowie Mitarbeiter an den Verein. Darüber hinaus können Vereinsmuseen durchaus zu einer profitablen Einnahmequelle werden.

Die stark gestiegene Begeisterung für den Fußball in den letzten Jahren und die komfortablen, modernen Stadien haben dafür gesorgt, dass die Vereine in vielen Fällen der hohen Nachfrage nach Tickets gar nicht mehr gerecht werden können. Für einen Fan wird es somit immer schwieriger, überhaupt Karten für ein Spiel zu kaufen und somit seinem Verein bzw. seinen Idolen nahe zu sein.

Mit einem Vereinsmuseum kann der Verein zwar die Faszination eines Live-Spiels im Stadion nicht ersetzen, bietet seinen Anhängern jedoch einen Ort, an dem man seinen Lieblingsverein an jedem Tag in der Woche erleben. Die Besucherzahlen der Museen können dabei mit den großen Touristenattraktionen in den jeweiligen Regionen mithalten.

So empfängt der FC Barcelona, der in den letzten Jahren sportlich erfolgreichste Fußballverein der Welt, Jahr für Jahr über eine Million Besucher in seinem Museum. Auch der deutsche Marktführer und Rekordmeister FC Bayern München peilt mit seiner Erlebniswelt sechsstellige Besucherzahlen an. Führungen durch die Arenen, Spielwelten für Kinder sowie Shop- und Gastronomieangebote runden das Besuchserlebnis ab und machen die Stadien mit ihren Vereinsmuseen zum Ziel eines Tagesausflugs.

Doch neben allen wirtschaftlichen Zielen sind und bleiben die Vereinsmuseen in erster Linie Orte der Erinnerung. Durch die rasante Professionalisierung der Vereine hin zu modernen Wirt-

those responsibles hope that the players will identify more closely with the club, thus ensuring the loyalty of their most valuable players and employees to the club. Not only that, club museums can also be a profitable source of revenue.

The growing enthusiasm for football in recent years and the comfortable, modern stadiums have meant that often clubs are not able to meet the high demand for tickets. Fans are finding it more and more difficult to even buy a ticket for a game and to be near to his or her club and idols.

Although a club museum cannot replace the fascination of a live game in the stadium, it does offer its fans a place where they can experience their favourite club every day of the week. Visitor numbers to the museums can easily match those the large tourist attractions in the respective regions.

FC Barcelona, in recent years the most successful football club in the world in terms of its sporting achievements, welcomes more than a million visitors to its museum year for year. The German market leader and record champion FC Bayern München is also approaching six-digit visitor figures with its Erlebniswelt. Guided tours through the arena, play areas for children and shop and catering round off the experience and make the stadium and its club museum a popular day-trip destination.

Yet alongside all the commercial objectives, club museums remain above all a place of remembrance. As a result of the rapid evolution of the clubs into modern business enterprises, members

schaftsunternehmen steigt bei vielen Mitgliedern und Fans die Angst, dass die ursprünglichen Werte und Traditionen des Vereins verloren gehen. Durch kontinuierliches Dokumentieren der Geschichte, Kontaktpflege zu ehemaligen Spielern und zahlreiche Sonderveranstaltungen tragen die Vereinsmuseen einen erheblichen Teil zum positiven Binnenklima innerhalb der Vereine bei.

and fans fear that the original values and traditions of the club will be lost. By continually documenting the history, grooming contacts to former players and holding numerous special events, the club museums play an important role in creating a positive atmosphere within the clubs.

FABIAN RAABE

Fabian Raabe schloss im Jahr 2007 sein Studium „Sport-, Kultur- und Veranstaltungsmanagement" an der Fachhochschule Kufstein ab. Daraufhin arbeitete er als Produktmanager bei der Bayern Tourismus Marketing GmbH. Seit 2011 ist Fabian Raabe Mitarbeiter im Team der FC Bayern Erlebniswelt und war maßgeblich an der inhaltlichen Konzeption der Ausstellung beteiligt.

Fabian Raabe finished his degree in sport, cultural and event management at the Kufstein University of Applied Sciences in 2007. Immediately after he joined Bayern Tourismus Marketing GmbH as product manager. Fabian Raabe has been a member of the team working at FC Bayern Erlebniswelt since 2011 and played a key role in developing the content concept of the exhibition.

VITRA DESIGN MUSEUM

1 | **Vitra Design Museum, Frank Gehry, 1989**
Vitra Design Museum, Frank Gehry, 1989

EINLEITUNG

Das Vitra Design Museum ist kein klassisches Firmenmuseum, da seine Aktivitäten weit über das Sammeln und Ausstellen von Firmenprodukten hinausgehen. Es zählt zu den führenden Designmuseen weltweit. Wir erforschen und vermitteln die Geschichte und Gegenwart des Designs und setzen diese in Beziehung zu Architektur, Kunst und Alltagskultur. Im von Frank Gehry entworfenen Hauptgebäude präsentieren wir jährlich zwei große Wechselausstellungen. Parallel dazu werden in der Vitra Design Museum Gallery kleinere Ausstellungen gezeigt. Grundlage unserer Arbeit ist eine Sammlung vorwiegend industriellen Möbeldesigns, die neben Schlüsselstücken der Designgeschichte auch mehrere bedeutende Nachlässe umfasst – unter anderem von Charles & Ray Eames, George Nelson, Verner Panton und Alexander Girard. Die Museumsbibliothek und das Dokumentenarchiv stehen Forschern auf Anfrage zur Verfügung. Die Ausstellungen des Museums sind als Wanderausstellungen konzipiert und werden weltweit gezeigt. Auf dem Vitra Campus werden sie um ein vielfältiges Begleitprogramm aus Events, Führungen und Workshops ergänzt. Jährlich besuchen 80–100.000 Menschen aus aller Welt das Vitra Design Museum, welches als unabhängige Stiftung organisiert ist und sich zum größten Teil selbst finanziert.

GESCHICHTE

Das Vitra Design Museum wurde 1989 von der Firma Vitra und ihrem Eigentümer Rolf Fehlbaum gegründet. Es hat seinen Hauptsitz in einem Gebäude des kalifornischen Architekten Frank Gehry. In den 1990er Jahren entstanden die ersten großen, international beachteten Ausstellungen

2 | **Ausstellungsansicht: „Le Corbusier – The Art of Architecture"**
View of the exhibition "Le Corbusier – The Art of Architecture"

INTRODUCTION

The Vitra Design Museum is not a corporate museum in the classical sense as its activities go far beyond the collecting and exhibiting of company products. In fact, it is one of the world's leading design museums. It researches and presents the history and present of design, putting it in the context of architecture, art and everyday culture. In the main building designed by Frank Gehry two large temporary exhibitions are held each year. At the same time, smaller exhibitions are shown in the Vitra Design Museum Gallery. The basis of this work is a collection of largely industrial furniture design which not only contains a number of key pieces from the history of design but also several important artistic estates, among others from Charles & Ray Eames, George Nelson, Verner Panton and Alexander Girard. The museum library and the document archives are available to researchers by arrangement. The exhibitions of the museum are designed as travelling exhibitions and are shown worldwide. On the Vitra Campus, they are supplemented by a varied programme of events, guided tours and workshops. Every year, 80,000 to 100,000 people from around the world visit the Vitra Design Museum, which is organised as an independent foundation and largely finances itself.

HISTORY

The Vitra Design Museum was founded in 1989 by the company Vitra and its owner Rolf Fehlbaum. The main building was designed by the Californian architect Frank Gehry. In the 1990s, the first large exhibitions of the museum were put on to international acclaim, including retro-

des Museums, darunter Retrospektiven über Charles & Ray Eames, Frank Lloyd Wright oder Luis Barragán, aber auch einflussreiche Themenausstellungen über den Tschechischen Kubismus oder die Zukunft der Mobilität. Parallel dazu begann das Museum mit dem Aufbau eines bis heute erfolgreichen Systems von Wanderausstellungen und mit der Entwicklung eigener Produktlinien, die unter anderem der Finanzierung der kulturellen Aktivitäten dienen. Zugleich wurde die Museumssammlung stetig erweitert und ein eigener Verlag aufgebaut. Von 1989 bis 2010 wurde das Museum vom Gründungsdirektor Alexander von Vegesack geleitet. Seit 2011 hat das Museum eine neue Direktion, bestehend aus Mateo Kries und Marc Zehntner.

SAMMLUNG

Das Vitra Design Museum wäre ohne seine umfangreiche Sammlung nicht denkbar. Sie ist Grundlage für viele Ausstellungen, Publikationen und Forschungsprojekte. Schwerpunkte der Sammlung sind industrielles Möbeldesign und Leuchten – in diesen Bereichen verfügt das Museum über weltweit bedeutende, in der Museumslandschaft einzigartige Bestände. Ergänzt werden sie um kleinere Bestände an Besteck, Unterhaltungselektronik und Architekturmodellen. Auch die Nachlässe bedeutender Designer wie Charles & Ray Eames, Alexander Girard, Anton Lorenz, George Nelson sowie Verner Panton werden im Vitra Design Museum bewahrt. Die fachgerechte Betreuung der Sammlung erfolgt durch die museumseigene Restaurierungswerkstatt. Ein umfangreiches Dokumentenarchiv sowie eine Bibliothek ergänzen die Sammlung, die ständig erweitert wird. Das Vitra Design Museum stellt anderen Museen und Ausstellungshäusern regelmäßig Leihgaben zur Verfügung, darunter renommierten Partnern wie dem Centre Georges Pompidou in Paris und dem Museum of Modern Art in New York.

3 | Ausstellungsansicht: „Antikörper. Arbeiten von Fernando & Humberto Campana 1989–2009"
View of the exhibition "Antibodies. The Works of Fernando & Humberto Campana 1989–2009"

spectives about Charles & Ray Eames, Frank Lloyd Wright or Luis Barragán, but also influential themed exhibitions about Czech cubism or the future of mobility. At the same time, the museum started work on the system of travelling exhibitions that is still successful today and with the development of its own product lines, the revenue from which is partly used to finance the cultural activities. The museum collection was constantly enlarged and its own publishing house established. From 1989 to 2010 the museum was led by the founding director Alexander von Vegesack. Since 2011, the museum has a new directorate consisting of Mateo Kries and Marc Zehntner.

COLLECTION

The Vitra Design Museum is not conceivable without its extensive collection. It is the basis for many exhibitions, publications and research projects. The focus of the collection is industrial furniture design and lighting – in these areas the museum has collections of worldwide importance that are unique in the museum landscape. They are supplemented by small collections of cutlery, entertainment electronics and architecture models. The estates of significant designers like Charles & Ray Eames, Alexander Girard, Anton Lorenz, George Nelson and Verner Panton are also preserved in the Vitra Design Museum. The collection is looked after by the museum's own restoration workshop. An extensive document archive as well as a library supplement the collection which is constantly added to. The Vitra Design Museum regularly lends exhibits to other museums and exhibition houses, including renowned partners such as Centre Georges Pompidou in Paris and the Museum of Modern Art in New York.

AUSSTELLUNGEN

Im Vitra Design Museum zeigen wir Ausstellungen zu Design und Architektur sowie zu angrenzenden Themenfeldern. Darunter sind thematische Ausstellungen sowie monografische Ausstellungen über einzelne Designer und Architekten aus Vergangenheit und Gegenwart. So wurden unter anderem Ausstellungen über Ron Arad, Luis Barragán, Marcel Breuer, Fernando & Humberto Campana, Joe Colombo, Le Corbusier, Charles & Ray Eames, Louis Kahn, George Nelson, Isamu Noguchi, Verner Panton, Gaetano Pesce, Jean Prouvé, die Gebrüder Thonet, Frank Lloyd Wright und viele andere gezeigt. Im Bereich der thematischen Ausstellungen machte das Vitra Design Museum mit Ausstellungen wie „Leben unter dem Halbmond. Die Wohnkulturen der arabischen Welt", „Airworld-Design und Architektur für die Flugreise" oder „Kidsize. Möbel und Objekte für Kinder" auf sich aufmerksam. Mit den Ausstellungen „My Home. Sieben Experimente für ein neues Wohnen" und „Citizen Office" hat sich das Vitra Design Museum schon früh Gedanken um die Zukunft des Wohnens und Arbeitens gemacht, die bis heute ihre Aktualität nicht eingebüßt haben. Die Ausstellungen des Vitra Design Museums sind in der Regel als Wanderausstellungen konzipiert: Nach Weil am Rhein werden sie auch weltweit in renommierten Partnermuseen gezeigt. So haben wir in den vergangenen Jahren über 250 Ausstellungspräsentationen in Europa, Amerika und Asien organisiert. Zu jeder Ausstellung erscheint in der Regel ein umfangreicher Katalog, welcher das Thema der Ausstellung in der Tiefe behandelt.

ARBEITSWEISE

Die Ausstellungsprojekte entwickeln wir zusammen mit einem Team aus internen Kuratoren und externen Beratern, welche themenabhängig hinzugezogen werden.

4 | Ausstellungsinstallation: „Zoom. Italienisches Design und die Fotografie von Aldo und Marirosa Ballo"
View of the exhibition "Zoom. Italian Design and the Photography of Aldo and Marirosa Ballo"

EXHIBITIONS

The Vitra Design Museum shows exhibitions on design and architecture as well as related fields. They include themed exhibitions as well as monographic exhibitions about a single designer or architect from the past and present. Exhibitions have been held on Ron Arad, Luis Barragán, Marcel Breuer, Fernando & Humberto Campana, Joe Colombo, Le Corbusier, Charles & Ray Eames, Louis Kahn, George Nelson, Isamu Noguchi, Verner Panton, Gaetano Pesce, Jean Prouvé, the Thonet brothers, Frank Lloyd Wright and many others. Themed exhibitions which attracted attention to the museum included "Living under the crescent moon. Domestic cultures in the Arab world", "Building for air travel: Design and architecture for commercial aviation" or "Kidsize. The material world of childhood". With the exhibitions "My Home. Seven experiments for contemporary living" and "Citizen Office", the Vitra Design Museum thought about the future of living and working at an early stage and the results are just as up to date today as ever. As a rule, the exhibitions of the Vitra Design Museum are designed as travelling exhibitions: after Weil am Rhein they are shown worldwide in renowned partner museums. In the past few years, 250 exhibition presentations in Europe, America and Asia have been organised. Most exhibitions are accompanied by a comprehensive catalogue which deals in depth with the theme of the exhibition.

APPROACH

The exhibition projects are developed jointly by a team of internal curators and external advisers who are consulted for the different topics.

5 | Ausstellungsansicht: „Zoom. Italienisches Design und die Fotografie von Aldo und Marirosa Ballo"
View of the exhibition "Zoom. Italian Design and the Photography of Aldo and Marirosa Ballo"

Die Planung für große Ausstellungen erfolgt über mehrere Jahre – ein Kurator beschäftigt sich in der Regel eineinhalb Jahre vor Eröffnung primär mit einem Ausstellungsprojekt, welches er von der Konzeptionsphase bis zur Umsetzung betreut. An allen Ausstellungsprojekten sind Mitarbeitende aus sämtlichen Abteilungen des Vitra Design Museums beteiligt. Das Vitra Design Museum nimmt durch seine wechselnden Ausstellungen auch zu zeitgemäßen Themen aktuelle Tendenzen aus den Bereichen Design und Architektur auf und motiviert auf diese Weise die Besucher, sich immer wieder mit neuen Aspekten dieser Themen auseinanderzusetzen. So haben wir uns zum Ziel gesetzt, neben den großen Retrospektiven verstärkt Ausstellungen mit aktuellem Bezug zu zeigen. Wir planen beispielsweise eine Ausstellung zum Thema Licht, eine Ausstellung über die zukünftige Wohn- und Arbeitsumgebung, welche zusammen mit Konstantin Grcic entwickelt wird, oder eine Ausstellung über aktuelles Design aus Afrika.

ORGANISATION

Bemerkenswert am Vitra Design Museum ist – und das ist in der Museumswelt fast einmalig – die Tatsache, dass es sich zum allergrößten Teil selber finanziert. Dies können wir unter anderem durch den Verkauf von eigenen Produkten realisieren. Dazu gehören unter anderem die bekannten Stuhl-Miniaturen im Maßstab 1:6, Akari-Leuchten von Isamu Noguchi, Wooden Dolls von Alexander Girard oder Uhren von George Nelson. Die Produkte der sogenannten Vitra Design Museum Collection wurden und werden durch die Nachlässe in der Sammlung inspiriert. Das Museum ist eine Nonprofit-Organisation in Form einer Stiftung. Dadurch sind wir von unserem Mutterhaus, dem Möbelhersteller Vitra, inhaltlich und organisatorisch unabhängig.

6 | Ausstellungsansicht: „Zoom. Italienisches Design und die Fotografie von Aldo und Marirosa Ballo"
View of the exhibition "Zoom. Italian Design and the Photography of Aldo and Marirosa Ballo"

The planning for the large exhibitions takes several years – a curator usually works for one and a half years on an exhibition project prior to opening, following it through from the conception phase to the realisation. Employees from all the departments of the Vitra Design Museum are involved in the exhibition projects. Through its temporary exhibitions, the Vitra Design Museum also picks up current trends of contemporary topics from the fields of design and architecture, in this way motivating visitors to look at new aspects of these topics again and again. That is why the museum has decided to organise more exhibitions with a current reference in addition to the big retrospectives. For example, an exhibition on the topic light is planned, as well as an exhibition about future living and working environments which is being developed together with Konstantin Grcic or an exhibition about contemporary design from Africa.

ORGANISATION

One remarkable feature of the Vitra Design Museum – and this is almost unique in the world of museums – is the fact that it finances itself to a very large extent. This is achieved on the one hand through the sale of the museum's own products. This includes the well-known chair miniatures on a scale of 1:6, Akari lamps by Isamu Noguchi, wooden dolls by Alexander Girard or clocks by George Nelson. The products in the Vitra Design Museum Collection were and are inspired by the objects in the collection. The museum is a non-profit organisation in the form of a foundation. This means that the museum is independent of its parent, the furniture manufacturer Vitra, both in terms of content and organisation.

So realisieren wir Ausstellungen, welche weit über die Bereiche Design und Architektur hinausgehen und zeigen in den Ausstellungen längst nicht nur Produkte von Vitra, sondern regelmäßig auch Produkte von Konkurrenten.

VITRA CAMPUS

Zaha Hadid hat auf dem Vitra Campus ihr erstes Gebäude überhaupt errichtet, Frank Gehry mit dem Vitra Design Museum sein erstes Gebäude in Europa. Der Architekturkritiker Philip Johnson schrieb über den Vitra Campus: „Seit der Gründung der Weißenhofsiedlung in Stuttgart im Jahr 1927 wurden nirgends auf der Welt mehr Bauwerke von den herausragendsten Architekten der westlichen Hemisphäre errichtet." Dazu gehörten weitere Gebäude von Tadao Ando, Nicholas Grimshaw, Álvaro Siza sowie Herzog & de Meuron. Die Bauten auf dem Vitra Campus kontrastieren miteinander, fügen sich aber zugleich harmonisch in die Umgebung ein.

Sie spiegeln eine Unternehmensphilosophie wider, die nicht nach einer einheitlichen Firmenarchitektur sucht, sondern als offenes Projekt unterschiedliche Positionen fördert. Das Vitra Design Museum bietet täglich fünf öffentliche Architekturführungen in Deutsch und Englisch über den Vitra Campus an. Mit zusätzlichen Privatführungen werden jährlich über 3.500 Architekturführungen in vielen verschiedenen Sprachen durchgeführt. Bei den Führungen setzen wir auf persönliche Vermittlung durch ein Team von speziell geschulten Guides.

VERMITTLUNGSPROGRAMM

Begleitend zu den jeweils aktuellen Ausstellungen bietet das Vitra Design Museum Vorträge, Symposien, Führungen und Workshops für Schüler, Studierende und weitere Interessierte an.

7 | Ausstellungsansicht: „Rudolf Steiner – Die Alchemie des Alltags"
View of the exhibition "Rudolf Steiner – Alchemy of the Everyday"

This allows the museum to put on exhibitions which go far beyond the fields of design and architecture and the exhibitions do not only contain Vitra products but also those of the competition.

VITRA CAMPUS

Zaha Hadid erected her very first building on the Vitra Campus, Frank Gehry with the Vitra Design Museum his first building in Europe. The architecture critic Philip Johnson wrote about the Vitra Campus: "Since the foundation of the Weissenhof Estate in Stuttgart in 1927, nowhere else in the world have more buildings been erected by the outstanding architects of the western hemisphere." These include buildings by Tadao Ando, Nicholas Grimshaw, Álvaro Siza and Herzog & de Meuron. The buildings on the Vitra Campus contrast with one another, but nevertheless blend harmoniously with the surroundings. They reflect a corporate philosophy which does not seek a uniform corporate architecture but promotes different positions as an open project. Every day, the Vitra Design Museum offers five public architecture guided tours in German and English around the Vitra Campus. Together with additional private guided tours, more than 3,500 architecture tours are held in various languages each year. In the guided tours, the focus is on personal communication by a team of specially trained guides.

KNOWLEDGE SHARING

Each current exhibition is supported by a programme of lectures, symposiums, guided tours and workshops for schools, students and other interested parties.

Das Programm reicht von Führungen in der Ausstellung über Kinderworkshops sowie Angebote für Schulen bis hin zu unterhaltsamen Freizeitworkshops für Gruppenbesuche. Alle Führungen und Workshops bieten einen zielgruppenorientierten, didaktisch fundierten Zugang und vermitteln ebenso Einblicke in den Gestaltungsprozess wie in die damit verbundenen Herausforderungen an Fantasie, rationales Denken und manuelle Fertigkeit. Ziel ist es, das Bewusstsein der Teilnehmer für unsere Alltagskultur zu schärfen und zu einem kreativen Umgang mit der eigenen gestalteten Umwelt zu animieren.

The programme ranges from guided tours through the exhibition to children's workshops and offerings for schools right through to entertaining leisure workshops for group visits. All the guided tours and workshops offer target-oriented, educationally grounded access to the works and also give an insight into the design process and thus into the associated challenge of combining imagination, rational thinking and manual skills. The goal is to sharpen the consciousness of the participants for everyday culture and to encourage them to tackle their own environment with creativity.

MATEO KRIES

Mateo Kries ist Kunsthistoriker und einer der beiden Direktoren des Vitra Design Museums. Er kuratierte unter anderem Ausstellungen über Mies van der Rohe, Le Corbusier, Issey Miyake und gründete das Berliner Festival „Designmai". Neben zahlreichen Lehraufträgen und Jurymitgliedschaften veröffentlicht er regelmäßig Bücher und Texte zum Thema Design, darunter das Buch „Total Design – Die Inflation moderner Gestaltung" (2010) sowie Kolumnen für die Tageszeitung „Die Welt".

Mateo Kries is art historian and co-director of Vitra Design Museum. He has curated exhibitions about Mies van der Rohe, Le Corbusier, Issey Miyake, to name but a few, and founded the Berlin Festival "Designmai". Besides numerous teaching assignments and jury memberships, he regularly publishes books and texts on design, including the book "Total Design – Die Inflation moderner Gestaltung" (2010) and writes a column for the newspaper "Die Welt".

MARC ZEHNTNER

Marc Zehntner studierte Betriebswirtschaft und hat langjährige Erfahrung im Kulturbereich, vor allem im Bereich Museumsmanagement und Kulturmarketing. Er ist einer der beiden Direktoren des Vitra Design Museums und nimmt nebenbei Lehraufträge im Bereich Kulturmarketing wahr.

Marc Zehntner studied business administration and has many years of experience in the field of culture, above all museum management and cultural marketing. He is co-director of Vitra Design Museum and also lectures on cultural marketing.

CORPORATE MUSEUMS – VON UNTERNEHMENSNAHEN STIFTUNGEN ZUM WOHLE DER ALLGEMEINHEIT
CORPORATE MUSEUMS – ABOUT COMPANY-RELATED FOUNDATIONS FOR THE BENEFIT OF THE GENERAL PUBLIC

Corporate Museums – was sind das eigentlich? Eine Definition fehlt. Corporate bedeutet: unternehmerisch, gesellschaftlich; ein Museum präsentiert eine Sammlung für die Öffentlichkeit. Corporate Museums sind also Sammlungen, die im weitesten Sinne einem Unternehmenszweck dienen und der Öffentlichkeit zugänglich sind. Museen zur Präsentation eigener Entwicklungen wie die von Mercedes-Benz und Porsche gehören genauso dazu wie große Kunstsammlungen, die, mit dem Namen von Unternehmern oder Unternehmen verbunden, Bekanntheit und Ansehen von Unternehmen in der Öffentlichkeit fördern. So vielfältig Corporate Museums konzipiert sein können, so vielfältig ist das Spektrum rechtlicher Fragen und Gestaltungsmöglichkeiten, die bei ihrer Gründung und ihrem Betrieb zu beachten sind: Wem gehören die Exponate, die ausgestellt werden sollen – dem Unternehmen oder dem Unternehmer persönlich? In welchen Räumlichkeiten soll ausgestellt werden? Ist ein Museum zu bauen, und falls ja, von wem? Wer soll das Museum betreiben? Die identitätsstiftende und vermittelnde Funktion von Museen wird in Zeiten knapper öffentlicher Haushalte und entsprechend gekürzter Ankaufsetats zunehmend von Corporate Museums wahrgenommen. Ihre Chance liegt in der großen Flexibilität bei der Sammlungsgestaltung, meist mit einer guten wirtschaftlichen Basis, und ihre große Herausforderung ist die Nachhaltigkeit. Rechtliche und steuerrechtliche Überlegungen werden hierdurch ganz wesentlich beeinflusst.

Viele der Museen, die in den letzten Jahren errichtet wurden, gehen auf private Sammlungen zurück. Schon aus erbschaftsteuerlichen Gründen können große Sammlungen nur mit vorausschauender Gestaltung zusammengehalten werden. Eine Möglichkeit ist, die Sammlung der

Corporate museums – just what are they anyway? There is no clear definition: corporate means: entrepreneurial, company related; museum: collection for the public. Corporate museums therefore are collections which in the broadest sense serve the purpose of a company and are accessible to the public. Museums to present the company's developments, such as the Mercedes-Benz and Porsche museums, are corporate museums, just as major art collections which, through their association with the name of entrepreneurs or companies, promote awareness of the company and its image in the public eye. The concepts upon which corporate museums are based are just as numerous as the spectrum of legal issues and organisational possibilities which must be taken into account when establishing and operating them. Who owns the artefacts which are to be exhibited? Do they belong to the company or are they the property of the owner of the company? Where will the exhibits be displayed? Does a museum have to be constructed? If so, by whom? Who will operate the museum? In times of limited public budgets and reduced purchasing budgets the identity-shaping and knowledge-sharing functions of museums are increasingly being carried out by corporate museums. Their major advantage is the degree of flexibility when designing a collection, normally with a sound financial basis. The biggest challenge such museums face is sustainability. Legal and tax considerations are strongly influenced by this. Many of the museums which have been established in recent years are based on private collections. For reasons associated with

Öffentlichkeit zugänglich zu machen. Die für die Erbschaftsteuer maßgebliche Bewertung der Sammlung kann so um 60 %, in besonderen Fällen sogar bis auf null reduziert werden. Die Interessen von Sammlern und Unternehmern gehen häufig jedoch weiter: Die Begrenzung der Erbschaftsteuer ändert nichts daran, dass die Sammlung auf die Erben gemeinsam übergeht und damit von diesen auch veräußert werden kann. Hier kann die Einbringung einer Sammlung in eine Stiftung sinnvoll sein. Die Stiftung schützt vor Zersplitterung durch Erbfälle.

Die verbreitetste Stiftungsform ist die rechtsfähige Stiftung bürgerlichen Rechts. Es gibt etwa 19.000 in Deutschland, die meisten davon sind gemeinnützig. Die rechtsfähige Stiftung entsteht durch das Stiftungsgeschäft, eine Erklärung des Stifters zur Errichtung der Stiftung und durch Anerkennung durch die zuständige Stiftungsbehörde. Mit dem Stiftungsgeschäft wird durch den Stifter die Satzung für die Stiftung festgelegt. Dort geregelt werden die Zwecke und Aufgaben der Stiftung, also z. B. Förderung von Kunst und Kultur, einzelne Maßnahmen, durch welche diese Zwecke erreicht werden sollen, sowie Details zur Stiftungsorganisation. Beispielsweise kann hier auch verankert werden, dass die Stiftung ein Aufsichtsgremium wie ein Kuratorium oder einen Stiftungsrat haben soll, das, mit sachkundigen Personen besetzt, den Vorstand zu überwachen hat. Die Aufgaben der staatlichen Stiftungsaufsichtsbehörde können dadurch begrenzt werden. Eine spätere Änderung der Satzung ist nur noch unter sehr engen Voraussetzungen möglich.

Wesentlich für die rechtsfähige Stiftung ist, dass sie keine Gesellschafter oder Anteilseigner hat. Der Stifter begibt sich also mit der Errichtung der Stiftung und deren Ausstattung insoweit seines Vermögens. Der Stifter selbst kann sich bei Errichtung der Stiftung vorbehalten, dem Vorstand oder einem Überwachungsorgan in der Stiftung anzugehören. Im Rahmen der Satzung kann er dadurch die Ausrichtung der Stiftung beeinflussen. In ihrem gemeinnützigen Bereich ist die Stiftung von der Körperschaftsteuer, der Gewerbesteuer und der Umsatzsteuer befreit.

inheritance tax it is usually only possible to maintain large collections if much forethought has been put into their structure. One possibility is to make the collection accessible to the public. The valuation which is relevant in terms of inheritance tax can be reduced by 60 %; in certain cases it can even be reduced to zero. The interests of collectors and entrepreneurs however often go further: The restriction of inheritance tax does not change the fact that the collection is jointly transferred to the heirs and can also be sold by them. In such cases it may be advisable to contribute the collection to a foundation. The foundation protects the collection from being split up in the event of succession.

The most common form for a foundation is a foundation under civil law with legal capacity. There are approximately 19,000 such foundations in Germany, most of which operate on a non-profit basis. A foundation with legal capacity is established through the act of foundation, a declaration of the donor to establish the foundation, and recognition by the competent authority for foundations. Through the act of foundation the statutes for the foundation are determined by the donor. These regulate the purposes and tasks of the foundation, such as promotion of art and culture, individual measures to achieve these aims, as well as details about the organisation of the foundation. For example, it is possible to establish that the foundation has to have a supervisory body such as a board of curators, or a board of trustees, composed of individuals with specialised knowledge to monitor the management board. The duties of the state supervisory authority for foundations can be restricted in this way. There are very strict conditions for amending the statutes at a later date.

Ähnliche Ergebnisse lassen sich durch die Einbringung einer Sammlung in eine gemeinnützige GmbH erreichen, bei gleichzeitig größerer Flexibilität. Während die rechtsfähige Stiftung der Aufsicht durch die Stiftungsbehörde unterliegt, ist dies bei der gemeinnützigen GmbH nicht der Fall. Änderungen in der Satzung der GmbH können daher flexibel – unter Beachtung steuerrechtlicher Vorgaben – von den Gesellschaftern der GmbH beschlossen werden, ohne dass die Zustimmung einer Aufsichtsbehörde erforderlich wäre. Die gemeinnützige GmbH kann ganz ähnlich einer Stiftung strukturiert werden. Ist die Trennung der Vermögensinteressen der Gesellschaft von den Interessen der Gesellschafter sichergestellt, darf die gemeinnützige GmbH auch als Stiftung GmbH firmieren. Die Sammlung ist auch in der Stiftung GmbH vor einem Zugriff durch die Erben weitgehend geschützt: Entnahmen kommen nur unter Inkaufnahme erheblichster steuerlicher Nachteile in Betracht.

Doch wo soll die Sammlung ausgestellt werden? Auch eine Stiftung braucht ein Dach über dem Kopf. Beim Bau eines Museums geben häufig steuerliche Überlegungen einen Ausschlag für die gewählte Struktur. Die bei der Errichtung des Gebäudes anfallende Umsatzsteuer kann als Vorsteuer nur unter bestimmten Voraussetzungen in Abzug gebracht werden. Oft spricht dies dafür, das Gebäude nicht durch einen gemeinnützigen Träger zu errichten. Anders mag es für den Betrieb des Museums aussehen. Die Umsätze von Museen sind von der Umsatzsteuer befreit. Zu diesen befreiten Umsätzen zählen auch Eintrittsgelder und mit dem Museumsbetrieb zusammenhängende untergeordnete Leistungen wie der Verkauf eigener Kataloge oder die Kernumsätze eines Museumsshops, nicht aber die kompletten Umsätze einer Museumsbuchhandlung oder

It is essential that such a foundation under civil law does not have any partners or shareholders. Thus by establishing the foundation the donor gives its assets to the foundation. He then can reserve the right to belong to the management board or a supervisory body of the foundation. The donor can thus influence the orientation of the foundation within the framework of the statutes. The charitable activities of the foundation are exempt from corporate income tax, trade tax and value added tax.

It is possible to achieve similar effects whilst maintaining maximum flexibility if the collection is contributed to a non-profit GmbH (limited liability company). While a foundation with legal capacity is subject to monitoring by the supervisory authority for foundations, this is not the case with a non-profit GmbH. The shareholders of the GmbH may amend the articles of association of the GmbH, whilst observing the tax law requirements, without the consent of a supervisory authority. The non-profit GmbH can be structured similarly to a foundation. If separation of the assets of the company from the assets of the shareholders is ensured, the non-profit GmbH can also operate as a foundation-GmbH. The collection is also protected in a foundation GmbH to a large extent from access by the heirs: withdrawals are only possible if substantial tax disadvantages are incurred.

So where should the collection be exhibited? Even a foundation needs a roof over its head. When building a museum, tax issues are often decisive when choosing the structure. Value added tax incurred when the building is erected can only be deducted as input tax under certain conditions. Thus it is often favourable if the building is not constructed by a non-profit-making institution. The case may be different with respect to operating the museum. The turnover of museums is exempt from value added tax. The turnover which is exempt also includes admission fees and subordinate services associated with running the museum such as sale of the museum's own cata-

Gastronomieumsätze. Umsatzstarke Shops, Buchhandlungen oder Restaurants werden daher häufig nicht durch das Museum selbst betrieben, sondern verpachtet. Soweit Teile der Gebäudeflächen solchen wirtschaftlichen Geschäftsbetrieben zugeordnet werden können, kommt auch ein anteiliger Vorsteuerabzug auf die Herstellungskosten in Betracht. Corporate Museums in der Trägerschaft von Unternehmen kommt bei der Gestaltung darüber hinaus die Möglichkeit des Betriebskostenabzugs zugute.

Corporate Museums können durch eine Kombination verschiedener gemeinnütziger und nicht gemeinnütziger Gestaltungsmöglichkeiten für den Ausbau der Sammlung und für Bau und Betrieb des Museums hohe Flexibilität erreichen. Gleichzeitig unterliegen sie nicht den Restriktionen staatlicher Sammlungen, deren Standards zwar die Nachhaltigkeit, nicht aber die Modernisierung von Sammlungsbeständen fördern. Corporate Museums haben damit die besten Voraussetzungen, als moderne Mäzene zukünftig eine noch größere Rolle zu spielen.

logues or the basic turnover of a museum shop. However this does not include the total turnover of a museum book store or restaurant. Therefore, shops, book stores and restaurants with high turnover are frequently not operated by the museum itself, but leased out. If it is possible to allocate areas of the building to such economic business operations, a proportionate deduction of input tax for the production costs should be considered. Corporate museums which are sponsored by companies may also benefit from a deduction of operating costs.

Through a combination of various structural possibilities involving non-profit and for-profit aspects regarding development of the collection and for construction and operation of the museum, corporate museums can achieve a high degree of flexibility. At the same time they are not subject to the same restrictions as state collections which generally promote sustainability, but not modernisation of the collection. Thus, as modern patrons of the arts, corporate museums are perfectly equipped to play an even greater role in the future.

AXEL SIGLE

Axel Sigle ist als Rechtsanwalt und Partner in Stuttgart in der Rechtsanwaltskanzlei CMS Hasche Sigle tätig. Er berät Unternehmer und Unternehmen in ihren gesellschaftsrechtlichen Angelegenheiten, bei Umstrukturierungen, in Stiftungsfragen und bei der Nachfolgeplanung. Axel Sigle ist Mitglied in zahlreichen Beiräten von Unternehmen und in Kuratorien von Stiftungen.

Axel Sigle works as lawyer and partner at the law office of CMS Hasche Sigle in Stuttgart. He advises entrepreneurs and companies about corporate law issues, supporting them with restructuring, questions relating to trusts and foundations and with succession planning. Axel Sigle sits on numerous company advisory boards and boards of trustees.

MUSEEN
MUSEUMS

ADIDAS AUSSTELLUNG

Auf der World of Sports, dem Headquarter der adidas Group, präsentiert der weltweit agierende Hersteller von Sportartikeln seine Geschichte, die untrennbar mit dem Lebenswerk des Gründers Adi Dassler verbunden ist. Erstmals werden authentische Objekte wie Sportschuhe, Trikots und Trophäen nach den strikten konservatorischen Anforderungen des internen History Mangements ausgestellt.

On the World of Sports, the headquarters of the adidas Group, the global leader in the sporting goods industry presents its history which is inextricably linked to the life's work of the founder Adi Dassler. For the first time, authentic objects such as sports shoes, jerseys and trophies have been displayed in accordance with the strict conservation principles of the internal history management department.

Begonnen hat die Erfolgsgeschichte Anfang der Zwanziger Jahre des letzten Jahrhunderts, als Adi Dassler – der Sohn eines Schuhmachers – aus den wenigen Materialien, die nach dem ersten Weltkrieg verfügbar waren, sein erstes Paar Schuhe anfertigte. Der gebürtige Herzogenauracher entwickelte in den folgenden Jahren Sportschuhe für die Leichtathletik, die erstmals den verschiedenen Disziplinen angepasst waren. 1928 trugen Athleten bei den Olympischen Spielen in Amsterdam zum ersten Mal Spezialschuhe aus seiner Werkstatt. Als Produktnamen wählte der sportbegeisterte Unternehmensgründer die beiden ersten Silben seines Vor- und Zunamens und trug am 18. August 1949 die „Adolf Dassler adidas Sportschuhfabrik" ins Handelsregister der Stadt Fürth ein. Das bekannteste Firmensymbol sind die drei parallelen Streifen, die er im gleichen Jahr zur besseren Wiedererkennung seiner Produkte einsetzte. Ein Meilenstein für das Unternehmen war das Endspiel der Fußball-Weltmeisterschaft in Bern 1954, das vom deutschen Team in Schuhen mit auswechselbaren Stollen von adidas gewonnen wurde. Als eines der ersten Unternehmen nutzte adidas die Möglichkeiten der Sportpromotion und setzte erfolgreiche Sportler in der Werbung ein, darunter so bekannte Namen wie beispielsweise Jesse Owens, Muhammad Ali, Max Schmeling, Sepp Herberger oder Franz Beckenbauer. Nach fast 70 Jahren schied die Gründerfamilie 1989 aus dem Unternehmen aus und der Konzern wurde in eine Aktiengesellschaft umgewandelt. Mit der Übernahme der Salomon Gruppe im Jahre 1997 änderte sich der Name zunächst in adidas-Salomon AG und seit der 2006 besiegelten Übernahme von Reebok tritt das Unternehmen als adidas-Gruppe in der Öffentlichkeit auf.

Im Frühjahr 1999 folgte der Umzug in das neue Headquarter auf der Herzo Base, einem ehemaligen Stützpunkt der US-Army in Herzogenaurach. Die campusartige Anlage ist in vier Bereiche aufgeteilt und verfügt neben Bürogebäuden auch über Sportstätten, Ausstellungshallen und ein Mitarbeiterrestaurant. Das kammartige Gebäude der ehemaligen Kaserne dient heute als

The success story began in the early twenties of the last century, when Adi Dassler – son of a shoemaker – made his first pair of shoes using the few materials available after the First World War. Born and bred in Herzogenaurach, Dassler went on to develop sports shoes for athletics which were for the first time adapted to the needs of the different disciplines. In 1928, athletes for the first time wore special shoes from his workshop at the Olympic Games in Amsterdam. As product name, the sports enthusiast chose the first two syllables of his first and last name and on 18 August 1949 he registered "Adolf Dassler adidas Sportschuhfabrik" in the commercial register of the city of Fürth near Herzogenaurach. The most well-known logo with the three parallel stripes was introduced in the same year in order to make his products easier to recognise. A milestone for the company was the final of the FIFA World Cup in Berne in 1954 which was won by the German team wearing shoes with exchangeable studs by adidas. Adidas was one of the first companies to recognise the possibilities of sport promotion and used successful sports personalities in its advertising, including famous names such as Jesse Owens, Muhammad Ali, Max Schmeling, Sepp Herberger or Franz Beckenbauer. After almost 70 years, the founding family left the company in 1989 and the group was converted into a stock corporation. With the takeover of the Salomon group in 1997 the name was initially changed to adidas-Salomon AG and since the takeover of Reebok in 2006 the company appears in public as the adidas Group.

In spring 1999, the company relocated to new headquarters on the Herzo Base, a former US army base in Herzogenaurach. The campus-like premises are divided into four areas and besides office buildings contain sports facilities, exhibition halls and a staff restaurant. The comb-like

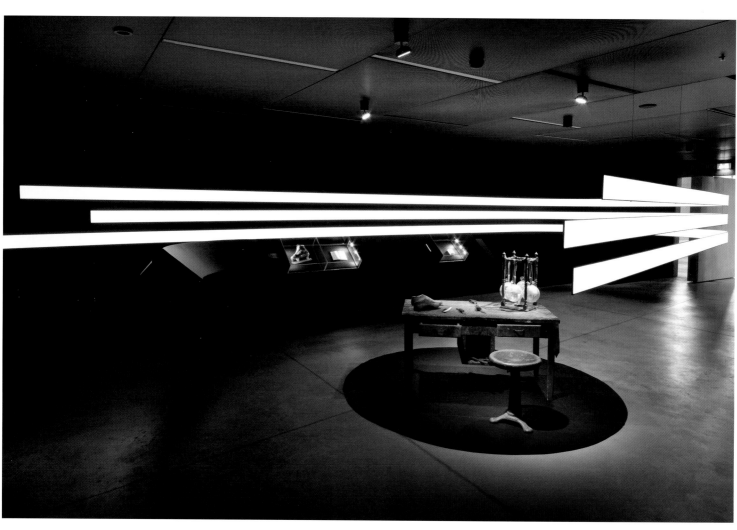

Sitz der Hauptverwaltung. Ein zentrales Gebäude auf dem Gelände der World of Sports ist das von querkraft architekten entworfene adidas Brand Center, das auf 12.500 m² eine Präsentationsplattform für Konzepte und Produktinnovationen der Marke adidas bietet. Im Inneren des kubischen Baus mit seiner durchgängig schwarzen Glasfassade wurde in den Jahren 2006 und 2008 die Ausstellung „Walk of Fame" installiert, bei der Person und Leben Adi Dasslers im Mittelpunkt standen.

Im April 2012 wurde der „Walk of Fame" von der Kölner Agentur ‚simple umgestaltet und unter dem Titel „Ins Herz der Marke" komplett neu interpretiert. Das adidas History Management und die Agentur wählten rund 70 authentische Exponate aus, um auf 400 m² die Firmengeschichte mit Geschichten, Bildern und Filmen erlebbar zu machen. Ein besonderes Augenmerk wurde darauf gelegt, die originalen Unikate nach strikten konservatorischen Anforderungen zu präsentieren. So sind beispielsweise die Vitrinen zum Schutz der Objekte vollklimatisiert. In einem ge-

building of the former barracks today houses the head office. A central building in the section of the campus called World of Sports is the adidas Brand Center. Designed by querkraft architekten it offers a presentation platform for concepts and product innovations of the adidas brand on a space of 12,500 m². Inside the cubic structure with its black glass facade, the "Walk of Fame" exhibition which was installed in the years 2006 and 2008, centred around the life and work of Adi Dassler.

In April 2012, the "Walk of Fame" was completely reworked by the Cologne-based agency ‚simple and reinterpreted under the title "Ins Herz der Marke" (journey to the heart of the brand). The adidas history management department and the agency selected around 70 authentic exhibits for

meinsamen Auswahlprozess wurde zunächst das umfangreiche Archiv des Unternehmens gesichtet, um eine Essenz der wichtigsten Momente der Firmengeschichte zu gewinnen. Diese musste in die bestehenden Räumlichkeiten vor Ort – einen schmalen, auf- und absteigenden Gang – integriert werden. Der Ausstellungsrundgang gliedert sich in sechs Stationen, die einen Bogen zwischen der Vergangenheit, Gegenwart und Zukunft des Unternehmens spannen. Der Aufstieg folgt einem rund 30 m langen Band mit den drei markentypischen Streifen, das den tunnelartigen Aufgang in drei thematische Bereiche gliedert. An dessen Ende weitet sich der Raum zu einer Fläche, auf der aktuelle Kollektionen gezeigt werden. Hinter einer schweren Betontür verbirgt sich ein Raum, der ganz dem Gründer des Unternehmens gewidmet ist. Hier sind persönliche Objekte aus dem Besitz Adi Dasslers ausgestellt – umrahmt von einer leuchtenden „Aura" aus drei schwebenden Streifen. Der Weg zurück in das Foyer des adidas Brand Centers ist gesäumt von 16 Vitrinen, in denen die sogenannten „Frozen Moments" – sportliche Erfolge und wichtige Momente der wechselvollen Firmengeschichte – präsentiert werden. Auf gedruckte Texte und Grafiken wurde weitgehend verzichtet. Alle Informationen zu den Objekten werden ebenso wie die Geschichten, Bilder und Filmdokumente auf integrierten Tablet-PCs dargestellt. Um Objekte und Inhalte leicht austauschen zu können, sind alle Daten in einem webbasierten dynamischen Content Management System erfasst.

display on 400 m² which would allow visitors to experience the corporate history through stories, photos and films. Special care was taken that the original artefacts are presented in accordance with strict conservation principles. The display cabinets, for instance, are fully air conditioned in order to protect the objects. In a joint selection process, the extensive archives of the company were first inspected in order to extract an essence of the most important moments in the history of the company. This had to be integrated in the existing premises on location – a narrow, ascending and descending corridor. The tour around the exhibition is divided into six stations which guide the visitor through the past, present and future of the company. The ascent follows a roughly 30-metre long band bearing the three stripes of the brand that structures the tunnel-like ascent into three themed areas. At the end, the room opens out into a space in which the current collections can be shown. A heavy concrete door conceals a room which is dedicated entirely to the founder of the company. Personal objects belonging to Adi Dassler are on display here – framed by a glowing "aura" of three suspended stripes. The way back to the foyer of the adidas Brand Center is flanked by 16 glass cabinets in which "Frozen Moments" – sporting successes and important moments in the eventful history of the company – are presented. There are hardly any printed texts or graphics. All the information about the objects and the stories, photos and film documents are presented on integrated tablet PCs. To allow objects and content to be easily exchanged, all the data are recorded in a web-based dynamic content management system.

Adresse | Address
adidas Brand Center
World of Sports
Adi Dassler Straße 1
D-91074 Herzogenaurach
www.adidas.com

Öffnungszeiten | Opening hours
auf Anfrage
by arrangement

INFORMATIONEN | INFORMATION

**Projekt	Project**	Ins Herz der Marke	Journey to the heart of the brand
**Schwerpunkt	Focus**	Erlebnisausstellung zur Firmengeschichte mit Geschichten, Bildern und Filmen – für Mitarbeiter, Athleten und Partner der adidas Group Exhibition on the corporate history with stories, photos and films – for employees, athletes and partners of the adidas Group
**Bauherr	Commissioned by**	adidas Group, Herzogenaurach
**Architektur adidas Brand Center	Architecture adidas Brand Center**	querkraft architekten, Wien querkraft architekten, Vienna
**Ausstellung	Exhibition**	Generalunternehmer: ‚simple GmbH, Köln General contractor: ‚simple GmbH, Cologne
**Fläche	Exhibition space**	400 m²
**Baujahr	Year of construction**	adidas Brand Center: 2006, Ausstellung: 2012 adidas Brand Center: 2006, exhibition: 2012

INS HERZ DER MARKE
DER WEG ZU EINEM UNGEWÖHNLICHEN AUSSTELLUNGSPROJEKT
TO THE HEART OF THE BRAND
THE WAY TO AN EXTRAORDINARY EXHIBITION PROJECT

Dr. Barbara Hölschen übernahm 2008 die Betreuung der umfangreichen Studiensammlung, die als größte und bedeutendste Sportschuhsammlung der Welt gilt. Ihre wichtigsten Aufgaben als Leiterin der Abteilung History Management sind die Sicherung des Sammlungsbestands sowie die Ausweitung der Sammlungsbereiche um alle Aspekte der Marke adidas. „Die Sammlung ist eine wahre Schatzkammer der Emotionen. Jedes Objekt erzählt seine eigene Geschichte und regt an, Neues zu denken und zu leisten – egal ob es 80 Jahre oder zwei Tage alt ist. Deshalb darf die Sammlung auch nicht einfach im Archiv verschwinden. Sie muss präsent sein, im Unternehmen wahrgenommen und aktiv genutzt werden. Wie wir das in einer Ausstellung umsetzen können, haben wir uns gemeinsam mit der Agentur ‚simple aus Köln in einem offenen Prozess erarbeitet."

Im Februar 2010 fand der erste gemeinsame Workshop im Trainingszentrum in Scheinfeld statt. Der kleine Ort, etwa 50 km vom Unternehmenssitz entfernt, ist der letzte deutsche Produktionsstandort. Hier werden noch immer die Fußballschuhe Copa Mundial und World Cup hergestellt. Und hier schlummerte bis zum Umzug des Archivs im Mai 2012 auch der gesamte Sammlungsbestand. „Es war der perfekte Ort, um in die Welt von adidas abzutauchen", stellt Tomke Hahn aus dem ‚simple-Konzept-Team im Rückblick fest. „Unsere wichtigsten Aufgaben waren das Zuhören, das Fragen und das Verstehen. Nach dem Workshop fühlten wir uns alle wie vollgesogene Schwämme."

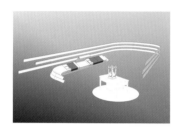

1 | Räumliche Planung: Schematischer Aufbau des Adi-Dassler-Raums
Spatial planning: layout of the Adi Dassler room

2 | Visuelle Entwicklung: 3D-Rendering der Ausstellung
Visual development: 3D rendering of the exhibition

In 2008, Dr. Barbara Hölschen assumed responsibility for taking care of the extensive collection that counts as the largest and most important sports shoe collection in the world. Her most important tasks as head of the history management department are to safeguard the existing collection and to expand the collection areas to cover all aspects relating to the adidas brand. "The collection is a real treasure trove of emotions. Every object tells its own story and stimulates new thoughts and achievements – regardless of whether it is 80 years old or only two days. That is why the collection should not just disappear in the archive. It must be present, perceived within the company and actively used. Together with the agency ‚simple from Cologne we have worked out how to realise this in an exhibition."

The first workshop together took place in the training centre in Scheinfeld in February 2010. The small town, around 50 km from the headquarters of the company, is the last German production site. The football boots Copa Mundial and World Cup are still produced here. And this is where the whole collection lay dormant until the relocation of the archive in May 2012. "It was the perfect place to immerse oneself in the world of adidas", remembers Tomke Hahn from the ‚simple concept team. "Our most important tasks were to listen, to ask questions and to understand. After the workshop, we felt like fully saturated sponges."

Zurück in Köln ging die Arbeit für ‚simple erst richtig los: sortieren, kategorisieren, priorisieren. In einem engen Abstimmungsprozess mit dem History Management kristallisierte sich aus drei Ideenansätzen ein Konzept zur Überarbeitung der Ausstellung heraus. Objektorientiert und narrativ stellt es das „Wie" in den Mittelpunkt der Ausstellung und macht so die Entwicklung und Kontinuität der Marke, der Produkte und Innovationen über die gesamte Marken- und Unternehmensgeschichte bis heute erlebbar.

Eine der größten Herausforderungen im sich anschließenden Kreationsprozess war die Integration der Ausstellung in die bestehende Architektur des adidas Brand Centers. Die Ausstellung und ihre Dramaturgie sollten kein Fremdkörper werden, sondern in der Architektur aufgehen. „Die räumlichen Besonderheiten mit den schmalen Auf- und Abgängen waren für uns eine dramaturgische Steilvorlage", erklärt Felix Hansen, Geschäftsführer von ‚simple. „Sie brachte uns auf das Bild einer Bergbesteigung. Der Blick hoch auf den Berg, der Aufstieg, der Gipfel, der Abstieg und der Blick zurück. Dieser Plot deckt sich erstaunlich gut mit einer der ältesten Erzählstrukturen der Menschheit: The Hero's Journey."

So entstand die „Journey to the heart of the brand", ein Markenerlebnis in sechs Akten mit unterschiedlichen räumlichen und inhaltlichen Dichten. Ein digitales Split-Flap-Display empfängt den Besucher und lässt ihn eintauchen in die Vielfalt und Tiefe der Marke. Entlang des „Tracks", eines rund 30 Meter langen Bandes, erlebt der Besucher anhand von Best-Practice-Beispielen, was die Marke auszeichnet und wie sie sich kontinuierlich weiterentwickelt. Auf der Plattform präsentiert sich die Marke im Hier und Jetzt. In einem frei bespielbaren Hängesystem werden aktuelle Kollektionen und Produkte spannend inszeniert.

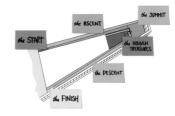

3 | Dramaturgische Planung: Der narrative Strang in der Raumfolge
Dramaturgical planning: the narrative thread in the room sequence

Back in Cologne, the work for ‚simple really got going: sorting, categorising, prioritising. In a process of close coordination with the history management department, three ideas developed into a concept for the reworking of the exhibition. Object-oriented and narrative were the key words – the "how" became the focal point of the exhibition, turning the evolution and continuity of the brand, the products and innovations over the entire brand and corporate history into an experience.

One of the biggest challenges in the subsequent creation process was the integration of the exhibition into the existing architecture of the adidas Brand Center. The exhibition and the story it has to tell should not be alien bodies but be absorbed by the architecture. "The spatial peculiarities with the narrow ascents and descents pointed us in the right direction", explains Felix Hansen, managing director of ‚simple. "They made us think of climbing a mountain. Looking up at the mountain, the ascent, the peak, the descent and looking back. This plot comes astonishingly close to one of mankind's oldest narrative structures: The Hero's Journey."

That was how the "Journey to the heart of the brand" was born, a brand experience in six acts with different spatial and content densities. A digital split-flap display welcomes the visitor and allows him to submerge in the variety and depth of the brand. On the "track", a 30-metre strip, the visitor experiences from best-practice examples what sets the brand apart and how it continues to develop. On the platform, the brand is presented in the here and now. In a suspended system onto which films can be freely projected, the current collections and products are presented in an exciting way.

4 | Technische Entwicklung: Testaufbau des Vitrinensystems
Technical development: test installation of the showcase system

„Was mich hier oben auf der Plattform von Anfang an faszinierte, war die Betontür", erinnert sich Felix Hansen weiter. „Ich wollte unbedingt wissen, was sich dahinter befand, aber beim ersten Besuch kamen wir nicht hinein. Sofort entstand bei uns allen das Bild der Schatzkammer und die Idee, hier nur persönliche Objekte des Gründers der Marke adidas, Adi Dassler, auszustellen. Ein intimer Raum, in den nur ausgewählte Besucher geführt werden." Den Abschluss der Reise bilden die „Frozen Moments", 16 Zeitkapseln, die die großen Momente der Markengeschichte feiern. 15 Momente, 15 Objekte. Hier werden die Stollen von 1954 ebenso gewürdigt wie die Eröffnung des ersten Originals-Stores im Jahr 2001. Nur die letzte Kapsel ist noch leer. Ihre tickende Uhr verweist auf die Möglichkeit, am nächsten großen Moment mitzuwirken. Und als Ansporn und Inspiration gibt es zum Abschied deshalb auch noch eine kleine Erinnerung an den Ausstellungsbesuch – ein „Lace Jewel" mit dem Bekenntnis: „I'm all in."

Inhaltlich spannt die neue Ausstellung im adidas Brand Center den Bogen zwischen Sport und Mode, zwischen Tradition und Innovation, zwischen Vergangenheit, Gegenwart und Zukunft. Sie macht so den Herzschlag der Marke für Mitarbeiter, Athleten und Partner spürbar. „Wichtig war uns, dass die Besucher über das Objekt einen emotionalen Zugang zum Thema finden", erläutert Tomke Hahn das Kommunikationskonzept mit Magazincharakter, das zu jedem Objekt mehrere kurze Geschichten mit unterschiedlichem Fokus bereithält. „Wir servieren eher Sushi als den ganzen Fisch. So findet jeder eine Geschichte zum Weitererzählen." Da sich die Themen, die das Unternehmen antreiben, stetig verändern, musste auch eine Möglichkeit zum einfachen Austausch von Inhalten geschaffen werden. Technisch lag da die Umsetzung über ein dynamisches Content Management System nah, das sich wie eine Website editieren lässt.

5 | Narrativer Abschluss: Rückschau und Ausblick als Abschiedsgeste
Narrative end: retrospect and outlook as farewell gesture

"What fascinated me up here on the platform from the outset was the concrete door", remembers Felix Hansen. "I was desperate to know what lay behind it, but on the first visit we didn't get to go in there. We all had the image of the treasure chamber in our minds and the idea was born to only exhibit personal artefacts of the brand founder, Adi Dassler, here. An intimate room into which only selected visitors are taken." The end of the journey is marked by the "Frozen Moments", 16 time capsules, which celebrate the great moments in the history of the brand, 15 moments, 15 objects. The studs from 1954 are displayed here, as well as the opening of the first Originals-Store in 2001. Only the last capsule is still empty. Its ticking clock is a reference to the possibility to participate in the next great moment. And as encouragement and inspiration, the visitor receives a small souvenir at the end of the visit to the exhibition – a lace jewel with the avowal: "I'm all in."

The content of the new exhibition in the adidas Brand Center bridges the gap between sport and fashion, between tradition and innovation, between past, present and future. It allows employees, athletes and partners to feel the heartbeat of the brand. "It was important to us that the visitors find an emotional access to the topic via the objects", is how Tomke Hahn explains the communication concept; much like a magazine which offers several short stories with a different focus about the different objects. "We serve sushi rather than a whole fish. That way, everyone finds a story that he can relate to others." As the themes which drive the company are constantly changing, the possibility to share contents also needed to be created. Technically it made sense to realise this via a dynamic content management system that can be edited like a website.

Auch auf baulicher Ebene war diese Flexibilität ein Thema. „Der Schutz der Objekte nach musealen Standards stand außer Frage, aber eine fest eingerichtete museale Präsentation sollte es auf keinen Fall werden. Unser größter Wunsch", so Barbara Hölschen, „war ein modulares Ausstellungssystem, welches den konservatorischen und kuratorischen Vorgaben gerecht wird."

Nach einer intensiven Entwicklungsphase mit einer Vielzahl von Prototypen und 1:1-Mockups fand sich über feste und flexible Bestandteile in der Ausstellungsarchitektur eine Lösung. Das Ergebnis ist eine Ausstellung, die den Charakter der Architektur mit den Inhalten des narrativen Strangs verbindet. „Ein Besuch des ‚New Walk of Fame' ist wie ein Spaziergang durch eine lebendige Stadt oder eine vielfältige Landschaft", meint Felix Hansen. „Hinter jeder Ecke warten neue, aufregende Dinge." Barbara Hölschen ist überzeugt: „Im ‚New Walk of Fame' können wir nun zeigen, wie sich der Sport, die Mode und unser Unternehmen immer weiter entwickeln. Unsere Mitarbeiter finden sich in der Ausstellung genauso wieder wie unsere Athleten und Gäste aus aller Welt. Sie werden wiederkommen, um das Neue zu finden. Wir haben es hier geschafft, das Herz der Marke – unsere DNA – emotional erlebbar zu machen."

On a constructional level, this flexibility was also an issue. "The protection of the objects according to museum standards went without saying, but we definitely didn't want a stationary museum-like presentation. Our greatest wish", according to Barbara Hölschen, "was a modular exhibition system which does justice to conservationist and curational requirements."

After an intense development phase with a large number of prototypes and 1:1 mock-ups, the solution was found in the form of exhibition architecture with a combination of fixed and flexible components. The result is an exhibition which combines the character of the architecture with the content of the narrative plot. "A visit to the 'New Walk of Fame' is like a wander through a lively city or a varied landscape", says Felix Hansen, "new, exciting things await around every corner." Barbara Hölschen is convinced: "In the 'New Walk of Fame' we can now show how sport, fashion and our company keep on evolving. Our employees identify with the exhibition just as much as our athletes and guests from around the world. They will return to find out what is new. We have succeeded in creating an emotional experience of the heart of the brand, our DNA."

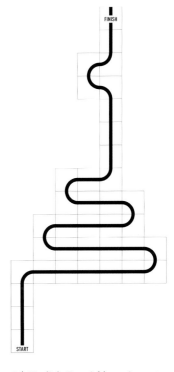

6 | **Mediale Entwicklung: Layout für ein interaktives Spiel**
Media development: layout for an interactive game

TOMKE HAHN

Tomke Hahn ist im Team von ‚simple für Konzept und Inhalt verantwortlich. Seit 2010 ist sie Mitglied der Geschäftsleitung. Bis 2008 betreute sie als freie Kuratorin und Konzepterin Ausstellungsprojekte in Berlin, Hamburg und Köln. Von 2001 bis 2005 war sie als wissenschaftliche Mitarbeiterin im Deutschen Technikmuseum Berlin tätig.

In the team at ‚simple, Tomke Hahn is responsible for concept and content. Since 2010, she has been a member of management. Until 2008, she worked as freelance curator and conceptualiser for exhibition projects in Berlin, Hamburg and Cologne. From 2001 to 2005 she was scientific assistant at the Museum of Technology in Berlin.

7 | Inhaltliche Entwicklung: Erarbeitung eines konzeptionellen Gerüsts für die Botschaften
Content development: elaboration of a conceptual framework for the messages

FELIX HANSEN

Felix Hansen ist Mitinhaber der Agentur ‚simple und arbeitet seit der Gründung im Jahr 2000 als Konzeptioner und Gestalter im Bereich Ausstellung, Architektur und Interaktion. Vom Grafikdesign kommend, entdeckte er früh seine Leidenschaft für die Kommunikation im Raum. Als freier Art Direktor sammelte er erste Erfahrungen in der Messekommunikation, bei Ausstellungen und Kunstinszenierungen.

Felix Hansen is co-owner of the agency ‚simple and has worked since its foundation in 2000 as conceptualiser and designer in the field of exhibitions, architecture and interaction. Originally a graphic designer, he soon discovered his passion for spatial communication. As freelance art director, he gathered his first experiences in trade fair communication, at exhibitions and art presentations.

BARBARA HÖLSCHEN

Barbara Hölschen ist seit Mitte 2008 Leiterin der Abteilung History Management der adidas AG in Herzogenaurach. Mit ihrer Promotion im Fachbereich Kulturwissenschaften an der Philipps Universität in Marburg befasste sie sich mit dem Phänomen Unternehmensmuseen. Zuvor war sie wissenschaftliche Volontärin bei den Städtischen Museen Freiburg und studierte Museumskommunikation an der Bundesakademie in Wolfenbüttel.

Barbara Hölschen has been head of the history management department at adidas AG in Herzogenaurach since mid-2008. In her doctoral thesis in the field of cultural science at the Philipps University in Marburg, Barbara Hölschen looked into the phenomenon of corporate museums. Before that, she had been scientific assistant at Freiburg municipal museums and studied museum communication at the Federal Academy of Cultural Eductation Wolfenbuettel.

8 | Strukturelle Planung: Konzept für die Vermittlung von Fakten und Geschichten im Magazinformat
Structural planning: concept to convey facts and stories in magazine-style format

,SIMPLE

Das Team von ,simple bewegt sich im Grenzbereich zwischen Wissensvermittlung, Design und In-teraktion. Durch die Arbeit für Museen, Institutionen und Industriekunden sammelt ,simple tagtäg-lich neue Erfahrungen über Rezeptions- und Interaktionsverhalten von Besuchern und Nutzern.

The team at ,simple works at the interface of knowledge transfer, design and interaction. Through their work for museums, institutions and industrial customers, the agency gathers new experiences every day about the receptive and interactive behaviour of visitors and users.

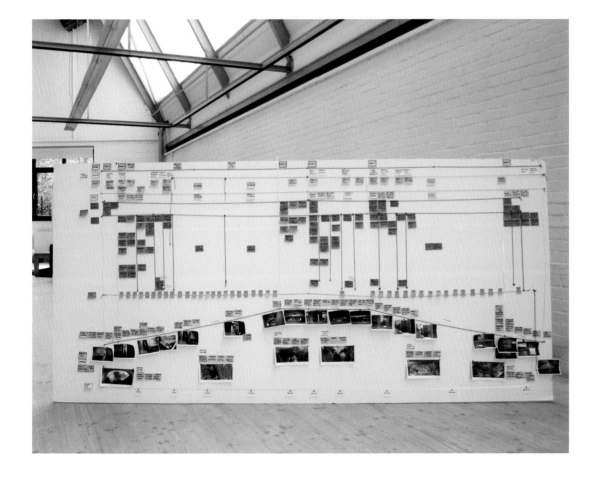

9 | Dramaturgische Planung: das Drehbuch nimmt Gestalt an
Dramaturgical planning: the script takes shape

L'AVENTURE MICHELIN

L'Aventure Michelin (Das Abenteuer Michelin) bietet als umfassende Sammlung Einblicke in die Firmengeschichte des französischen Familienunternehmens und präsentiert neue Technologien für die Mobilität von morgen.

L'Aventure Michelin (The Michelin adventure) with its extensive collection offers insights into the corporate history of the French family-run business and presents new technologies for the mobility of tomorrow.

Den Grundstein für den Erfolg des Unternehmens legte Edouard Michelin mit der Erfindung eines demontierbaren Fahrrad-Reifens, den er 1891 patentieren ließ. Zwei Jahre zuvor hatte er gemeinsam mit seinem Bruder André eine kautschukverarbeitende Fabrik in Clermont-Ferrand im Zentrum Frankreichs übernommen. Nur wenige Jahre danach fuhr bereits das erste Auto auf luftgefüllten Reifen aus dem Hause Michelin über die französischen Straßen. Schon damals erkannten die Michelin-Brüder den Wert einer gezielten Öffentlichkeitsarbeit. So wurde beispielsweise durch die erfolgreiche Teilnahme an Autorennen mit zahlreichen Geschwindigkeitsrekorden der Bekanntheitsgrad der Marke vorangetrieben. Am 11. Juni 1895 traten die Brüder zu ihrem ersten Autorennen an – auf einem selbst entwickelten hochrädrigen Gefährt namens „L'Eclair" (Blitz), dem weltweit ersten mit Luftreifen ausgerüsteten Automobil. 1898 schlug die Geburtsstunde des Michelin-Männchens, das zum wichtigsten Werbeträger des Unternehmens wurde. Die Inspiration zum Maskottchen, das auch unter dem Namen „Bibendum" bekannt ist, kam dem Unternehmer, nachdem er einen Stapel Reifen unterschiedlichen Durchmessers auf einem Messestand entdeckt hatte. Der Name Michelin steht aber nicht nur für die Produktion von Reifen, sondern auch für eine vielfältige Firmengeschichte mit zahlreichen Produkten rund um das Thema Mobilität. So erschloss André Michelin neue Geschäftsfelder und legte beispielsweise mit der ersten Straßenkarte Frankreichs den Grundstein für den Michelin Verlag, der seit 1900 den Hotel- und Restaurantführer „Guide Michelin" herausgibt. Daraus entwickelte sich später die Vergabe der begehrten Michelin-Sterne für herausragende Gastronomie.

Die facettenreiche Firmengeschichte hat den gleichnamigen Urenkel des Firmengründers Edouard Michelin 2004 dazu bewogen, das bestehende Firmenmuseum, das bis dahin nur Beschäftigten und Kunden des Unternehmens offenstand, komplett zu überarbeiten.

The foundation stone for the success of the company was laid by Edouard Michelin with the invention of a removable bicycle tyre which he had patented in 1891. Two years previously he and his brother André had taken over a rubber processing factory in Clermont-Ferrand in the centre of France. Just a few years later, the first car was already driving along French roads on air-filled tyres made by Michelin. Even back then, the Michelin brothers recognised the importance of targeted public relations work. For example, their participation in motor races with numerous speed records increased brand awareness. On 11 June 1895 the brothers took part in their first motor race on a self-developed high-wheel vehicle called "L'Eclair" (lightning), the world's first automobile equipped with air-filled tyres. In 1898, the Michelin Man saw the light of day, and was to become the company's most important advertising medium. The inspiration for the mascot, that is known as "Bibendum", came to the entrepreneur after he discovered a pile of tyres of different diameters at a trade fair stand. However, the name Michelin does not only stand for the production of tyres, but also for an interesting company history with numerous products relating to many aspects of mobility. André Michelin discovered new lines of business, for instance with the first street map of France he laid the foundation stone for the Michelin publishing house which since 1900 has been publishing the hotel and restaurant guide "Guide Michelin". There followed at a later stage the sought-after Michelin stars that are awarded for outstanding dining.

The multifaceted corporate history inspired the great grandson and namesake of the founding father of the company Edouard Michelin in 2004 to completely rework the existing company museum which at that time was only open to employees and customers of the company.

Seine Idee war es, das umfangreiche kulturelle Erbe des Unternehmens sowie einen Ausblick auf die zukünftigen Herausforderungen für die Öffentlichkeit zugänglich zu machen. So wurde im Januar 2009 in einer ehemaligen Produktionshalle unmittelbar am Michelin-Stammsitz in der Auvergne „L'Aventure Michelin" eröffnet. Die historische Halle mit dem typischen Sheddach wurde weitgehend im Originalzustand erhalten. Lediglich für den neuen Eingangbereich wurde die Fassade an einer Gebäudeecke geöffnet. Im Inneren erinnern der mit originalen Metallplatten belegte Boden sowie die sichtbare Tragkonstruktion an die industrielle Vergangenheit der Halle.

His idea was to make the extensive cultural heritage of the company accessible to the general public and to give an outlook of the future challenges it faces. In January 2009, "L'Aventure Michelin" was opened in a former production hall directly at the headquarters of Michelin in the Auvergne. The historical hall with the typical shed roof was kept in its original condition as far as possible. The facade was only opened at one corner for the new entrance area. On the inside, the floor is covered in metal sheets and the visible girders remind the visitor of the industrial past of the hall.

Die Ausstellung gliedert sich in zehn chronologisch aufgebaute Themeninseln mit über 100 interaktiven und multimedialen Displays. Mehr als 1.000 historische Exponate, Erfindungen und Patente sowie aktuelle Prototypen und Zukunftstechnologien dokumentieren die Tradition und die Produktvielfalt des Reifenherstellers. Beispiele dafür sind der Rennwagen „L'Eclair" aus dem Jahr 1895, der bereits mit Luftreifen ausgerüstet war, sowie ein historisches Flugzeug vom Typ „Breguet BM14 B2" aus dem Jahr 1917, das ebenfalls in den Produktionsstätten von Michelin entstand. Eine umfangreiche Sammlung von historischen Prospekten, Plakaten und Anzeigenmotiven dokumentiert die Entwicklung des charakteristischen Michelin-Männchens.

The exhibition is organised in ten chronologically arranged themed islands with more than 100 interactive and multimedia displays. More than 1,000 historical items, inventions and patents as well as current prototypes and future technologies document the tradition and product variety of the tyre manufacturer. For example, the racing car "L'Eclair" from 1895 which was already equipped with air-filled tyres, as well as an historical airplane "Breguet BM14 B2" from 1917 which was also built in the production plants of Michelin. An extensive collection of historical brochures, posters and advertising motifs documents the development of the characteristic Michelin Man.

Adresse | Address
L'Aventure Michelin
32 rue du Clos Four
F-63 000 Clermont-Ferrand
www.laventuremichelin.com

Öffnungszeiten | Opening hours
Di.–So. 10.00–18.00 Uhr, 1. Sept.–30. Jun.
Mo.–So. 10.00–19.00 Uhr, 1. Jul.–30. Aug.
Tues.–Sun. 10.00 am–6.00 pm, 1st Sept.–30th Jun.
Mon.–Sun. 10.00 am–7.00 pm, 1st Jul.–30th Aug.

INFORMATIONEN | INFORMATION

Projekt | Project	L'Aventure Michelin
Schwerpunkt | Focus	L'Aventure Michelin präsentiert das kulturelle Erbe von Michelin und gibt einen Ausblick auf die zukünftigen Herausforderungen an die Mobilität. L'Aventure Michelin presents the cultural heritage of Michelin and gives an outlook of the future challenges in the area of mobility.
Bauherr | Commissioned by	Manufacture Française des Pneumatiques Michelin
Fläche | Exhibition space	2.100 m²
Baujahr | Year of construction	Entscheidung zum Bau: 2004 / Fertigstellung: 2009 Decision to build: 2004 / Completed: 2009

BMW MUSEUM

Das BMW Museum bildet zusammen mit der Konzernzentrale, den Werksanlagen und der BMW Welt das Zentrum der weltweit agierenden Bayerischen Motoren Werke Aktiengesellschaft. Aufgrund des kontinuierlichen Wachstums der Marken- und Produktpalette wurde eine deutliche Vergrößerung und Neukonzeption des 1973 errichteten Museums notwendig.

Alongside the group headquarters, production plants and the BMW Welt, the BMW Museum is located at the heart of the global operations of Bayerische Motoren Werke Aktiengesellschaft. Due to the continuous growth of the brand and the product range, a significant enlargement and redesign of the museum from 1973 became necessary.

Seit 1922 hat BMW sein Stammwerk im Münchner Norden, unmittelbar neben dem heutigen Olympiagelände. Dort entstand 1916 aus dem Zusammenschluss der Rapp Motorenwerke AG und der Gustav Otto Flugmaschinenfabrik die Bayerische Flugzeugwerke AG, die wenig später in Bayerische Motoren Werke AG umbenannt wurde. Im Münchener Werk baute das Unternehmen zuerst Flugmotoren, dann Motorräder und schließlich Automobile. Bereits Anfang der 1920er Jahre wurden die ersten Produkte als unverkäufliche Erinnerungsstücke in einem eigenen Raum ausgestellt. Auf dieser Basis entstand ab 1966 das erste spezifische Automobilmuseum in Deutschland. Ende der 1960er Jahre fiel die Entscheidung, eine neue Unternehmenszentrale am Stammsitz in München zu bauen. Es folgte ein internationaler Architekturwettbewerb, aus dem der Architekt Karl Schwanzer als Sieger hervorging. Er entwarf ein konstruktiv revolutionäres Hochhaus, dessen Stockwerke an einen tragenden Kern angehängt wurden, und ein Museum, dessen Hülle dem Prinzip einer selbsttragenden Karosserie entspricht. Die innere Struktur des Museums wurde als Fortsetzung der Straße im umbauten Raum konzipiert. Das im Volksmund als „Vierzylinder" bezeichnete BMW-Hochhaus sowie die „Schüssel", der angegliederte Museumsbau, wurden zu den Wahrzeichen der BMW AG. Auf dem Dach des Museums befindet sich ein überdimensionales BMW-Emblem, das ursprünglich als rotierender Propeller interpretiert wurde. Fertiggestellt wurde das markante Ensemble rechtzeitig zu den Olympischen Sommerspielen im Jahre 1972. In den vergangenen Jahrzehnten war das BMW Museum eines der meistbesuchten Unternehmensmuseen in Deutschland. Auf dem Gelände westlich des BMW-Hochhauses eröffnete im Oktober 2007 die BMW Welt als Marken- und Auslieferungszentrum. Mit einem Doppelkegel, der sich expressiv in die Höhe schraubt und in eine scheinbar frei schwebende Dachwolke

Since 1922, BMW has had its head office in the north of Munich, directly next to today's Olympic grounds. This is where Bayerische Flugzeugwerke AG was founded in 1916 from a merger of Rapp Motorenwerke AG and Gustav Otto Flugmaschinenfabrik, shortly later renamed Bayerische Motoren Werke AG. At the Munich plant, the company initially built aircraft engines, then motorcycles and finally automobiles. As early as the 1920s, the first products were exhibited in a separate room as memorabilia that were not for sale. In 1966, this formed the basis for the first museum dedicated specifically to automobiles in Germany. At the end of the 1960s, it was decided to build new corporate headquarters at the head office in Munich. An international architecture competition followed, and was won by the architect Karl Schwanzer. He designed a structurally revolutionary high-rise building whose storeys are attached to a supporting core, and a museum whose envelope corresponds to the principle of self-supporting bodywork. The interior structure of the museum was conceived as a continuation of the street in the enclosed space. The BMW high-rise building nicknamed the "four-cylinder" and the "bowl" housing the affiliated museum were to become landmarks of BMW AG. On the roof of the museum there is an oversized BMW emblem, that was originally interpreted as a rotating propeller. The striking ensemble was completed in time for the Olympic Summer Games of 1972. In the decades to come, the BMW Museum was one of Germany's most visited corporate museums. In October 2007, the BMW Welt opened as brand world and delivery centre on the premises to the west of the BMW high-rise. With a double cone which expressively twists upwards, ending in a roof cloud that seems to be suspended in

mündet, setzte das Unternehmen mithilfe des Wiener Architekturbüros CoopHimmelb(l)au ein weiteres architektonisches Zeichen.

Im Jahr 2003 entschied der BMW-Vorstand, das Museum komplett zu sanieren und wesentlich zu erweitern. Im Rahmen der Baumaßnahmen wurde das denkmalgeschützte Bauwerk in seinen Originalzustand von 1973 zurückversetzt. Spätere Einbauten wurden entfernt und ein komplett neuer Dauerausstellungsbereich geschaffen. Raum dafür fand sich im angegliederten Flachbau, dem Westflügel der Konzernzentrale, der bisher unter anderem als Kantine und Parkgarage gedient hatte. Die Ausstellungsfläche konnte so von ehemals 1.000 m² auf nun 5.000 m² erweitert werden. Analog zur Struktur der „Schüssel" sind die Präsentationsbereiche entlang einer Rampe angeordnet. Die Dauerausstellung umfasst sieben sogenannte „Ausstellungshäuser". Nach außen stellen sich alle Häuser als homogene, leuchtende Körper mit satinierten Glasfassaden dar. Im Innern sind sie zunächst als White Cubes angelegt, die durch die sieben Themen Gestaltung, Unternehmensgeschichte, Motorrad, Technik, Motorsport, Baureihen und Marke differenziert werden. Innerhalb der einzelnen Häuser werden wiederum zwei bis drei Themen präsentiert. So wird zum Beispiel im „Haus der Gestaltung" der Designprozess von der ersten Idee bis zur Umsetzung erlebbar. Der Boden aus Glas ermöglicht Blicke nach oben und unten in die anderen Ebenen des Hauses. Die BMW-Designer kommen mittels Bildschirm- und Hörinstallationen zu Wort. Zwischen dem „Haus der Technik" und dem „Haus des Motorsports" gibt es eine Verbindungsachse, die die Abhängigkeit der beiden Bereiche voneinander zum Ausdruck bringt. Im „Haus des Unternehmens" werden unterschiedliche Aspekte der Unternehmensgeschichte vorgestellt. Der Raum „Erste Schritte – Wie alles begann" zeigt die Geschichte von den Anfängen der Bayerischen Motoren Werke mit der Flugmotorenproduktion 1917 über den Bau des ersten Motorrads 1923 bis hin

mid-air, the company made another architectural mark on the landscape with the help of Vienna-based architects CoopHimmelb(l)au.

In 2003, BMW's board of directors decided to completely refurbish and significantly enlarge the museum. The listed building from 1973 was restored to its original state. Installations made later were removed and a completely new permanent exhibition area was created. The space for this was found in the adjacent flat-roof building, the west wing of the group headquarters, which had until then been used as canteen and garage. This enlarged the exhibition space from 1,000 m² to 5,000 m². Reminiscent of the structure of the "bowl", the presentation areas are arranged along a ramp. The permanent exhibition comprises seven "exhibition houses". On the outside, all the buildings appear as a homogeneous, illuminated body with satined glass facades. On the inside, white cubes contain the seven themes – design, corporate history, motorcycles, technology, motor sport, model series and brand. Within each of the houses, the main theme is broken down into two or three sub-themes. In the "House of Design", for instance, the design process can be experienced from the first idea to the realisation. The glass floor allows views up or down into other levels of the house. The BMW designers have their say in screen and audio installations. Between the "House of Technology" and the "House of Motor Sport" there is a connecting axis which expresses the interdependency of the two areas. In the "House of the Company", different aspects of the corporate history are presented. The room "First steps – how everything began" shows the history from the beginnings of the Bayerische Motoren Werke with aircraft engine production in 1917 via

zum Kauf der Fahrzeugfabrik Eisenach im Jahr 1928 und dem damit verbundenen Einstieg von BMW in den Automobilbau. Den Mittelpunkt der Inszenierung bildet der BMW-Platz als das pulsierende Herz im Zentrum der Dauerausstellung. Der BMW-Platz ist über ein verlängertes Rampensystem an das ursprüngliche Museum im Rundbau angeschlossen, das seit dem Umbau hauptsächlich Wechselausstellungen aufnimmt. Im Jahr 2011 zeigte das BMW Museum hier die Ausstellung der BMW Art Cars: 15 der 17 Kunstwerke, deren künstlerische Gestaltung unter anderem in den Händen von Alexander Calder, Roy Lichtenstein, Andy Warhol, David Hockney oder Jeff Koons lag, wurden erstmals gemeinsam in München ausgestellt.

Ein Schriftband entlang der Rampe begleitet den Besucher bis zu den obersten Ebenen. Am Handlauf sind kugelförmige Informationsträger angebracht, die Texte und Infografiken zu den Exponaten und deren zeitlichem Kontext aufnehmen. Der stützenfreie Raum mit einer Wandfläche von 120 Metern Länge und bis zu sechs Metern Höhe erlaubt auf seiner Innenwand eine 360-Grad-Bespielung der Gebäudeschale. Zurück ins Foyer gelangt der Besucher – wie ursprünglich bereits 1973 vorgesehen – über eine Rolltreppe, die, zentral durch die „Schüssel" verlaufend, nochmals an den Exponaten vorbeiführt.

the construction of the first motorcycle in 1923 through to the purchase of Fahrzeugfabrik Eisenach in 1928 and the entry of BMW in automotive production. The BMW square is the pulsating heart at the centre of the permanent exhibition. The BMW square is joined via an extended system of ramps to the original museum in the round building which since the reconstruction mainly houses temporary exhibitions. In 2011, the BMW Museum showed the exhibition BMW Art Cars here: 15 of the 17 works of art whose artistic design lay among others with Alexander Calder, Roy Lichtenstein, Andy Warhol, David Hockney or Jeff Koons were exhibited together in Munich for the first time.

A printed banner along the ramp accompanies the visitor up to the upper levels. Sphere-shaped information carriers integrated in the handrail present texts and infographics about the exhibits and put them in an historical context. The support-free room with a wall space of 120 metres in length and up to six metres in height allows 360 degree projections to be shown on the building shell. The visitor returns to the foyer – as originally planned in 1973 – via an escalator which passes through the middle of the "bowl", passing more exhibits on the way.

Adresse | Address
BMW Museum
Am Olympiapark 2
D-80809 München
www.bmw-museum.de

Öffnungszeiten | Opening hours
Di.–So., Feiertage 10.00–18.00 Uhr
Tues.–Sun., holidays 10.00 am–6.00 pm

INFORMATIONEN | INFORMATION

Projekt | Project	BMW Museum
Schwerpunkt | Focus	Als eines der ersten Automobilmuseen Deutschlands präsentiert das BMW Museum wichtige Meilensteine der 90-jährigen Unternehmensgeschichte. As one of the first car museums in Germany, the BMW Museum presents important milestones of the company's 90-year history.
Bauherr | Commissioned by	BMW AG
Generalplanung Museum, Architektur und Ausstellungsgestaltung | General planning museum, architecture and exhibition design	ATELIER BRÜCKNER GmbH, Stuttgart
Mediale Inszenierungen /Interaktive Installationen | Media productions /Interactive installations	ART+COM AG, Berlin
Grafikdesign / Visuelle Identität | Graphic design / Visual identity	Integral Ruedi Baur, Zürich
Lichtplanung | Light planning	ATELIER BRÜCKNER GmbH mit Delux AG, Zürich ATELIER BRÜCKNER GmbH with Delux AG, Zürich
Baujahr | Year of construction	BMW Museum 1973, Neugestaltung 2004–2008 BMW Museum 1973, refurbished 2004–2008
Tragwerk | Structural framework	Schlaich Bergermann und Partner
Sanierung Gebäudehülle und Technik | Restauration of building shell and technics	ASP Schweger Assoziierte Gesamtplanung GmbH
Fläche | Exhibition space	5.000 m²

THE BRANDSPACE

In den markanten Zwillingstürmen in Frankfurt am Main hat die Deutsche Bank ein Forum für die Marke geschaffen. Dass sich eine Bank für Besucher öffnet und in der Konzernzentrale Publikumsverkehr ermöglicht, ist höchst ungewöhnlich. Das Ergebnis ist ein Museum ganz anderer Art.

Deutsche Bank has created a public forum for its brand within its striking towers in Frankfurt am Main. It is highly unusual for a bank to open its doors to the public and invite visitors to its head office, and the result is a museum of a very different kind.

„The BrandSpace" richtet sich als erstes öffentlich zugängliches Markenforum eines Finanzdienstleisters neben Kunden, Mitarbeitern und Geschäftspartnern auch an die Öffentlichkeit. Die Deutsche Bank wurde 1870 gegründet, um die Internationalisierung der deutschen Wirtschaft zu begleiten. Durch die zunehmende Bedeutung des internationalen Handels wandelt sich die Bank konsequent zum globalen Konzern.

Im Zentrum des Markenauftritts der Deutschen Bank steht das vom deutschen Designpionier Anton Stankowski entwickelte und 1974 erstmals der Öffentlichkeit vorgestellte Logo – Zeichen für Wachstum im stabilen Rahmen. Als dreidimensionaler sozial kontextualisierter Körper ist es seit 2005 Träger der Markenbotschaften und spiegelt die Haltung und das Selbstverständnis der Bank wider. Mit dem 2011 eröffneten BrandSpace wurde nun ein Raumkonzept realisiert, mit dem die Marke interaktiv erlebbar wird. Das Markenerlebnis im Raum ist eine konsequente Fortführung des 2005 global umgesetzten „Logo-im-Raum-Markenkonzepts". Mit dem BrandSpace wurde nun ein Ort geschaffen, an dem sich die DNA der Marke Deutsche Bank mit ihren vier Kernmerkmalen – passioniert, präzise, selbstbewusst und offen für Neues – dreidimensional manifestiert.

Von der transparenten Eingangshalle zwischen den Türmen gelangen die Besucher über eine Treppe direkt in das Markenforum. Dort laden technisch innovative Installationen dazu ein, das Wirken der Bank interaktiv in einer neuen Dimension zu erleben. Das Konzept übersetzt Grundsätze und Haltung der Deutschen Bank in eine mediale Architektur und schafft somit einen Ort der Begegnung zwischen Mensch und Marke. Nicht anfassbare Produkte und Leistungen werden hier in ein physisches Erlebnis übersetzt. Zur Übersetzung des Logos in die räumliche Dimension wurde von den Agenturen Art+Com und Coordination das Prinzip der Anamorphose angewandt.

As the first publicly accessible brand forum of a financial services provider, "The BrandSpace" is aimed not only at clients, employees and business partners, but also at the general public. Deutsche Bank was founded in 1870 to help take the German economy onto the international stage. With the increasing importance of cross-border trade the bank has meanwhile evolved into a true global player.

Deutsche Bank's logo – a symbol for growth within a stable environment – stands at the centre of the company's brand footprint. It was designed by the German design pioneer Anton Stankowski and unveiled to the public in 1974. In its three-dimensional, socially contextualised form, the logo has been a brand ambassador for the bank since 2005, reflecting Deutsche Bank's principles and identity. And with the opening of the BrandSpace in 2011, the bank has succeeded in realising a spatial concept which allows an interactive brand experience that is the logical continuation of its logo-in-space brand concept implemented globally in 2005. With the BrandSpace, Deutsche Bank has now created a place in which its identity is brought to life in a tangible way.

Once inside the transparent entrance hall between the towers, visitors follow a flight of stairs directly to the BrandSpace. There, state-of-the-art technology-based installations allow them to experience the work of the bank in a new interactive dimension. The BrandSpace translates the bank's principles – passionate, precise, confident and agile-minded – and embraces a new multimedia space that creates a meeting place for people and the brand. Intangible products and services are translated into a physical experience. To transpose the logo into spatial structures, the creative agencies Art+Com and Coordination applied the anamorphosis concept.

Hierbei wurde das Logo der Deutschen Bank in abstrakte dreidimensionale Formen aufgelöst. Nur von bestimmten Punkten aus gesehen offenbaren sich diese raumstrukturierenden Formen als Logo der Deutschen Bank. Die raumgreifenden Anamorphosen bilden den Rahmen für drei große Medieninstallationen: eine autoaktive, eine reaktive und eine interaktive. Die Installationen formen Teile der Logoskulpturen und integrieren sich nahtlos in die Architektur. Analoge und virtuelle Gestaltungselemente verschmelzen im Raum zu einer selbstbewussten Botschaft zur Vision und den Zielen der Deutschbanker. Die unterschiedlichen Medienformate eröffnen verschiedene Perspektiven auf die Marke und erlauben es den Besuchern, sich (inter)aktiv mit den Inhalten auseinanderzusetzen.

Vom Foyer aus wird der Blick des Besuchers entlang des Treppenaufgangs auf den „Anamorphic Mirror" gelenkt. Dieser besteht aus einer facettierten Spiegelfläche mit einer blauen Licht-

This required dissolving the logo into abstract three-dimensional forms. Only when viewed from specific perspectives do the spatial forms reveal themselves as the Deutsche Bank logo. The expansive anamorphosis creates the basis for the three major media installations: one auto-active, one reactive and one interactive. These installations form part of the logo sculptures and blend in seamlessly with the fabric of the room. Analogue and virtual design elements merge to confidently deliver the visions and objectives of the bank. The various media formats enable different perspectives on the brand and allow people to (inter)actively explore the contents.

projektion. Geht der Besucher die Treppe hinauf, so sieht er blaue Strukturen, die sich bei weiterer Annäherung zum Unternehmenslogo formen. Der facettierte, quasi kristalline Spiegel reflektiert den Besucher und setzt ihn in den Mittelpunkt. Das Logo in der Welt – die Welt im Logo. Das „Kinetic Logo" ist eine räumliche Skulptur aus 48 Dreiecken, die sich mit höchster Präzision und scheinbar schwerelos im Raum bewegen. Daraus entstehen verschiedene Formen und Muster, die schließlich das Firmenlogo mit der Diagonale im Quadrat inszenieren. Die zwei Tonnen schwere Technik mit insgesamt 288 Steuerungsmotoren ist unsichtbar in die Decke integriert. Das „Center Board" macht die Geschichte und Gegenwart der Deutschen Bank durch innovative Technik anhand einer berührungssensitiven Oberfläche für die Besucher zugänglich.

When visitors glance along the staircase from the foyer, they are drawn to the "Anamorphic Mirror" which essentially is a faceted mirror surface with a blue light projection. Following the steps up, they see blue structures which form the bank's logo the nearer they approach. The faceted, crystal-like mirror reflects the visitors, placing them at the forefront. The logo is in the world – the world in the logo. The "Kinetic Logo" is a spatial sculpture made from 48 triangles which move with precision and are seemingly weightless in space. They create different shapes and patterns that eventually turn into the company's logo with the diagonal in the square. The technology needed to achieve this weighs two tons and consists of 288 individual control motors, all of which is concealed in the ceiling.

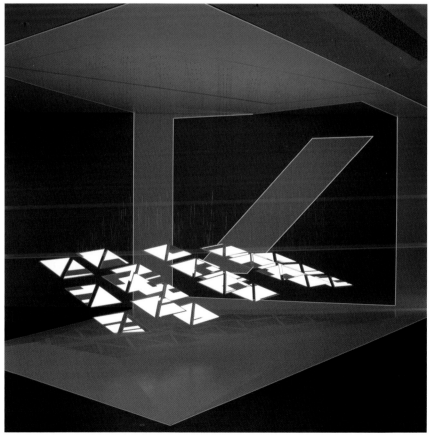

Betreten Besucher die Installation „Interactive Logo", werden sie mittels 3D-Kamera-Tracking erkannt und ihre Silhouette in der Projektion an der Stirnseite abgebildet. Abhängig von ihren Bewegungen lösen sie Informationen zum Unternehmen und dessen Haltung aus. Der „Anamorphic Mirror" wurde auf dem Cannes Lions International Festival of Creativity mit einem Goldenen Löwen ausgezeichnet, der Raum als Ganzes erhielt einen Silbernen Löwen.

The "Center Board" makes Deutsche Bank's past and present accessible with the help of an innovative touch-sensitive surface. When visitors enter the "Integrative Logo" installation, they are recognized by a 3D-camera-tracking system that projects their silhouette on the front side. Depending on their movements, they trigger information about the company and its principles. The "Anamorphic Mirror" was awarded the Golden Lion at the Cannes Lions International Festival of Creativity. The BrandSpace as a whole received the Silver Lion.

Adresse | Address
Deutsche Bank-Türme
Taunusanlage 12
D-60325 Frankfurt am Main
www.the-brandspace.com

Öffnungszeiten | Opening hours
Mo.–Fr. 9.00–19.00 Uhr
Mon.–Fri. 9.00 am–7.00 pm

INFORMATIONEN | INFORMATION

Projekt | Project	The BrandSpace
Schwerpunkt | Focus	Öffentliches Markenforum der Deutschen Bank in Frankfurt am Main Public brand forum of Deutsche Bank in Frankfurt am Main
Bauherr | Commissioned by	Deutsche Bank AG
Architektur | Architecture	Gemeinschaftsarbeit der Agenturen ART+COM und COORDINATION, Berlin Cooperation of the agencies ART+COM and COORDINATION, Berlin
Fläche | Exhibition space	260 m^2
Baujahr | Year of construction	2011

BRAUNSAMMLUNG

Durch das revolutionäre Design seiner Produkte und das ganzheitliche Erscheinungsbild hat das Unternehmen Braun den Begriff der Corporate Identity geprägt. In der Nähe des Firmensitzes in Kronberg im Taunus vermittelt die BraunSammlung einen Überblick über die Geschichte des Unternehmens, die maßgeblichen Gestalter und ihre Entwürfe, die ein Stück Designgeschichte geschrieben haben.

With the revolutionary design of its products and the company's holistic appearance, Braun shaped the term corporate identity. Near its headquarters in Kronberg im Taunus, the BraunSammlung gives an overview of the company's history, its important designs and the designers that made history in the design world.

Max Braun gründete 1921 in Frankfurt am Main eine Werkstatt für den Apparatebau, in der er Bauteile für die noch junge Rundfunkindustrie herstellte. Mit seiner Idee, einzelne Komponenten wie Empfänger und Lautsprecher in einem Gehäuse zusammenzufassen, stieg das Unternehmen zu einem der führenden deutschen Hersteller von Rundfunkgeräten auf. 1935 kam der erste netzunabhängige Kofferempfänger auf den Markt, der als Pionierleistung internationale Auszeichnungen erhielt. Etwa zur gleichen Zeit entstand der charakteristische Namenszug mit dem hochgezogenen „A". Nach dem plötzlichen Tod von Max Braun im Jahr 1951 übernahmen dessen Söhne Artur und Erwin Braun die Firma. Sie etablierten eine ganzheitliche Unternehmenskultur, die es bisher in vergleichbarer Form nur bei AEG oder Olivetti gegeben hatte. Um die Marktchancen zu erhöhen, betraute Erwin Braun den Bauhaus-Lehrer Wilhelm Wagenfeld und die Ulmer Hochschule für Gestaltung mit der Konzeption einiger Produkte. Unter der Führung von Fritz Eichler entstand die Abteilung für Formgestaltung, die später in Abteilung für Produktgestaltung umbenannt wurde. 1955 wurde auf der Düsseldorfer Funkausstellung eine komplett neue Produktlinie vorgestellt, die für große Aufmerksamkeit sorgte. Der von Otl Aicher gestaltete Messestand signalisierte durch sein funktionales Design schon von Weitem den Umbruch. Zur gleichen Zeit nahm der Architekt und Innenarchitekt Dieter Rams seine Arbeit bei Braun auf. In den folgenden Jahren wurden nicht nur die Produkte, sondern auch alle Kommunikationsmittel – vom Briefpapier über die Bedienungsanleitungen bis hin zur Werbung – neu gestaltet. Damit entstand für Braun erstmals ein ganzheitliches Erscheinungsbild – lange bevor der Begriff Corporate Identity geprägt wurde. Das bekannteste Beispiel für das bahnbrechende Produktdesign ist der „SK 4". Die von Dieter Rams und Hans Gugelot entworfene Radio-Phono-Kombination war eines der ersten funktional gestalteten Serienprodukte überhaupt. Die revolutionäre Plexiglasabdeckung, die sich später als Standard bei Plattenspielern durchsetzte, trug dem Gerät den Namen „Schneewittchensarg" ein.

Max Braun founded a workshop for the construction of apparatus in Frankfurt am Main in 1921 where he produced components for the radio industry that was in its infancy at that time. On the back of his idea to combine components like receiver and loudspeaker in a case, the company was to become one of the leading German manufacturers of radio devices. In 1935, the first battery-supplied portable receiver was launched on the market and received international awards as a pioneering achievement. At around the same time, the typical Braun signature with the raised "A" was born. After the sudden death of Max Braun in 1951, his sons Artur and Erwin Braun took over the firm. They established a holistic corporate culture which even to this day only existed in a comparable form at AEG or Olivetti. To increase market potential, Erwin Braun engaged Bauhaus teacher Wilhelm Wagenfeld and the Ulm College of Design to design a number of products. Headed up by Fritz Eichler, the department of design, later renamed department of product design, was created. In 1955, a completely new product line was presented at the Düsseldorf Radio Exhibition which caused quite a stir. Through its functional design, the trade fair stand designed by Otl Aicher already signalled a paradigm change from a distance. At the same time, the architect and interior designer Dieter Rams started work at Braun. In the years to come, not only the products but also all the means of communication – from stationery to instruction manuals and advertising – were redesigned. For the first time, Braun acquired a holistic appearance, long before the term corporate identity was coined. The best known example for the trail-blazing product design is the "SK 4". Designed by Dieter Rams and Hans Gugelot, the combined radio and phonograph was one of the first functionally designed series products.

Die Braun AG wurde 1967 vom amerikanischen Gillette-Konzern übernommen, unter dem die Sparte der Unterhaltungselektronik ausgegliedert wurde. 1991 kam zum Ende der Rundfunk-geräteproduktion die sogenannte „Last Edition" der Braun Atelier Modelle auf den Markt. 2005 übernahm der Konsumgüterkonzern Procter & Gamble die Braun AG. Im gleichen Jahr feierte das Unternehmen „50 Jahre Braun Design" mit Ausstellungen in Europa, den USA und Japan. Außerdem öffnete die erste BraunSammlung ihre Pforten, die auf 450 m² Ausstellungsfläche die Meilensteine des Unternehmens präsentierte. Im Oktober 2011 wurde die BraunSammlung zum 90-jährigen Bestehen des Unternehmens komplett überarbeitet und nach einer fünfmonatigen Umbauphase wieder eröffnet. Die Sammlung wird nun in Form einer Dauerausstellung mit inter-aktiven Elementen präsentiert. Rund 300 Exponate dokumentieren die Entwicklung des Braun Design von den ersten Anfängen bis heute.

The revolutionary plexiglas cover, which was later to become standard issue for record players, gave the device the nickname "Snow White's coffin".

In 1967, Braun AG was acquired by the American group Gillette, under whose management the entertainment electronics segment was spun off. In 1991, to mark the end of the radio production, the "Last Edition" of the Braun Atelier models was placed on the market. In 2005, the consumer goods group Procter & Gamble took over Braun AG. In the same year, the company celebrated "50 years of Braun Design" with exhibitions in Europe, the USA and Japan. The first BraunSammlung also opened its doors, presenting milestones of the company on an exhibition space of 450 m². In October 2011, the BraunSammlung was completely reworked on the occasion of the 90th anni-versary of the company and after a five-month reconstruction phase reopened. The collection is now presented in the form of a permanent exhibition with interactive elements. Around 300 exhi-bits document the development of the Braun Design from the early beginnings to this day.

In Schwerpunktthemen widmet sich die Ausstellung der Unternehmens- und Designgeschichte sowie den Ikonen des Braun Design und der Designsprache für die Zukunft. Neben den Exponaten vermitteln Filme und elektronische Displays vertiefende Informationen. Im internen Archiv der BraunSammlung sind darüber hinaus rund 5.600 weitere Produkte – davon etwa 2.800 Unikate – aus der Firmengeschichte erhalten, die als Leihgaben in Ausstellungen weltweit gezeigt werden. Verantwortlich für die inhaltliche und gestalterische Neukonzipierung der BraunSammlung ist die Braun GmbH in Zusammenarbeit mit dem engagierten Förderkreis BraunSammlung e. V. Die Gestaltung der Braun-Produkte ist bis heute gültig und nachhaltig. Beispielsweise inspirierten der 1976 auf den Markt gekommene Taschenrechner „ET 33" und das Design des Nachfolgegerätes „ET 44" das Unternehmen Apple bei der Gestaltung des heutigen iPhone.

Arranged by themes, the exhibition is dedicated to the history of the company and design as well as the icons of Braun design and design idiom for the future. Not only exhibits, but also films and electronic displays convey in-depth information. The internal archive of the BraunSammlung, contains a further 5,600 products – around 2,800 of which are one of a kind – from the company's history which are shown on loan in exhibitions around the world. The new concept for the design and content of the BraunSammlung is the responsibility of Braun GmbH in collaboration with the dedicated Förderkreis BraunSammlung e. V. The design of the Braun products is valid and sustainable until this day. For example, the "ET 33" pocket calculator that was launched in 1976 and the design of the successor device "ET 44" inspired Apple in their design of today's iPhone.

Adresse | Address
BraunSammlung
Westerbach Center
Westerbachstraße 23 c
D-61476 Kronberg
www.braun.com

Öffnungszeiten | Opening hours
Di.–So. 11.00–17.00 Uhr
Tues.–Sun. 11.00 am–5.00 pm

INFORMATIONEN | INFORMATION

**Projekt	Project**	BraunSammlung
**Schwerpunkt	Focus**	Am Firmensitz in Kronberg im Taunus unterhält die Firma Braun die BraunSammlung mit einer ständigen Ausstellung über die Entwicklung der Firma und des legendären Braun Design.
	At the headquarters of the company in Kronberg im Taunus, the company runs the BraunSammlung with a permanent exhibition about the development of the company and the legendary Braun design.
**Bauherr	Commissioned by**	Braun GmbH
**Ausstellungsgestaltung	Exhibition design**	Braun Design Team
**Fläche	Exhibition space**	450 m²
**Baujahr	Year of construction**	2005 / Umbau: 2012
	2005 / reconstructed: 2012

CHIRURGIEMUSEUM ASKLEPIOS

Im Chirurgiemuseum Asklepios präsentiert das Unternehmen Aesculap sowohl die Geschichte der Chirurgie und der damit verbundenen chirurgischen Instrumente als auch die Entwicklungen des eigenen Hauses.

In the Asclepius Surgery Museum, the company Aesculap presents both the history of medical technology as well as developments within the company.

Der Namenspatron des Museums ist Asklepios, der Gott der Heilkunst. Er wurde in der griechischen Mythologie stets als bärtiger alter Mann dargestellt, der sich auf einen Stab stützt. Dieser von einer Schlange umschlungene Asklepiosstab hat sich als allgemeines Symbol der Heilkunde etabliert. Schon 1889 trug das Unternehmen Jetter & Scheerer sein auf diesem Motiv basierendes Warenzeichen ein. Bis heute bildet der Schlangenstab mit Krone das charakteristische Markenzeichen des Unternehmens mit Stammsitz in Tuttlingen.

1867 eröffnete dort der Messerschmied Gottfried Jetter eine kleine Chirurgiemechaniker-Werkstatt. Seine beiden Schwager Wilhelm und Karl Christian Scheerer wurden 1887 zu gleichberechtigten Teilhabern ernannt. Mit der Umstellung auf die industrielle Serienfertigung von chirurgischen Instrumenten konnte das Unternehmen rasch wachsen und die Mitarbeiterzahl erhöhen. Als sich Gottfried Jetter 1890 aus gesundheitlichen Gründen von seinen Geschäften zurückziehen musste, waren bereits 440 Mitarbeiter im Werk beschäftigt. Das schnelle Wachstum der Firma mit der Eröffnung von Filialen in Metropolen wie New York, London, Paris und Konstantinopel sowie Pläne für eine neue Fabrik verlangten nach entsprechend hohen Investitionen, die 1895 zur Umwandlung in eine Aktiengesellschaft führten. Ein nachhaltig sichtbares Zeichen für diesen Erfolg ist die 1898 nach Plänen des renommierten Industriearchitekten Philipp Jakob Manz errichtete repräsentative Fabrikationsanlage am Bahnhof von Tuttlingen. Karl Christian Scheerer konnte das Unternehmen erfolgreich durch die Zeit des Ersten Weltkriegs und die anschließende Inflation steuern. Der kleine Tuttlinger Instrumentenhersteller stieg zum weltgrößten Produzenten chirurgischer Instrumente auf. In beiden Weltkriegen wurde Aesculap zum Zulieferer für die Luftfahrt- und die Waffenindustrie.

In der Nachkriegszeit führten die Besetzung des Werks und die Beschlagnahmung von Maschinen zu einer langen Stagnationsphase, die erst durch den Erwerb einer Mehrheitsbeteiligung der

The museum is named after Asclepius, the god of medicine and healing. In Greek mythology he was always represented as an old man with a beard leaning on a staff. This snake-entwined Asclepius staff remains a symbol of medicine today. The company Jetter & Scheerer already registered their trademark based on this motif in 1889. Until this day, the snake-entwined staff with crown is the characteristic trademark of the company headquartered in Tuttlingen.

The cutler Gottfried Jetter opened a small surgical instrument maker's workshop there in 1867. His two brothers-in-law Wilhelm and Karl Christian Scheerer were made equal partners in the business in 1887. With the transition to the industrial series production of surgical instruments, the company grew quickly and the number of employees increased. When Gottfried Jetter withdrew from the business due to ill health in 1890, the plant already had 440 employees. The rapid growth of the company with the opening of branches in cities such as New York, London, Paris and Constantinople required large investments, leading to the conversion of the company to a stock corporation in 1895. A permanent and visible sign of this success is the representative factory built at Tuttlingen station in 1898 according to the plans of the renowned industrial architect Phillip Jakob Manz. Karl Christian Scheerer successfully steered the company through the First World War and the period of inflation that followed. The small instrument manufacturer from Tuttlingen became the world's largest producer of surgical instruments. In both world wars, Aesculap became a supplier for the aviation and arms industry.

In the post-war period the occupation of the plant and the confiscation of machines led to a long period of stagnation which was not overcome until the acquisition of a majority shareholding

B. Braun Melsungen AG im Jahre 1976 nachhaltig überwunden werden konnte. 1977 trat Prof. Michael Ungethüm, der Förderer des Chirurgiemuseums Asklepios, in das Unternehmen ein, das er als Vorstandsvorsitzender von 1983 bis 2009 leitete. 1998 wurde die Aesculap AG & Co. KG als Sparte Aesculap schließlich ganz in das 1839 vom Apotheker Julius Wilhelm Braun gegründete Unternehmen, der heutigen B. Braun Melsungen AG, eingegliedert.

Das Zusammenwirken von architektonischer Qualität der Firmenbauten und der darin herge-stellten Produkte ist ein fester Bestandteil der Firmenphilosophie. Mit der Entscheidung zur Er-richtung des Aesculapiums, Sitz der Aesculap Akademie, und später zum Bau der neuen Implan-tate-Fertigung Benchmark Factory wurde der Standort Tuttlingen gestärkt. 2001 fand hier das Chirurgiemuseum Asklepios im ehemaligen Postgebäude des Unternehmens einen dauerhaften Standort.

by B. Braun Melsungen AG in 1976. Prof. Michael Ungethüm, promoter of the Surgery Museum Asclepius, joined the company in 1977 and headed up the company as CEO from 1983 to 2009. In 1998, Aesculap AG & Co. KG was finally incorporated as the Aesculap segment into the company founded by the pharmacist Julius Wilhelm Braun in 1839.

The correlation between the architectural quality of the company's buildings and the products manufactured in them is firmly entrenched in the company's philosophy. The decision to erect the Aesculapium, domicile of the Aesculap Academy, and later to build the new benchmark factory strengthens the Tuttlingen location. In 2001, the surgery museum found a permanent home in the former post building of the company. It is intended to document the development of medical tech-nology and of the company itself.

Es soll die Entwicklung der Medizintechnik und des eigenen Hauses dokumentieren. Gleichzeitig ist es eine Ergänzung der Aesculap Akademie, die sich dem Austausch zwischen medizinischer Forschung, ärztlicher Praxis und innovativer Medizintechnik widmet. Das 1905/06 erbaute Gebäude erinnert in seiner von der Gründerzeit zum Jugendstil übergehenden Architektur an die Pionierzeit des Unternehmens in der wilhelminischen Zeit.

Das Museum ist in drei Bereiche gegliedert: Im Erdgeschoss geht es um die allgemeine Geschichte der Chirurgie. Im ersten Obergeschoss wird eine umfangreiche Instrumentensammlung aus allen Epochen und Sparten der operativen Medizin gezeigt. Das zweite Obergeschoss präsentiert die Unternehmensgeschichte von der Gründung bis heute.

Am Anfang des Rundgangs im Erdgeschoss stehen Auszüge aus dem Aphorismenwerk des Hippokrates, dessen Erkenntnisse die Grundlage der ärztlichen Berufsethik bilden. Ein abstrahiertes Segelschiff steht metaphorisch für die Reisen des Wanderarztes Hippokrates und die Verbreitung seiner Lehre.

At the same time, it supplements the Aesculap Academy which is devoted to knowledge transfer between medical research, medical practice and innovative medical technology. Erected in 1905/06, the architecture of the building reflects the transition from the "Gründerzeit" era – the years of rapid industrial expansion in Germany after 1871 – to Jugendstil or art nouveau at the turn of the century and reminds one of the pioneering period of the company in the Wilhelminian era.

The museum is divided into three areas: the ground floor looks at the general history of surgery. The first floor houses an extensive collection of instruments from all epochs and sectors of medical technology. The second floor presents the company's history from its foundation until today.

Anschließend folgt im zentralen Ausstellungsraum der Schritt in die Moderne. Hier steht die Entwicklung der Medizin unter dem Einfluss der Anästhesie, der Asepsis und der Röntgentechnik zum Ende des 19. Jahrhunderts im Zentrum. Anhand von originalgetreuen Szenerien im Maßstab 1:1 werden Stationen in der Geschichte der modernen Chirurgie, die auch der Firma Aesculap zum Durchbruch verholfen haben, inszeniert. Beispielsweise wird die Bedeutung der Anästhesie und der keimfreien Aufbereitung des Instrumentariums anhand einer nachgestellten Operationssituation verständlich gemacht.

Im ersten Obergeschoss erwartet den Besucher eine umfangreiche Sammlung von Instrumenten aller chirurgischen Fachdisziplinen. Die teilweise bizarr geformten Gerätschaften werden in für diesen Zweck eigens entwickelten Wandvitrinen gezeigt. Im Raum Orthopädie/Traumatologie werden Implantate vor einem Skelettbild an der jeweils passenden Stelle des Körpers präsentiert. Ein sogenanntes Autorenkabinett gibt Auskunft über das Wirken der berühmten und bekannten Chirurgen, nach denen prägnante Instrumente benannt worden sind. Schriftliche Dokumente zur Unternehmensgeschichte, Musterbücher und Kataloge schließen den Rundgang ab. Der jüngste Teil der Ausstellung befindet sich im 2. Obergeschoss. Hier wird auf großformatigen Stellwänden und anhand einzelner Exponate die gesamte Werksgeschichte anschaulich vermittelt. So finden sich in Vitrinen auch verschiedene Gegenstände des alltäglichen Gebrauchs, die in der Nachkriegszeit produziert wurden, wie beispielsweise Milchkannen und Kochtöpfe sowie Spardosen, die in der wirtschaftlich prekären Zeit in großer Zahl nachgefragt wurden.

The museum tour begins on the ground floor with excerpts from the collection of aphorisms of Hippocrates whose thinking still forms the ethical basis of the medical profession. An abstract sailing boat stands metaphorically for the journeys of the itinerant doctor Hippocrates, but also symbolises the dissemination of his teaching.

The tour continues in the central exhibition room of the museum with a large step forward into modern times, where the focus is on the development of medicine at the end of the 19th century under the ground-breaking influence of asepsis, anaesthetics and radiography. Realistic scenes on a scale of 1:1 document stations in the history of modern surgery which also contributed to Aesculap's breakthrough. The significance of anaesthetics and sterile instrument preparation is explained in a realistically staged operation scenario.

On the first floor, the visitor finds an extensive collection of instruments used in individual surgical disciplines. The sometimes bizarrely shaped devices are presented in special showcases on the walls. In the orthopaedics/traumatology room, implants are likewise presented in front of a picture of a skeleton at the place they belong in the body. An authors' cabinet provides information about the work of well-known and famous surgeons who have lent their names to important surgical instruments. The tour of the museum is rounded off by written documents about the history of the company, sample books and catalogues. The newest section of the exhibition is located on the second floor. Here, the whole history of the plant is presented chronologically on large movable walls and with a number of exhibits. Showcases contain a number of everyday items that were produced in the post-war period such as milk churns and saucepans as well as savings boxes which in fragile economic times were in great demand.

Im Ausstellungsbereich „Die Väter des Erfolgs" wird das Lebenswerk der Gründerväter Gottfried Jetter (1838–1903) und Karl Christian Scheerer (1857–1938) vertieft. Der jüngeren Unternehmensgeschichte mit der Integration der Aesculap AG in den B. Braun Konzern widmet sich der Bereich „Zurück zum Erfolg".

Das Chirurgiemuseum Asklepios bildet zusammen mit dem Aesculapium, dem Sitz der Aesculap Akademie und der hochmodernen Implantate-Fabrik mehr als ein Dokumentationszentrum zur Firmenhistorie. Es ist Teil einer Unternehmensphilosophie, die mit dem B. Braun-Leitsatz „Sharing Expertise" auf dem Prinzip des Teilens von Wissen und Technologie basiert.

In the section "The founding fathers" the life's work of the founding fathers Gottfried Jetter (1838–1903) and Karl Christian Scheerer (1857–1938) is presented in more detail. The more recent history of the company including the integration of Aesculap AG into the B. Braun Group is dealt with in the final section entitled "Back to success".

The Asclepios Surgery Museum together with the Aesculapium, the domicile of the Aesculap Academy and the state-of-the-art implants factory is more than a documentation centre of corporate history. It is part of a corporate philosophy guided by the B. Braun principle "Sharing Expertise".

Adresse | Address
Chirurgiemuseum Asklepios
Am Aesculap-Platz
D-78532 Tuttlingen
www.chirurgiemuseum-asklepios.de

Öffnungszeiten | Opening hours
auf Anfrage
by arrangement

INFORMATIONEN | INFORMATION

Projekt | Project	Chirurgiemuseum Asklepios
Schwerpunkt | Focus	Sinnlich erfahrbare Geschichte der Chirurgie und Unternehmenshistorie History of surgery and of the company experienced with all the senses
Bauherr | Commissioned by	Aesculap AG
Austellungsgestaltung | Exhibition design	Woodtli Design + Communication AG, Zürich
Fläche | Exhibition space	540 m²
Baujahr | Year of construction	Ehemaliges Postgebäude: 1905/06 Eröffnung: 2001 / Erweiterung: 2010 Former post building: 1905/06 Opening: 2001 / Expansion: 2010

DORNIER MUSEUM

Das Dornier Museum präsentiert die Geschichte der Flugpionier-Familie Dornier und der 1922 ge-
gründeten Dornier-Werke. In einem Hangar, unmittelbar am Flugfeld des Flughafens Friedrichshafen
gelegen, zeigt es die Technologie des Flugzeugbaus und stellt Bezüge zur Zeitgeschichte her.

The Dornier Museum presents the history of the aviation pioneering family Dornier and the Dornier
factory founded in 1922. In a hangar, located directly at the airfield of Friedrichshafen airport, it shows
the technology of aircraft construction with reference to the historical context.

Der Unternehmensgründer Claude Dornier trat 1910 in die Dienste des Grafen von Zeppelin ein, der in Friedrichshafen am Bodensee Luftschiffe produzierte. Dort leitete er zunächst eine eigene Abteilung für technische Konstruktionen, aus der später die Dornier-Metallbauten GmbH hervorging. Im Verlauf des Ersten Weltkriegs wurden hier die ersten Flugzeuge aus Metall, anstatt wie bis dahin üblich aus Holz, hergestellt. Legendär wurden die Dornier-Flugboote, auch „Wale" genannt, die aufgrund ihrer Seetüchtigkeit zahlreiche neue Strecken für den Luftverkehr erschließen konnten. So erkundete der Polarforscher Roald Amundsen 1925 mit einem „Wal" die Arktis. Für großes Aufsehen sorgte Claude Dorniers spektakuläre Expedition von 1929, als er mit der komfortabel ausgestatteten Do X nach Afrika, Nord- und Südamerika reiste. Die eigentliche Geburtsstunde der Firma Dornier schlug 1932, als Claude Dornier die Dornier-Metallbauten GmbH aus dem Zeppelin-Konzern herauskaufte. Nach dem Zweiten Weltkrieg wurden bei der Lindauer Dornier Gesellschaft Webstühle und Textilmaschinen entwickelt. Später konnte Dornier mit der Entwicklung von Kurzstartflugzeugen und visionären Senkrechtstartern wieder an das frühere Kerngeschäft anknüpfen. In den 1960er Jahren gelang Dornier der Einstieg in die Raumfahrt und mit dem Beginn des Nationalen Raumfahrtprogramms der Bundesrepublik Deutschland kam die Entwicklung von Satelliten und Raumsonden als weiteres Segment in das Unternehmensprofil. In den 1980er Jahren wurde die Luftfahrtsparte Dornier Luftfahrt GmbH unter der Führung der Daimler-Benz AG in die DASA, Deutsche Aerospace AG, eingegliedert. 1996 folgte die Übernahme durch die amerikanische Fairchild Aviation, deren Ende im Jahre 2002 auch den Schlussstrich für die Dornier Luftfahrtsparte bedeutete.

The company founder Claude Dornier started work in 1910 for Graf von Zeppelin who produced airships in Friedrichshafen on Lake Constance. There he initially led his own department for technical engineering which was later to become Dornier-Metallbauten GmbH. During the First World War, it was here that the first aeroplanes were made of metal instead of wood which had been the usual material until then. The Dornier seaplanes, also referred to as "Whales", which thanks to their seaworthiness opened up new routes for air traffic, were to become legendary. The polar explorer Roald Amundsen flew to the Arctic in a "Whale" in 1925. Claude Dornier's own spectacular expedition in 1929 caused quite a stir as he travelled to Africa, North and South America in a comfortably equipped Do X. The company Dornier was actually founded in 1932 when Claude Dornier carved Dornier-Metallbauten GmbH out of the Zeppelin group. After the Second World War, the Lindau-based Dornier company first developed looms and textile machines. Later, Dornier returned to the earlier core business with the development of short take off and landing aircraft and visionary vertical take off and landing aircraft. In the 1960s, Dornier successfully entered the aerospace sector and with the start of the national aerospace programme of the Federal Republic of Germany, the development of satellites and space probes was added to the company profile. In the 1980s, the aerospace sector Dornier Luftfahrt GmbH was integrated under the leadership of Daimler-Benz AG into DASA, Deutsche Aerospace AG. In 1996, it was taken over by the American Fairchild Aviation, the end of which in 2002 also brought the Dornier aerospace sector to an end.

Zur Erhaltung des technischen und historischen Erbes des Unternehmens wurde von Silvius Dornier, dem dritten Sohn von Claude Dornier, das Dornier Museum initiiert. Träger ist die Dornier-Stiftung für Luft- und Raumfahrt, an der auch die Daimler AG beteiligt ist. Um die Exponate für das Museum zu beschaffen, wurde weltweit nach erhaltenen Originalflugzeugen und Dokumenten sowie Geschichten und Anekdoten gesucht. Bei der Recherche griffen die Museumsmacher auf ehemalige Mitarbeiter der Dornier Werke zurück, die als Experten und Zeitzeugen für eine authentische Aufbereitung der Ausstellung sorgten. Viele der Exponate, die in aller Welt verstreut waren, mussten auf dem Luftweg oder per Schwertransport an den Bodensee transportiert werden. 2006 wurde ein Architektenwettbewerb ausgelobt, den Allmann Sattler Wappner Architekten und Atelier Brückner für sich entscheiden konnten.

Das Dornier Museum befindet sich direkt an einer Abzweigung vom Rollfeld des Regionalflughafens Friedrichshafen am Bodensee. Hier können die historischen Flugzeuge starten und landen und finden auf rund 2.500 m² Platz im Museumshangar. Es war die Intention, nicht ein Museum mit Hangar, sondern einen Hangar als Museum zu schaffen. Die Zusammenhänge von den Anfängen der Luftfahrtgeschichte zum heutigen Flugverkehr werden so für die Besucher hautnah erlebbar. Der Grundriss leitet sich aus der Kurve der Abbiegespur von der Start- und Landebahn ab, deren Scheitelpunkt durch ein Rechteck überlagert wird. Das Dach kragt an den Längsseiten weit über die geschwungenen Außenwände aus transluzenten Polycarbonatplatten. Das Innere ist durch die gekrümmten Flächen schemenhaft zu erkennen und mit einsetzender Dämmerung setzt die farbige Illuminierung des Künstlers James Turrell Akzente. Die Schiebefalttore an den Stirnseiten des Hangars lassen sich öffnen und dienen dem Einbringen der Exponate.

To preserve the technical and historical heritage of the company, Silvius Dornier, the third son of Claude Dornier, initiated the Dornier Museum. It is financed by the Dornier-Stiftung für Luft- und Raumfahrt, in which Daimler AG holds an interest. To obtain exhibits for the museum, a worldwide search was undertaken for original aircraft and documents as well as stories and anecdotes. In their research the museum creators consulted former employees of the Dornier factory who as experts and eye witnesses ensured the authentic preparation of the exhibition. Many of the exhibits which were spread around the world had to be transported by air or heavy goods transport to Lake Constance. In 2006, an architect competition was launched which was won by Allmann Sattler Wappner Architekten and Atelier Brückner.

The Dornier Museum is located on a side road off the landing field of the Friedrichshafen regional airport near Lake Constance. The historical aircraft can take off and land here and have around 2,500 m² of space in the museum hangar. The idea was to have a hangar as museum rather than a museum with hangar. In this way, visitors can experience the development from the early beginnings of aviation history through to today's air traffic at first hand. The ground plan is derived from the curve of the turn-off lane from the runway, whose apex is covered by a rectangle. The roof significantly overhangs the long sides over the curved exterior walls of translucent polycarbonate sheets. The interior can be vaguely recognised through the curved surfaces and at dusk the coloured illumination of the artist James Turrell comes into its own. The folding sliding gates at each end of the hangar can be opened and are used to bring in the exhibits.

Die Dauerausstellung des Dornier Museums ist in drei Bereiche gegliedert: den Hangar mit den Flugzeugen, die Museumsbox und die Galerie. Neben zwölf originalen Dornier-Flugzeugen und dem originalgetreuen Replikat von Amundsens Flugboot Dornier Wal N 25 gibt es auf dem Rundgang ca. 400 weitere Exponate zu entdecken. Die Besucher betreten zunächst das Foyer des Museums und erhalten von hier aus Zugang zur Museumsbox, einem Ausstellungskubus, der scheinbar frei schwebend in den Hangar installiert wurde. Darunter befinden sich Rezeption, Cafeteria und Museumsshop.

The permanent exhibition of the Dornier Museum is divided into three areas: the hangar with the aircraft, the museum box and the gallery. In addition to twelve original Dornier aeroplanes and the accurate replica of Amundsen's seaplane Dornier Wal N 25, there are around 400 other exhibits waiting to be discovered on the tour round the museum. Visitors enter via the foyer of the museum from where they access the museum box, an exhibition cube which seems to be suspended in mid-air in the hangar. Below this are the reception, cafeteria and museum shop.

Als Raumtrennung innerhalb der Ausstellungsbox dienen großformatige Rahmenelemente, deren Hintergrund per Knopfdruck zur Leinwand wird. Exponate, wie beispielsweise originale Modellflugzeuge, werden davor in ihrem historischen Umfeld und zeitgeschichtlichen Kontext präsentiert. Im Anschluss daran führt der Weg auf die Galerie, wo der Schwerpunkt der Präsentation auf dem technologischen Hintergrund der Produkte Dorniers liegt. Von der Galerie aus bietet sich ein Überblick über die Flugzeuge, die wie Skulpturen in der offenen Halle stehen. Über eine Treppe oder den Aufzug gelangen die Besucher anschließend auf die Hallenebene und können dort zwischen den beeindruckend großen Flugobjekten wandeln. Über die Dauerausstellung hinaus bietet das Museum ca. 450 m² für Sonderausstellungen zur Präsentation von innovativen Ideen, die für außergewöhnliches Unternehmertum und den im Museum spürbaren Pioniergeist stehen.

Within the exhibition box, large-scale frame elements serve as partitions, the background of which can be changed into a screen at the press of a button. Exhibits, such as original model aircraft, are presented in front of this in their historical environment and in the context of their times. Visitors then continue their way to the gallery where the focus is on the technological background of Dornier's products. From the gallery, there is an overview of the aeroplanes which stand like sculptures in the open hall. The visitors can reach the hall level by stairs or lift where they can wander between the impressive large flying objects. In addition to the permanent exhibition, the museum has around 450 m² reserved for special exhibitions to present innovative ideas which stand for extraordinary entrepreneurship and the pioneering spirit that can be sensed throughout the museum.

Adresse | Address
Dornier Museum
Claude-Dornier-Platz 1
D-88046 Friedrichshafen
www.dorniermuseum.de

Öffnungszeiten | Opening hours
Mo.–So. 10.00–18.00 Uhr, 1. Mai–30. Okt.
Di.–So. 10.00–17.00 Uhr, 1. Nov.–30. Apr.
Mon.–Sun. 10.00 am–6.00 pm, 1st May–30th Oct.
Tues.–Sun. 10.00 am–5.00 pm, 1st Nov.–30th Apr.

INFORMATIONEN | INFORMATION

Projekt | Project	Dornier Museum Friedrichshafen
Schwerpunkt | Focus	Das Dornier Museum präsentiert die Pionierleistung des Flugzeugkonstrukteurs Claude Dornier und widmet sich 100 Jahren Luft- und Raumfahrtgeschichte im zeitgeschichtlichen Kontext. The Dornier Museum presents the pioneering achievements of aeroplane designer Claude Dornier and is dedicated to 100 years of aerospace history in an historical context.
Bauherr | Commissioned by	Dornier Stiftung für Luft- und Raumfahrt
Architektur | Architecture	Allmann Sattler Wappner Architekten GmbH
Ausstellungsgestaltung | Exhibition design	ATELIER BRÜCKNER GmbH, Stuttgart
Medienplanung | Media planning	ATELIER BRÜCKNER GmbH mit jangled nerves, Stuttgart ATELIER BRÜCKNER GmbH with jangled nerves, Stuttgart
Fläche | Exhibition space	5.600 m²
Baujahr | Year of construction	2008–2009
Lichtplanung | Light planning	ATELIER BRÜCKNER GmbH mit LDE Belzner Holmes, Heidelberg ATELIER BRÜCKNER GmbH with LDE Belzner Holmes, Heidelberg
Lichtkunst | Light art	James Turrell, Flagstaff/Arizona (USA)
Tragwerksplanung | Planning of structural framework	Werner Sobek Ingenieure, Stuttgart
Projektsteuerung | Project management	wpm Projektmanagement GmbH, Stuttgart

DR. OETKER WELT

Das Familienunternehmen, seine Entstehung, die Produktion und Produkte sowie die Marke und Werbung werden dem Besucher in der Dr. Oetker Welt auf informative und unterhaltsame Art präsentiert.

The family-run business, its history, the production and products as well as the brand and advertising are presented to visitors to Dr. Oetker Welt in an informative and entertaining way.

Die Dr. Oetker Welt befindet sich in einem historischen Produktionsgebäude, das in den Jahren 1913 bis 1914 erbaut wurde. Im sogenannten „Puddingpulverbau" am Bielefelder Firmensitz des Herstellers von Nahrungsmitteln wurde noch bis 2001 produziert. Ausgangspunkt des weltweiten Erfolges war die Entwicklung des Backpulvers „Backin" durch Dr. August Oetker im Jahre 1891. Es wurde von dem jungen Apotheker in einem sehr genauen Mischungsverhältnis auf exakt ein Pfund Mehl abgestimmt und in kleinen Papiertüten verpackt. Die gebrauchsfertigen Backpulvertütchen wurden mit seinem Namen versehen und damit zu einem der ersten Markenartikel überhaupt. Das Firmenzeichen mit dem weißen „Hellkopf", der später alle Verpackungen zusätzlich markierte, wurde bereits um die Jahrhundertwende als Warenzeichen eingetragen. Auch in der Werbung beschritt Dr. August Oetker neue Wege, beispielsweise mit Rezepten auf den Verpackungen seiner Produkte und in Zeitungen. Die visionären Werbestrategien trugen zum nachhaltigen Erfolg des Unternehmens bei.

Um die steigende Nachfrage befriedigen zu können, wurden die industrielle Fertigung am Standort ausgebaut und weitere Produkte in das Sortiment aufgenommen. Später folgte dann die Expansion von Produktion und Vertrieb im Ausland. Nach dem Zweiten Weltkrieg übernahm Rudolf-August Oetker, der Enkel des Firmengründers, die Führung des Unternehmens. Mit der Verbreitung des Fernsehens machten „Frau Renate" und später Marie-Luise Haase als Versuchsküchenleiterinnen die Produkte in den bundesdeutschen Haushalten bekannt. Dr. h.c. August Oetker, Urenkel des Firmengründers, übernahm 1981 die Unternehmensführung und trieb die Internationalisierung des Nahrungsmittelgeschäftes voran.

Das Familienunternehmen hat sich seither von der Back- und Puddingpulverfabrik zu einem global agierenden Konzern entwickelt. 2010 übernahm Richard Oetker die Geschäftsführung des Unternehmens, das heute in rund 40 Ländern vertreten ist.

Dr. Oetker Welt is located in an historical production building that was built in the years 1913 to 1914. The "Puddingpulverbau" (dessert powder building) at the Bielefeld headquarters of the food manufacturer was still in operation until 2001. The starting point of the worldwide success story was development of the baking powder "Backin" by Dr. August Oetker in 1891. The young chemist made the mixture for exactly one pound of flour and packed it in small paper bags. The ready-to-use packets of baking powder were labelled with his name, thus becoming one of the very first brand products. The company logo, the white "bright head" silhouette, which was later added to the packaging, was already registered as a trademark around the turn of the century. Dr. August Oetker also explored new advertising means, for example recipes on the packaging of his products and in newspapers. The visionary advertising strategies contributed to the long-lasting success of the company.

To be able to satisfy the growing demand, industrial production was commenced at the location and new products added to the range. Later, production and sales were expanded abroad. After the Second World War, Rudolf-August Oetker, the grandson of the founder of the company, took over management of the company. As television spread, "Frau Renate" and later Marie-Luise Haase, head of the test kitchen, made the products well known in west German households. Dr. h.c. August Oetker, great grandson of the founder, took over management from his father in 1981 and drove forward the international expansion of the food business.

Seit 2005 beherbergt die ehemalige Puddingpulverfabrik im Herzen von Bielefeld die Dr. Oetker Welt. Die originale Bausubstanz des markanten Ziegelgebäudes auf dem eigenen Firmenareal wurde weitgehend erhalten. Zwischen die Seitenflügel des U-förmigen Altbaus wurde eine moderne Halle eingefügt, deren Glasfront sich großzügig zur Innenstadt öffnet. Die transparente Erweiterung dient zur Erschließung der verschiedenen Ausstellungsebenen und macht die Vorgänge im Innern für Passanten sichtbar. Ein deutliches Zeichen ist beispielsweise das Exponat eines überdimensionalen Puddings, der schon von Weitem auf die Nahrungsmittelproduktion hinweist. Auf insgesamt vier Ebenen wird das Familienunternehmen mit seiner Historie, der Produktion und Produkten aus den vergangenen Jahrzehnten inszeniert. Auch die Entwicklung der Marke und die innovativen Werbestrategien werden dem Publikum präsentiert.

Since then, the family-run business has developed from a baking powder and crème dessert mixture factory to a globally operating group. At the beginning of 2010 Richard Oetker took over management of the company which meanwhile is represented in around 40 countries.

The former crème dessert powder factory located in the centre of Bielefeld has housed Dr. Oetker Welt since 2005. The original substance of the striking brick building on the company's premises was largely preserved. A modern hall was inserted between the side wings of the U-shaped old building, its generous glass front opens to the town centre. The transparent annex provides access to the various exhibition levels and makes goings-on inside visible to passersby. Visible from quite a distance, the oversized dessert, for example, is a clear reference to food production. The family-run business is on display on a total of four levels, with information about its history, production and products of the decades gone by. Brand development and innovative advertising strategies are also presented to the public.

In der Markenausstellung im Erdgeschoss bewegen sich die Besucher zwischen überdimensiona-len Verpackungen, werden mit Produktionsprozessen vertraut gemacht und mit allen Sinnen in-volviert. Im 1. OG befindet sich die traditionsreiche Versuchsküche. Im darüberliegenden Ge-schoss schließen sich das Mitarbeiterrestaurant sowie die Konferenzräume an. Der geschichtliche Hintergrund des Unternehmens wird anhand von „Schätzen aus dem Firmenarchiv", wie bei-spielsweise Oldtimern aus dem Fuhrpark, Verpackungen oder Reklametafeln im 3. Stockwerk präsentiert. Den Hintergrund bilden Fotowände mit historischen Ladenfronten. Während des geführten Rundgangs erhalten die Besucher neben einem Einblick in die Fertigung auch eine Kostprobe aus dem sogenannten „Puddingwunder".

In the brand exhibition on the ground floor, the visitors move in and out of outsized packaging, make acquaintance with the production processes and are involved with all their senses. The tradi-tional test kitchen is located on the first floor. On the floor above the staff canteen and conference rooms can be found. The historical background of the company is presented using "treasures from the company archive" such as vintage cars from the vehicle fleet, packaging or advertising boards on the third floor. Photo walls with historical shop fronts form the backdrop. During a guided tour visitors obtain an insight into the production and a taste of the so-called "dessert wonder".

Zur Vertiefung werden in der Versuchsküche Back- und Koch-Seminare sowie Vorführungen angeboten. Hier kann der Besucher weitere Informationen und Anregungen zu Produkten, Rezepten und zur Verarbeitung erhalten. Schulklassen erwartet ein auf die jeweilige Altersstufe abgestimmtes und unter pädagogischen Gesichtspunkten erstelltes Besuchsprogramm. Abschließend kann eine Auswahl von Produkten des Hauses im Shop gekauft oder gleich im Bistro verzehrt werden.

Deeper insight can be gained in the test kitchen, in courses and demonstrations. Visitors can obtain information and suggestions about products, recipes and processing. School classes await programmes that have been specially designed from an educational perspective for different age groups. At the end of the tour, a selection of the company's products can be purchased in the shop or eaten straight away in the café.

5 m

Adresse | Address
Dr. Oetker Welt
Lutterstraße 14
D-33617 Bielefeld
www.oetkerwelt.de

Öffnungszeiten | Opening hours
Mo.–Sa. 8.00–20.00 Uhr
Führungen auf Anfrage
Mon.–Sat. 8.00 am–8.00 pm
Guided tours by arrangement

INFORMATIONEN | INFORMATION

Projekt | Project	Dr. Oetker Welt
Schwerpunkt | Focus	Ausstellung, mit der die Marke Dr. Oetker sowie Historie und Produkte für den Besucher im Raum erlebbar werden Exhibition in which visitors can experience the Dr. Oetker brand and the company's history and products
Bauherr | Commissioned by	Dr. August Oetker Nahrungsmittel KG
Architektur | Architecture	Ackermann+Raff, Tübingen
Ausstellungsgestaltung | Exhibition design	TRIAD Berlin Projektgesellschaft mbH, Berlin
Fläche | Exhibition space	Markenausstellung ca. 1.500 m², Ausstellung „Schätze aus dem Firmenarchiv" ca. 320 m² Brand exhibition approx. 1,500 m², Exhibition "Treasures from the company archive" approx. 320 m²
Baujahr | Year of construction	Produktionsgebäude: 1913/14, Planungs- und Umbauzeit: 8/2003–3/2005 Production building: 1913/14, planning and renovation period: 8/2003–3/2005

INTERVIEW RICHARD OETKER

WAS WAREN DIE BEWEGGRÜNDE FÜR DIE EINRICHTUNG DER DR. OETKER WELT?

Wir wollten eine Erlebniswelt rund um unser Unternehmen und unsere Marke schaffen, in der die Besucher mit allen Sinnen entdecken, erleben und genießen. Die Dr. Oetker Welt steht für Kommunikation: Sie ist nicht nur Raum für die Markenausstellung, sondern auch Arbeitsbühne, so z. B. für die Dr. Oetker Versuchsküche. Durch eine große Glasfront erhalten die Besucher einen Einblick in die vielseitigen Aufgaben der Mitarbeiter der Dr. Oetker Versuchsküche und in das Mitarbeiterrestaurant.

GAB ES SCHON VORHER EINE DOKUMENTATION DER UNTERNEHMENSGESCHICHTE?

Seit Bestehen des Unternehmens archivieren wir wichtige Dokumente und Zeitzeugnisse in unserem Unternehmensarchiv. Mit der Dr. Oetker Welt richten wir uns gezielt an die Öffentlichkeit.

WIE WICHTIG IST FÜR SIE DER ASPEKT DER TRADITIONSPFLEGE IM FAMILIENUNTERNEHMEN?

Für uns ist die Verbindung zwischen Tradition und Innovation entscheidend. Dies spiegelt sich vor allem in der Architektur der Dr. Oetker Welt wider. Das alte Produktionsgebäude wurde im Zuge der Entstehung der Dr. Oetker Welt mit neuen Akzenten und einem hochmodernen Interieur versehen.

WHAT WAS THE MOTIVATION BEHIND THE DECISION TO SET UP DR. OETKER WELT?

We wanted to create a themed environment relating to our company and our brand in which visitors can use all their senses to explore, experience and enjoy. Dr. Oetker Welt stands for communication: it is not only the home of a brand exhibition, it is also a working platform, for instance for the Dr. Oetker test kitchen. Through the large glass front, the visitors have an insight into the many tasks of the employees of the Dr. Oetker test kitchen and the staff canteen.

WAS THE HISTORY OF THE COMPANY ALREADY DOCUMENTED BEFORE THAT?

Since the foundation of the company, we have kept important documents and records in our company archives. Dr. Oetker Welt addresses the general public directly.

HOW IMPORTANT IS IT FOR YOU TO CULTIVATE TRADITIONS IN A FAMILY-RUN BUSINESS?

For us, the connection between tradition and innovation is decisive. This is reflected above all in the architecture of Dr. Oetker Welt. On the way to creating Dr. Oetker Welt the old production building was given new highlights and an ultramodern interior.

WIE HABEN SIE DIE RICHTIGEN ARCHITEKTEN UND AUSSTELLUNGSGESTALTER GEFUNDEN?

In einem Auswahlverfahren konnte der Tübinger Architekt Prof. Gerd Ackermann mit seinem architektonischen Konzept für die Dr. Oetker Welt überzeugen. Die Triad Projektgesellschaft, Berlin, wurde mit der Gestaltung der Markenausstellung beauftragt, die auf 1.500 m² Markenthemen multimedial präsentiert.

WAS WAREN FÜR SIE DIE INTERESSANTESTEN IDEEN DER PLANER?

Die Grundidee der Planer war, eine Verbindung zwischen Tradition und Erneuerung, Vergangenheit und Zukunft herzustellen. Die Dr. Oetker Welt ist im ehemaligen Produktionsgebäude, dem sogenannten Puddingpulverbau, untergebracht, in dem bis Ende 2001 produziert wurde. Die Dr. Oetker Welt leugnet diese Herkunft nicht, sondern hebt sie bewusst hervor, indem sie alle modernen Funktions- und Ausstellungsbereiche sensibel in die vorhandene Struktur integriert. Und sie legt ihre Struktur für alle sichtbar offen, indem die große Glasfront sowohl Einblicke von außen in die Welt von Dr. Oetker gewährt als auch von innen Ausblicke zum Bielefelder Stadtzentrum.

ERFÜLLEN DIE HEUTIGEN BESUCHERZAHLEN IHRE ERWARTUNGEN?

Ja, die Dr. Oetker Welt ist seit ihrer Eröffnung im Jahr 2005 ein Publikumsmagnet. Allein 2012 kamen über 50.000 Gäste aller Altersgruppen zu Besuch – Tendenz steigend.

HOW DID YOU FIND THE RIGHT ARCHITECTS AND EXHIBITION DESIGNERS?

In a selection process, the Tübingen-based architect Prof. Gerd Ackermann impressed us with his architectural concept for Dr. Oetker Welt. Triad Projektgesellschaft, Berlin, was commissioned with the design of the exhibition which offers a multimedia presentation of brand topics on a space of 1,500 m².

WHICH IDEAS OF THE PLANNERS DID YOU FIND MOST INTERESTING?

The basic idea of the planners was to establish a link between tradition and renewal, past and future. Dr. Oetker Welt is housed in the former production building that used to be the crème dessert powder factory which was still in operation until the end of 2001. By integrating all the modern functional and exhibition areas sensitively into the existing structure Dr. Oetker Welt does not try to conceal where it comes from, on the contrary it consciously emphasises it. And the glass front ensures transparency, allowing insights from the outside into the world of Dr. Oetker and a view of Bielefeld's city centre from the inside.

DO TODAY'S VISITORS FIGURES MEET EXPECTATIONS?

Yes, since its opening in 2005 Dr. Oetker Welt has been a veritable crowd puller. In 2012 alone, 50,000 guests of all age groups came to visit us – and counting!

WIE VIELE PERSONEN SIND IN DER DR. OETKER WELT BESCHÄFTIGT UND MIT WELCHER AUSBILDUNG?

Das Team der Dr. Oetker Welt besteht aus den Bereichen Management, Gästeführer und Empfangsmitarbeiterinnen. Insgesamt gehören 20 Personen zum Team der Dr. Oetker Welt, 18 Personen sind fest angestellt (sechs Vollzeit-, zwölf Teilzeitmitarbeiter und -mitarbeiterinnen). Dazu kommen zwei Honorarkräfte.

GIBT ES NEUE INHALTE, DIE SIE GERNE IN ZUKUNFT THEMATISIEREN MÖCHTEN?

Gefragt ist die Dr. Oetker Welt aufgrund ihrer vielfältigen Programme bei Jung und Alt. Gerade die Schulklassen- und Familienprogramme werden hervorragend angenommen, sind nach dem jeweiligen Buchungsstart schnell ausgebucht. Auf weiterhin positive Resonanz stoßen auch die Standardrundgänge, die nicht nur in deutscher und englischer, sondern bei Bedarf auch in französischer, spanischer und italienischer Sprache angeboten werden.

Um den Ansprüchen der internationalen Gäste besser gerecht zu werden, sind seit November 2011 fast alle Audiobeiträge auch in englischer Sprache zu hören.

Wir haben das Ziel, dass die Dr. Oetker Welt auch in Zukunft den Wünschen und Bedürfnissen der Besucher gerecht wird. So wird die Markenausstellung immer wieder aktualisiert werden. Dabei nutzen wir auch neue Inszenierungsmedien, um zeitgemäß zu bleiben und der steigenden Erwartungshaltung unserer Gäste zu entsprechen.

HOW MANY PEOPLE WORK AT DR. OETKER WELT AND WHAT QUALIFICATIONS DO THEY HAVE?

The Dr. Oetker Welt team consists of management, guides and receptionists. The Dr. Oetker Welt team consists of 20 people, 18 of them are in permanent positions (six full-time and twelve part-time employees). Then there are two freelancers.

ARE THERE NEW SUBJECTS WHICH YOU WOULD LIKE TO FOCUS ON IN FUTURE?

Due to its varied programmes, Dr. Oetker Welt is enjoyed by young and old alike. The programmes for school classes and families are proving to be particularly popular and are booked up very quickly each year. The standard guided tours are also responded to very positively and are offered not only in German and English, but if called for also in French, Spanish and Italian.

To cater better to the needs of our international guests, since November 2011 almost all the audio messages can also be heard in English.

Our aim in future is to continue to accommodate the wishes and needs of our visitors at Dr. Oetker Welt. That is why the brand exhibition is constantly updated. We also make use of state-of-the-art presentation media to keep up to date and to meet the growing expectations of our guests.

RICHARD OETKER

Richard Oetker ist seit 1980 in verschiedenen Bereichen der Dr. August Oetker Nahrungsmittel KG tätig. Dabei trieb er u. a. die Expansion in Osteuropa voran. Als Geschäftsführer der Dr. August Oetker Nahrungsmittel KG übernahm Richard Oetker 1996 die Aufgabenbereiche Organisation und Personal und zeichnete für die Geschäfte in Österreich, Italien und der Schweiz verantwortlich. Seit dem 1. Januar 2010 ist Richard Oetker persönlich haftender Gesellschafter der Dr. August Oetker KG sowie Vorsitzender der Geschäftsführung der Dr. Oetker GmbH.

Richard Oetker has worked in various functions at Dr. August Oetker Nahrungsmittel KG since 1980. The expansion in eastern Europe was one of these. As general manager of Dr. August Oetker Nahrungsmittel KG Richard Oetker assumed responsibility for organisational matters and HR in 1996 and also for business in Austria, Italy and Switzerland. Since 1 January 2010 Richard Oetker has been personally liable partner of Dr. August Oetker KG and chairman of the management of Dr. Oetker GmbH.

ERWIN HYMER MUSEUM

Die Kulturgeschichte und Technik des mobilen Reisens stehen im Vordergrund der Ausstellung des Erwin Hymer Museums in Bad Waldsee. Nicht Firmengeschichten, sondern die Faszination des mobilen Lebens und die damit verbundene Sehnsucht nach fernen Orten werden dargestellt. Die Reisenden selbst stehen im Mittelpunkt.

The cultural history and technology of mobile travel are at the forefront of the exhibition in the Erwin Hymer Museum in Bad Waldsee. The focus is not on the corporate history, but rather the fascination of mobile life and the longing for far-off places associated with it. The travellers themselves are the centre of attention.

Erwin Hymer begann Ende der 1950er Jahre gemeinsam mit Erich Bachem die ersten Wohnanhänger unter dem Markennamen Eriba herzustellen. 1961 entwarf er das erste Reisemobil und Mitte der 1970er Jahre nahm er die Serienfertigung auf. Das Unternehmen steht damit exemplarisch für das Wirtschaftswunder in Deutschland und die damit aufkommende Reiselust der Menschen. Der Gründer der heutigen Hymer AG hat im Laufe der Zeit eine umfangreiche Sammlung von Reisemobilen, Wohnwagen und Anhängern verschiedenster Hersteller und dazu passende Oldtimer als Zugfahrzeuge zusammengetragen. Das älteste Sammlungsstück ist ein historischer Schäferkarren aus dem Jahre 1850, das jüngste eine aktuelle Reisemobilstudie. Neben vielen serienmäßig hergestellten Fahrzeugen enthält die Sammlung auch zahlreiche Eigenbauten und Sonderkonstruktionen.

Schon seit vielen Jahren hatte der Erfinder des „Hymermobils" den Wunsch, ein Museum für historische Caravans und Reisemobile zu bauen. Zur Realisierung dieser Vision wurde im Jahre 2001 die Erwin Hymer Stiftung gegründet. Die gemeinnützige Stiftung ist Träger des im Oktober 2011 eröffneten Museums, das sich auf rund 6.000 m² der Kulturgeschichte und Technik des mobilen Reisens widmet. Der von dem Architekten Joachim Liebel entworfene Baukörper des Museums am Stammsitz des Unternehmers und Stifters Erwin Hymer in Bad Waldsee weckt Assoziationen zu Formen, die aus dem Caravanbau bekannt sind. Durch das große Schaufenster erhält der Besucher schon von Weitem einen Eindruck von der Ausstellung im Inneren, die von der Stuttgarter Agentur Milla & Partner gestaltet wurde.

Als Leitmotiv der Ausstellung werden Fragen zur Motivation und zum Lebensgefühl der Reisenden formuliert: Wie und wohin will der Mensch unabhängig von festen Unterkünften reisen? Welche Sehnsüchte ziehen ihn in die Welt? Was waren und sind die Traumrouten und -ziele?

Erwin Hymer and Erich Bachem began to manufacture the first caravan under the trademark Eriba at the end of the 1950s. In 1961, Hymer designed the first mobile home and in the mid-1970s started series production. The company is thus an example of Germany's economic miracle and the desire to travel that came with it. Over the years, the founder of today's Hymer AG has put together an extensive collection of mobile homes, caravans and towing vehicles from all different manufacturers as well as suitable vintage cars to pull them. The oldest item in the collection is an authentic shepherd's cart from 1850, the newest a current study on mobile homes. Besides many vehicles produced in series, the collection also contains numerous home-made vehicles and special constructions.

For many years, the inventor of the "Hymermobile" dreamt of building a museum for historical caravans and mobile homes. The Erwin Hymer Foundation was founded in 2001 to turn this vision into reality. The charitable foundation is the supporting organisation of the museum that was opened in October 2011 and which is dedicated to the cultural history and technology of mobile travel on 6,000 m². The structure of the museum at the headquarters of the company in Bad Waldsee was designed by architect Joachim Liebel and arouses associations with shapes known from the construction of caravans. Through the large display window, visitors gain a first impression of the exhibition and installations inside created by the Stuttgart-based agency Milla & Partner.

The *leitmotif* of the exhibition are questions relating to the travellers' motivation and their attitude to life. How do people travel without being dependent on fixed accommodation and where do they travel to? What desires drove them out into the world? What were and are the dream routes and destinations?

Fünf Basiselemente beantworten diese Fragen und geben der Ausstellung ihre Struktur: Die Traumstraße als farbige Bodenmarkierung, die begehbaren „Sehnsuchtsorte", die Erlebnisinszenierungen entlang der Traumstraße sowie die Entwicklerstationen mit Werkstattcharakter und die über 80 historischen Fahrzeuge.

Mit Beginn des Wirtschaftswunders machten sich die Menschen mit ihren Wohnwagen auf die Reise ins Sehnsuchtsland Italien. Dafür mussten zunächst die Alpen überwunden werden. Was dies damals bedeutete, wird für die Besucher auf dem steilen Alpenpass spürbar. Der Pass und die Talfahrt, die das Erdgeschoss und das Obergeschoss miteinander verbinden, wurden in das bereits fertig gestellte Gebäude eingebaut.

Five basic elements answer these questions and give the exhibition its structure: The dream route as coloured marking on the floor, the walk-in "dream destinations", the scenes presenting experiences along the dream road as well as developer stations designed as workshops and the more than 80 historical vehicles.

With the beginning of the economic miracle, people headed off with their caravans to the country of their dreams – Italy. This involved crossing the Alps. What that meant at that time is vividly presented to visitors on the steep Alpine pass. The pass and descent into the valley, which connect the ground floor and the first floor with one another, were installed after the building was completed.

Die „Sehnsuchtsorte" sind überdimensionale Symbole, die das Traumziel einer Zeit repräsentieren: beispielsweise eine gelbe Muschel auf der Italienroute, ein orangefarbener Turban auf der Indienroute, ein blaues Faltboot an der Ostseeroute und eine eisblaue Pudelmütze an der Skandinavienroute. Diese großen Raum-Zeichen bieten Orientierung und bestehen aus stoffbespannten Stahlkonstruktionen, die in ihrer Materialität auf das Thema Camping hinweisen. Im Inneren der Zeltkonstruktionen tauchen die Besucher in einen inszenierten Raum ein, dessen Ausstattung, mediale Installationen und Stimmung sie an den jeweiligen Sehnsuchtsort versetzen. Flankiert werden die Installationen von den jeweiligen Erlebnisinszenierungen und den historischen Fahrzeugen. Das Auditorium in Form einer grünen Wiese ist mit moderner Medientechnik ausgestattet und bietet Platz für Lesungen, Vorträge und Sonderveranstaltungen. Dort wurde im April 2012 der Prototyp des Kleinwagens Dornier Delta präsentiert, den Erwin Hymer als junger Ingenieur gemeinsam mit Claudius Dornier jr. konstruierte. So findet man in den jüngst entstandenen Museen von Dornier, Hymer oder auch Mercedes-Benz immer wieder spannende Querbeziehungen, die das gemeinsame kulturelle und industrielle Erbe dokumentieren.

The oversized "dream destinations" consist of steel constructions which are covered with stretchable materials, a textile reference to camping: for example, a yellow shell on the route to Italy, an orange turban on the route to India, a blue collapsible boat on the Baltic Sea route and an ice-blue bobble hat on the route to Scandinavia. Inside the tent-like structures, the visitors are immersed in a staged space decorated with great attention to detail and light, audio and video installations. Each of these destinations is flanked by scenes showing an experience there and the vintage vehicles. The auditorium in the form of a green meadow is equipped with state-of-the-art media technology and offers space for readings, lectures and special events. The prototype of the Dornier Delta, a small car which Erwin Hymer as young engineer designed together with Claudius Dornier jr., was presented here. Consequently, there are numerous exciting cross-references between the museums recently established by the companies Dornier, Hymer and Mercedes-Benz which document their shared cultural and industrial heritage.

Adresse | Address
Erwin Hymer Museum
c/o Erwin Hymer Stiftung
Robert-Bosch-Straße 7
D-88339 Bad Waldsee
www.erwin-hymer-museum.de

Öffnungszeiten | Opening hours
Fr.–Mi. 10.00–18.00 Uhr
Do. 10.00–21.00 Uhr
Fri.–Wed. 10.00 am–6.00 pm
Thurs. 10.00 am–9.00 pm

INFORMATIONEN | INFORMATION

Projekt | Project	Erwin Hymer Museum
Bauherr | Commissioned by	Erwin Hymer Stiftung
Architektur | Architecture	Bauart Liebel Kiess GmbH, Bad Waldsee
Ausstellungskonzeption und Realisation | Exhibition concept and realisation	Milla & Partner GmbH, Stuttgart
Fläche | Exhibition space	Dauerausstellung 6.000 m², Sonderausstellungs- und Eventfläche ca. 2.000 m² Permanent exhibition 6,000 m², special exhibition and event space approx. 2,000 m²
Baujahr | Year of construction	2008–2011

FC BAYERN ERLEBNISWELT

Das größte Vereinsmuseum Deutschlands widmet sich in der Allianz Arena in seiner Ausstellung dem „Mythos FC Bayern".

The exhibition in Germany's largest club museum in the Allianz Arena is devoted to the "FC Bayern legend".

Am 27. Februar 1900 wurde im Münchner Restaurant „Gisela" in Schwabing der FC Bayern München gegründet, der heute größte und erfolgreichste Fußballverein Deutschlands. Nach einer Fusion mit dem Münchner Sport-Club traten die Bayern 1906 erstmals in weißen Hemden und roten Hosen an und die bis heute verwendete Bezeichnung „Die Roten" war geboren. 1920 hatte der FC Bayern bereits 700 Mitglieder und wurde damit zum größten Fußballverein der Stadt. Der Rest ist ein Stück erfolgreicher deutscher Fußballgeschichte. Vor allem die „goldenen 70er Jahre" mit der erfolgreichsten Elf der Vereinsgeschichte um Beckenbauer, Maier und Müller werden den Fans unvergessen bleiben. Nach den Olympischen Sommerspielen 1972 in München fand der FC Bayern seine Spielstätte im Olympiastadion, das mit seiner innovativen Überdachung von den Architekten Günter Behnisch und Frei Otto zum Zeichen einer Zeit des Aufbruchs wurde. Zwei Jahre später gewann die deutsche Nationalmannschaft im Münchner Finale gegen Holland den WM-Titel.

Im Mai 2005 zog der Verein erneut in ein spektakulär gestaltetes Stadion um: die von den Schweizer Architekten Jacques Herzog und Pierre de Meuron entworfene Münchner Allianz Arena. Vor allem die charakteristische Außenfassade aus 2.760 beleuchteten Folienkissen wurde zum weit sichtbaren Erkennungszeichen des FC Bayern. Wenn „ die Roten" spielen, ist die Fassade rot illuminiert. Seit Mai 2012 kann hier der Mythos FCB im eigenen Vereinsmuseum direkt vor Ort erlebt werden.

Der Innenraum der FC Bayern Erlebniswelt ist durch die konsequente Verwendung der Vereinsfarben Rot und Weiß geprägt, die sich deutlich vom durchgängig schwarzen Hintergrund abheben.

The venerable football club was founded on 27 February 1900 in Café "Gisela" in Munich's Schwabing district, and this historic location has been reproduced at FC Bayern Erlebniswelt. After a merger with the Münchner Sport-Club, the Bayern team played in white shirts and red shorts for the first time in 1906. That was when the nickname "Die Roten" (the reds) that has been used until this day was coined. In 1920 FC Bayern already had 700 members, making it the city's largest football club. The rest is a piece of successful German football history. Above all the "Golden Years" from 1968 to 1976 with the most successful team in the club's history – including Beckenbauer, Maier, Müller and co. – are a shared memory for many fans. After the Olympic Summer Games in Munich in 1972 the Olympic stadium became home to FC Bayern and with its innovative roof by architects Günter Behnisch and Frei Otto came to symbolise the dawn of a new era. Two years later, the German national team won the world championship in the final against Holland in Munich.

In May 2005 FC Bayern once again moved into a stadium with a spectacular design: the Munich Allianz Arena designed by Swiss architects Jacques Herzog and Pierre de Meuron. Above all, the characteristic exterior facade composed of 2,760 illuminated foil cushions has become the symbol of FC Bayern. When "die Roten" are playing, the facade is illuminated in red. Since May 2012, the FCB legend can be experienced on location in the club's own museum – the FC Bayern Erlebniswelt.

The interior of FC Bayern Erlebniswelt uses the club colours red and white throughout, clearly set off against a black background.

Von der Gründung bis heute wird die 113-jährige Vereinsgeschichte in sieben Zeiträume und zusätzliche Sonderthemen gegliedert und anhand einer Mischung aus informativen und interaktiven Präsentationsformen dargestellt. Im Zuge der Planungsarbeiten hat der FC Bayern ein systematisches Archiv aufgebaut und ehemalige Spieler, Funktionäre und Fans zu Leihgaben und Stiftungen aufgerufen. Um einen authentischen Eindruck zu vermitteln, wurden insgesamt 2.606 Exponate eingesammelt, von denen rund 500 einen Platz in der permanenten Ausstellung gefunden haben. Über 500 Fotos und Bilder aus der Vereinsgeschichte dokumentieren nicht nur die Erfolge, sondern zeigen auch einschneidende und folgenreiche Ereignisse von den Anfängen bis zu den sportlichen Geschehnissen dieser Tage. Den Mittelpunkt des Museums bildet die kreisrunde „Hall of Fame", in der 16 herausragende Spieler des FC Bayern gewürdigt werden. Nebenan nehmen Persönlichkeiten des Vereins Stellung zu den Werten, für die der FC Bayern steht, wie beispielsweise Familie, Tradition, Selbstbewusstsein und Respekt.

From the foundation until the present day, the 113-year history of the club is divided into seven eras plus a number of special themes, all presented using a mixture of informative and interactive presentation forms. During the planning phase, FC Bayern built up a systematically structured archive and called on former players, officials and fans to lend or donate artefacts.. To give an authentic impression, a total of 2,606 exhibits were collected, 500 of which have been given a place in the permanent exhibition. More than 500 photos and pictures from the history of the club document not only the successes but also show decisive and momentous events from the beginnings through to today's sporting highlights. The heart of the museum forms the circular "Hall of Fame", in which 16 outstanding players from FC Bayern are honoured. Next door, personalities from the club comment on the values which FC Bayern stands for such as family, tradition, self-assurance and respect.

Auf der sogenannten „Via Triumphalis" werden sämtliche nationale Siegertrophäen in 22 hintereinander gestaffelten Meisterschaftsvitrinen gezeigt. Im Kinosaal mit 70 Plätzen können die größten Erfolge der Bayern auf der Leinwand miterlebt werden, während der Spielebereich vor allem junge Besucher dazu animieren soll, selbst fußballerisch aktiv zu werden. In weiteren Bereichen haben die Besucher die Möglichkeit, das eigene Fußball-Latein zu testen oder Erinnerungsfotos mit sämtlichen Meisterschalen, DFB-Pokalen und ChampionsLeague-Trophäen zu schießen.

Kein anderer Fußballverein in Deutschland hat auch nur annähernd so viele Anhänger wie der FC Bayern. So ist es nur folgerichtig, dass auch der vielfältigen „Fankultur" ein eigener Bereich gewidmet ist. Hier wird gezeigt, was die Fans so außergewöhnlich macht – beispielsweise ihre Kleidung, ihre Gesänge, ihre Choreografien und ihre Tätowierungen.

On the "Via Triumphalis" all the national winner's trophies are displayed in 22 championship cases lined up behind one another. In the cinema with 70 seats, the biggest successes of Bayern can be relived on the screen while the play area is designed to encourage visitors to play the game themselves. In other departments, visitors have the opportunity to test their own football knowledge or to take souvenir photos with all the championship shields, DFB cups and Champions' League trophies.

No other football club in Germany has anywhere near as many fans as FC Bayern. It is therefore only logical that the multifaceted "fan culture" also has its own section. This shows what makes the fans so special – such as their clothes, their chants, their choreographies and their tattoos.

Adresse | Address
FC Bayern Erlebniswelt
Allianz Arena
Werner-Heisenberg-Allee 25
D-80939 München
www.fcb-erlebniswelt.de

Öffnungszeiten | Opening hours
Mo.–So. 10.00–18.00 Uhr
Sonderöffnungszeiten siehe Homepage
Mon.–Sun. 10.00 am–6.00 pm
See homepage for holiday & vacation opening hours

INFORMATIONEN | INFORMATION

Projekt | Project	FC Bayern Erlebniswelt
Schwerpunkt | Focus	Die FC Bayern Erlebniswelt ist ein erlebnisorientiertes Museum mit informativen und interaktiven Präsentationsformen sowie eine lebendige Datenbank für alles, was den FC Bayern betrifft. FC Bayern Erlebniswelt is an experience-driven museum with informative and interactive forms of presentation as well as a lively database for everything to do with FC Bayern.
Bauherr | Commissioned by	FC Bayern München AG
Inhaltliche und innenarchitektonische Konzeption/gesamtgestalterische Planung | Content and interior design concept/ overall design planning	Ranger Design, Stuttgart
Fläche | Exhibition space	3.050 m²
Bauzeit | Year of construction	1. Juni 2011 bis 30. April 2012 1st June 2011 to 30th April 2012

FEIN MARKENWELT

Die Fein Markenwelt befindet sich im Foyer der 2007 erbauten Unternehmenszentrale in Schwäbisch Gmünd-Bargau. Die C. & E. Fein GmbH, Hersteller professioneller Elektrowerkzeuge für Handwerk und Industrie, blickt auf eine über 145-jährige Firmengeschichte zurück.

The Fein Markenwelt (brand world) is located in the foyer of the company's headquarters that were built in Schwäbisch Gmünd-Bargau in 2007. C. & E. Fein GmbH, manufacturer of professional power tools for manual trades and industry, can look back on a 145-year corporate history.

Die Historie der C. & E. Fein GmbH ist geprägt von bahnbrechenden Erfindungen. Dieser Erfindungsreichtum war Impuls für den Firmenerfolg und ist die Basis für die Ideen der Zukunft: Heute ist das Traditionsunternehmen eine Elektrowerkzeugmanufaktur mit Weltruf. Fein-Produkte werden über 19 internationale Tochtergesellschaften und mehr als 50 Vertretungen vertrieben.

Fein wurde im Jahr 1867 in Karlsruhe von den Brüdern Wilhelm Emil und Carl Fein als „Werkstätte zur Herstellung von physikalischen und elektrischen Apparaten" gegründet. Drei Jahre später wurde der Firmensitz nach Stuttgart verlegt. Mit zahlreichen Entwicklungen etablierte sich das Unternehmen erfolgreich in der Elektrotechnik-Branche. Elektrische Telegraphenapparate, elektro-medizinische Vorrichtungen, Feuermeldeanlagen, Beleuchtungsanlagen und vieles mehr stammen von Fein. Anwender- und Praxisnähe waren von Anfang an richtungsweisend. 1895 entwickelte Fein das erste elektrisch betriebene Werkzeug der Welt, die elektrische Handbohrmaschine, und revolutionierte fortan das handwerkliche Arbeiten. 1908 wurde Fein zur „Spezialfabrik für Elektrowerkzeuge". Es folgten stetig weitere technische Neuerungen und zukunftsweisende Entwicklungen. 2007 schließlich verlagerte Fein den Hauptsitz des Unternehmens nach Schwäbisch Gmünd-Bargau, um alle Bereiche und Funktionen zusammenzufassen.

Im Foyer der Fein Unternehmenszentrale werden die Werte der Marke in einem architektonisch eindrucksvollen Rahmen inszeniert. Die Strategie und die Markenkernwerte des Unternehmens sind dort für Mitarbeiter, Kunden, Partner und Besucher greifbar und erlebbar. Die Präsentation der Marke im Eingangsbereich wurde im Dezember 2007 u. a. mit der Silbermedaille des Deutschen Designer Clubs ausgezeichnet.

The history of C. & E. Fein GmbH has been shaped by pioneering inventions. Indeed, it was this wealth of inventions that gave the momentum for the success of the company and still forms the basis for ideas for the future. Today, the manufacturer of power tools is renowned all over the world. Fein markets its products through 19 international subsidiaries and more than 50 representations around the globe.

Fein was founded in Karlsruhe by the brothers Wilhelm Emil and Carl Fein in 1867 as a workshop to manufacture mechanical and electrical equipment. Three years later, the company moved to Stuttgart. The company soon successfully positioned itself with numerous developments in the electrical engineering sector. Electric telegram equipment, electric medical devices, fire alarms, lighting systems are just a few of the products that stem from Fein. From the outset, the company attached great importance to maintaining close relations to users and the use of the tools in practice. In 1895, Fein developed the world's first electrically operated tool, the electric hand drill, thus revolutionising manual work. In 1908, Fein became a specialised factory for power tools. Further technical innovations and forward-looking developments were to follow. In 2007, Fein relocated the head office of the company to Schwäbisch Gmünd-Bargau in order to combine all areas and functions.

The foyer of the Fein headquarters provides an architecturally impressive stage for the values of the brand. The strategy and core brand values of the company can be experienced at first hand there by co-workers, customers, partner and visitors. The presentation of the brand in the entrance area received several awards, including a a silver medal from the German Designer Club in December 2007.

Beim Betreten der Fein Unternehmenszentrale fallen drei in einen raumgreifenden Produktvorhang eingebettete große Monitore auf. Mitarbeiter, Fachhändler, Endkunden und Lieferanten sprechen hier in kurzen Spots über ihre Zugehörigkeit zum Unternehmen und über individuelle Erfahrungen im Umgang mit Fein-Produkten bei ihrer täglichen Arbeit.

Die Markenwelt verbindet die Historie des Traditionsunternehmens mit einem Blick in die Zukunft. An der Erfinderwand wird die Firmengeschichte anhand ihrer technischen Meilensteine und der dahinterstehenden Vision visualisiert. Über eine parallele grafische Kontextebene wird dem Betrachter eine zeitgeschichtliche und technische Zuordnung der Exponate ermöglicht.

Zentrales Element ist der große Markenkerntisch, der die neun Markenkernwerte des Unternehmens präsentiert und sie erlebbar macht: Alle Exponate können angefasst und auch multimedial erlebt werden. Technische und symbolische Objekte machen die Talente und Leistungen von

When entering Fein corporate headquarters three large monitors embedded in an expansive product curtain immediately draw the eye. Employees, specialist dealers, end customers and suppliers speak here in brief spots about their relationship to the company and their individual experiences with Fein products in their day-to-day work.

The brand world links the long history of the company with an outlook on the future. On the inventor's wall, the corporate history is visualised through its technical milestones and the vision behind them. A parallel graphic context level allows the observer to put the exhibits into an historical and technical context.

The large brand core table is a central element of the exhibition and presents the company's nine brand core values in a very tangible manner. Technical and symbolic objects illustrate Fein's

Fein anschaulich. Ein in den Tisch integrierter Monitor gibt in bewegten Bildern Auskunft über das jeweilige Exponat und den Zusammenhang mit den entsprechenden Markenkernwerten.

Drei Stelen präsentieren stellvertretend Anwendungen aus den drei Marktsegmenten Metall, Ausbau und Automobil. Sie bilden den Übergang von der Markenwelt zu den Demonstrations- und Schulungsräumen.

talents and achievements. A monitor integrated in the table provides information in moving images about each exhibit and explains the connection to the various brand core values.

Three pedestals present examples of applications from the three market segments Metal, Interior Work and Automotive. They form a transition from the brand world to the demonstration and training rooms.

INFORMATIONEN | INFORMATION

Projekt | Project	FEIN Markenwelt
Schwerpunkt | Focus	Ausstellung, mit der die Marke Fein sowie deren Historie und Produkte für Mitarbeiter, Kunden, Partner und Besucher erlebbar werden Exhibition which allows employees, customers, partners and visitors to experience the Fein brand as well as its history and products at first hand
Bauherr | Commissioned by	C. & E. FEIN GmbH
Architekten | Architects	wma wöhr mieslinger architekten, Stuttgart
Gestalterisches Gesamtkonzept | Overall design concept	büro münzing, 3d kommunikation, Stuttgart
Grafisches Konzept | Graphics concept	L2M3 Kommunikationsdesign, Stuttgart
Baujahr | Year of construction	2007

GRILLO MUSEUM

Dem Namen Grillo begegnet man im Ruhrgebiet an vielen Orten. Nicht nur bei Straßennamen, sondern auch an Denkmälern der Industriegeschichte und als Bezeichnung von Parks und Schulen sowie von kulturellen Einrichtungen wie beispielsweise dem Grillo-Theater in Essen. Auch die Stiftung der Gründerfamilie der Grillo-Werke befindet sich mit dem Archiv und dem Grillo-Museum bei der Unternehmenszentrale an einer typischen Adresse: Am Grillopark Nr. 5 in Duisburg.

One comes across the name Grillo in many places in the Ruhr area. Not only in street names, but also in monuments of industrial history and as the name given to parks and schools and cultural institutions such as the Grillo Theater in Essen. The address of the foundation of the Grillo-Werke's founding family and the company headquarters including archive and the Grillo Museum is also typical: Am Grillopark No. 5 in Duisburg.

Wilhelm Grillo (1819–1889) gründete 1842 eine Eisenwarenhandlung in Mülheim an der Ruhr. Aus dieser Keimzelle entstanden die zinkverarbeitenden Grillo-Werke und die damit verbundene chemische Industrie mit Standorten in Oberhausen und Duisburg. Das Unternehmen entwickelte sich in der Folgezeit zu einem der größten Zinkhalbzeug- und Zinkweißhersteller in Deutschland (Zinkweiß bzw. Zinkoxid wird als Pigment in der Farbherstellung genutzt und wegen seiner antiseptischen Wirkung auch als Arzneimittel verwendet). Wilhelm Grillos Bruder Friedrich (1825–1888) baute parallel dazu die Montanindustrie im Ruhrgebiet auf, zu der neben der Gründung von Zechen und Eisenhütten auch ein chemischer Betrieb und eine Glasmanufaktur zählen. 1893 wurde die Aktiengesellschaft für Zinkindustrie gegründet, an der ausdrücklich die gesamte Familie im Rahmen der Erbfolge beteiligt wurde.

Bis heute befindet sich das Unternehmen trotz zweier Weltkriege, Besatzung und Wirtschaftskrise in der fünften Generation im Familienbesitz. Aktien können ausschließlich von Familienmitgliedern gezeichnet werden. Der Familiensinn scheint auch auf die Beschäftigten auszustrahlen. Einige Mitarbeiterfamilien sind dort schon in der dritten und vierten Generation beschäftigt. Seit 1966 firmiert das Unternehmen unter der Bezeichnung Grillo-Werke AG. Ebenfalls 1966 initiierte Grillo die Gründung der Rheinzink GmbH & Co. KG mit Sitz in Datteln, die Zinkbleche für Dächer und Fassaden produziert und vertreibt. Seit 2005 ist Rheinzink eine hundertprozentige Tochter der Grillo-Werke. Die Wilhelm Grillo Handelsgesellschaft, eine 1919 ausgegründete Firma der AG, hatte Herbert Grillo nach der Nachkriegszeit als Alleininhaber zu einem internationalen Handelshaus ausgebaut. Seine Frau Marita übernahm es 1983 und führte die Geschäfte bis zu ihrem Tod bei einem Brand der Mülheimer Familienvilla im Jahre 1993. Nachfolgerin als Geschäftsführerin der Wilhelm Grillo Handelsgesellschaft mbH wurde ihre Tochter Gabriela Grillo, die diese Position bis heute innehat.

Wilhelm Grillo (1819–1889) founded an ironmonger's shop in Mülheim an der Ruhr in 1842. This was the origin of the zinc-processing Grillo-Werke and the associated chemical industry at plants in Oberhausen and Duisburg. As time went on, the company developed into the largest manufacturer of zinc semi-finished goods and zinc oxide in Germany (zinc oxide is used as pigment in dye production and is also used as medication thanks to its antiseptic properties). In parallel, Wilhelm Grillo's brother Friedrich (1825–1888) helped to build up the coal, iron and steel industry in the Ruhr area, including not only the foundation of mines and ironworks but also a chemical plant and a glass factory. In 1893, the Aktiengesellschaft für Zinkindustrie was founded in which the whole family explicitly participated through legal succession.

Until this day, the company is still owned by the fifth generation of the family, despite two world wars, occupation and economic crisis. Shares can only be subscribed by members of the family. The sense of family also appears to extend to the employees. Some families are employed there in the third or fourth generation. Since 1966 the company has been called Grillo-Werke AG. In the same year, Grillo initiated the foundation of the wholly-owned subsidiary Rheinzink GmbH & Co. KG based in Datteln, which produces and sells zinc sheets for roofs and facades. Since 2005, Rheinzink has been a wholly-owned subsidiary of the Grillo-Werke. Wilhelm Grillo Handelsgesellschaft, that had been spun off from the AG in 1919, was built up in the post-war period by sole owner Herbert Grillo into an international trading organisation. His wife Marita took over in 1983 and led it until her death in a fire at the family villa in Mülheim in 1993. She was succeeded by her daughter Gabriela, who is still general manager of Wilhelm Grillo Handelsgesellschaft mbH today.

Das Grillo Museum und das Archiv befinden sich in der 2011 eröffneten Duisburger Hauptverwaltung des Unternehmens. Im Vorraum zum „Grillo-Saal" werden Exponate zu aktuellen Pro-
duktionen und Anwendungen der vier Hauptgeschäftsbereiche in Steh- und Pultvitrinen präsentiert. Die Ausstellung bietet gleichzeitig Raum und Mobiliar für Firmenveranstaltungen aller Art.
In authentischen „Muffelrohren", wie sie im 19. Jahrhundert in der Produktion von Zink verwendet wurden, sind Projektionen installiert, die eine filmische Dokumentation über die historische
Zinkgewinnung enthalten. Ein vermutlich in der eigenen Schreinerei hergestellter Schreibtisch
versinnbildlicht die planerische, kaufmännische Seite der Werksentwicklung. Weitere Exponate
zur Struktur der Firma, aber auch einzelne Werkstücke aus der Produktion sind in vier Pultvitrinen unter einer Lichtleiste zur Werksgeschichte ausgestellt. Oberhalb davon befindet sich die um-
laufende Galerie, auf der die Besucher anhand von Schwarzweißfotografien einen Einblick in die
Produktion bis in die 1950er Jahre erhalten.

The Grillo Museum and the archive are located in the Duisburg headquarters of the company that
was opened in 2011. In the foyer to the "Grillo Hall" exhibits relating to the current production and
applications of the four main business divisions are presented in upright and table-top display cases. The exhibition at the same time offers space and furniture for company events of all kinds. Projections have been installed in authentic clay "muffle tubes" which were used in the 19th century
for the production of zinc that show a documentary film about historical zinc smelting. A desk that
was probably produced in the company's own carpenter's workshop stands for the planning and
commercial side of the plant development. Other exhibits about the structure of the company, as
well as individual workpieces from the production are displayed in four table-top display cases
below a light strip about the history of the factory. Above that is a circular gallery where visitors
can obtain an insight into the production until the 1950s from black-and-white photos.

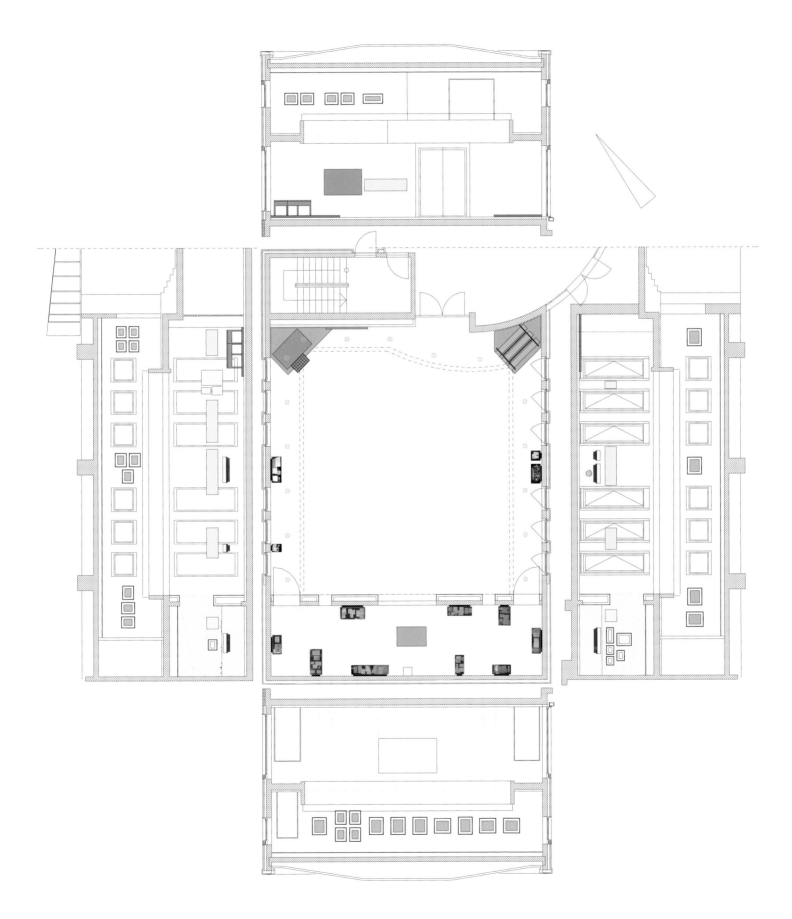

Vor dem Hintergrund eines Ausschnitts aus dem Familienstammbaum werden im Kabinett in Pultvitrinen überwiegend Originalexponate des 18. und 19. Jahrhunderts zu einzelnen Personen der Grillo-Familie gezeigt. Dabei werden die Personen mit ihren Lebensgeschichten bzw. in ihrem wirtschaftlichen Handeln vorgestellt. Zu allen Exponaten können vertiefende Erläuterungen anhand von Touchscreens abgerufen werden. Die Firmen- und die Familiengeschichte wird schließlich auf einem interaktiven Tisch zusammengeführt, auf dem sowohl der gesamte Stammbaum mit über 1.100 Personen einzusehen ist als auch weiterführende Informationen zur Lichtleiste aus dem Grillo-Saal.

Auch das neue Empfangsgebäude am Standort des Tochterunternehmens Rheinzink GmbH & Co. KG in Datteln verweist mit seiner expressiven Zinkfassade auf die Zinkproduktion. Das gleichzeitig als modellhaftes „Wohnhaus der Zukunft" geplante Bauwerk wurde vom New Yorker Architekten Daniel Libeskind entworfen.

Against the backdrop of an extract from the family tree, glass cabinets display largely original artefacts from the 18th and 19th century relating to individual members of the Grillo family. These persons are presented with their vitae or in the context of their economic activity. More in-depth explanations about all the exhibits can be obtained from touchscreens. The company and family history is finally combined on an interactive table where the whole family tree with more than 1,100 people can be examined as well as more detailed information from the light strip in the Grillo Hall.

The expressive zinc facade of the new building that houses the reception on the site of the subsidiary Rheinzink GmbH & Co. KG in Datteln is also a clear reference to the zinc production. The building, that was at the same time conceived as a model "home of the future", was designed by the New York architect Daniel Libeskind.

Adresse | Address
Grillo Museum
Weseler Straße 1
D-47169 Duisburg
www.grillo.de

Öffnungszeiten | Opening hours
auf Anfrage
by arrangement

INFORMATIONEN | INFORMATION

Projekt | Project	Grillo Museum und Archiv Grillo Museum and Archive
Schwerpunkt | Focus	Das Grillo Museum und Archiv dokumentiert die Geschichte der gleich-namigen Unternehmerfamilie, die das Ruhrgebiet seit Beginn der Industrialisierung maßgeblich geprägt hat. The Grillo Museum and Archive documents the history of the entrepreneur family of the same name which has played an important role in shaping the Ruhr area since the beginning of the industrialisation.
Bauherr | Commissioned by	Grillo-Werke AG
Architekten | Architects	Architekturbüro Rüdiger Kaleschke
Innenarchitekten/Ausstellungsgestaltung | Interior architects/exhibition design	bild-werk Expo & Event GmbH, Dortmund
Kuratorin | Curator	Dr. Monika Fehse
Medienplanung/Interaktiver Tisch | Media planning/interactive table	235 media Gesellschaft für Medientechnologie und Kunst mbH, Köln ASB Informationstechnik GmbH, Duisburg 235 media Gesellschaft für Medientechnologie und Kunst mbH, Cologne ASB Informationstechnik GmbH, Duisburg
Fläche | Exhibition space	300 m²
Baujahr | Year of construction	2009/2010

INTERVIEW GABRIELA GRILLO

DIE FIRMENGESCHICHTE IST BEI GRILLO GLEICHZEITIG EINE FAMILIENGESCHICHTE. IST DER SCHWERPUNKT DES MUSEUMS DIE SAMMLUNG UND ARCHIVIERUNG DER FAMILIEN-HISTORIE?

Auf die Familiengeschichte sind wir natürlich stolz – vor allem auch darauf, dass wir sie so lange zurückverfolgen können – und wir haben ihr einen gebührenden Platz bei den Exponaten eingeräumt. Durch großzügige Gaben aus der Familie ist dieser Teil der Sammlung ansehnlich, aber der Schwerpunkt liegt doch bei den Akten, Plänen, Fotos und Objekten der Firmengeschichte. Familien- und Firmengeschichte sind aber auch eng verbunden. Wir erklären uns zum Beispiel das Interesse des Gründers am Zink damit, dass schon sein Vater bei seinem Onkel Ludwig Grillo in Iserlohn eine Lehre machte. Dieser leitete seit 1805 die erste Bronze- und Messingwarenfabrik der deutschen Lande, wo natürlich Zink zum Einsatz kam.

Außerdem sehen wir in der Geschichte der glaubensbedingten Flucht aus dem Veltlin, einer Talschaft zwischen dem späteren Italien und der Schweiz, im frühen 17. Jahrhundert, einen Auslöser für die wirtschaftlichen Erfolge. Die Familie war protestantisch und zunächst auch fremd in den Städten, in die sie einwanderte, was vielleicht den Einzelnen zu besonderen Leistungen angespornt hat. Im Familienkreis wurden Verbindungen gehalten, durch brieflichen Kontakt oder Besuche. Ein einigendes Band war dabei die Geschichte der Flucht, was sich immer an dem Namen „Grillo" selbst festmachte, der ja gerade nicht deutsch ist.

THE CORPORATE HISTORY OF GRILLO IS AT THE SAME TIME A FAMILY HISTORY. IS THE FOCUS OF THE MUSEUM THE COLLECTION AND ARCHIVING OF FAMILY HISTORY?

We are, of course, proud of our family history, above all that we can trace it back such a long way – and we have given it the attention it deserves in the exhibits. Thanks to generous donations from the family, this part of the collection is very respectable, but the focus is in fact on the files, plans, photos and artefacts from the corporate history. But family and company history are closely connected. For example, we believe that the interest of the founder in zinc stems from the fact that his father did an apprenticeship with his uncle Ludwig Grillo in Iserlohn. From 1805 he headed up the first bronze and brass goods factory in Germany where zinc was of course used.

Moreover, we see the history of the flight for religious reasons from Veltlin, a valley between what was later Italy and Switzerland, in the early 17th century as a trigger for the economic successes. The family was protestant and initially they were strangers in the towns they emigrated to – maybe this was what spurred some of them on to special achievements. Within the family, contacts were maintained by letters or visits. What united them was the history of their flight, manifested in the name "Grillo" itself which is not exactly German.

DAS ENGAGEMENT FÜR SEINE MITARBEITER IST EIN WICHTIGES ANLIEGEN DES FAMILIEN-UNTERNEHMENS. RICHTET SICH DAS MUSEUM AUCH AN DIE BELEGSCHAFT?

Das Museum ist von unseren Mitarbeitern und Mitarbeiterinnen begeistert aufgenommen worden. Viele haben mit eigenen Geschichten, Fotos und Kenntnissen zur Sammlung des seit mehr als zehn Jahren bestehenden Firmenarchivs beigetragen und entdecken nun sich selbst oder ihre Eltern oder Großeltern auf ausgestellten Abbildungen wieder. Aber selbst wenn sie nicht so direkt den eigenen Beitrag sehen, erhalten sie beim Besuch des Museums ein vollständigeres Bild des Unternehmens und können sich mit ihrer Arbeit in den größeren Kontext einordnen.

VIELE ERZEUGNISSE DER VIER GESCHÄFTSBEREICHE SIND HALBZEUGE, AUS DENEN ANDERE UNTERNEHMEN EINE VIELFALT AN PRODUKTEN HERSTELLEN. WIE WERDEN DIESE MATERIA-LIEN IM MUSEUM PRÄSENTIERT?

Bei den Halbzeugen und Produkten unserer vier Geschäftsbereiche – Metall, Chemie, Zink-oxid und Rheinzink – galt das sprichwörtliche „Weniger ist mehr". Ließen sich Halbzeuge aus den Geschäftsbereichen Metall und Rheinzink, wo Komponenten für Dächer und Fassaden aus Titan-zink hergestellt werden, noch einigermaßen anschaulich ausstellen, trifft dies auf den Geschäfts-bereich Chemie nicht mehr so einfach zu. Die Breite unseres Absatzes lässt sich nicht zeigen, aber wir hoffen, dass wir mit Fotos, Modellen, Verarbeitungs- und Anwendungsbeispielen das überaus breite Spektrum andeuten können, in dem heute Grillo-Produkte zum Einsatz kommen. In sehr vielen Produkten des täglichen Lebens steckt „Grillo" drin.

COMMITMENT TO ITS EMPLOYEES IS AN IMPORTANT CONCERN OF THE FAMILY-RUN COM-PANY. IS THE MUSEUM ALSO INTENDED FOR THE WORKFORCE?

Our employees are very enthusiastic about the museum. Many contributed to the company ar-chive that has existed for more than ten years with stories, photos and knowledge and now discov-er themselves or their parents or grandparents in the images on display. But even if they don't see their contribution quite so directly, a visit to the museum gives them a more complete picture of the company, allowing them to see their work in a wider context.

MANY OF THE PRODUCTS FROM THE FOUR DIVISIONS ARE SEMI-FINISHED PRODUCTS FROM WHICH OTHER COMPANIES PRODUCE A LARGE VARIETY OF PROJECTS. HOW ARE THESE MATERIALS PRESENTED IN THE MUSEUM?

With regard to the semi-finished products and products from our four divisions – metal, chemi-cals, zinc oxide and Rheinzink – we were guided by the saying "Less is more". While semi-finished products from the metal and Rheinzink divisions where components are produced for roofs and facades from titanium-zinc, would have been relatively easy to present, this is no longer the case for the chemicals segment. The breadth of our sales cannot be shown, but we hope that the photos, models, processing and application examples give some idea of the extremely broad spectrum in which Grillo products are used today. "Grillo" can be found in a large number of products in ev-eryday use.

IM LAUFE DER GESCHICHTE GAB ES AUCH SPARTEN, DIE NICHT WEITERVERFOLGT WURDEN,
WIE BEISPIELSWEISE DIE KUNSTSTOFFE. WERDEN AUCH ABGESCHLOSSENE ENTWICKLUN-
GEN IM MUSEUM PRÄSENTIERT?

Auf die Geschichte der Abteilung Kunststoff gehen wir durchaus ein. Aber den größeren Raum
nehmen natürlich die Historie der Zinkverarbeitung und der Zinkverhüttung, die wir bis in die
1930er Jahre an unserem heutigen Hauptsitz betrieben haben, sowie die Schwefelchemie ein. Bis
heute sind die Zinkverarbeitung, das Zinkoxid und die Schwefelchemie unsere – wie man so
schön sagt – Kernkompetenzen, auf die wir uns seit den 1990er Jahren wieder konzentriert haben.
Mit der Rheinzink GmbH & Co. KG in Datteln haben wir seit 2005 eine sehr große Tochter übernommen, an deren Gründung die Grillo-Werke beteiligt waren. Ja, ich darf sogar sagen, dass wir
diese Gründung initiiert haben. Ich weiß das so genau, weil es mein Vater war – zusammen mit
Dr. Hans Grillo, dem Vater Ulrich Grillos –, der sehr weit voraus geblickt hat und nach einer Lösung suchte, weil kein deutsches Werk die technologische Erneuerung, die man im internationalen
Wettbewerb brauchte, alleine umsetzen konnte. Die Lösung war, sich mit der Metallgesellschaft
AG in Frankfurt und der Stolberger Zink AG zu einer gemeinsamen Tochter zusammenzutun. Daraus hat sich die heutige Rheinzink GmbH & Co. KG in Datteln entwickelt.

WIE VIELE MITARBEITER BETREUEN DAS GRILLO MUSEUM UND IN WELCHEN FUNKTIONEN
ARBEITEN DIESE?

Wir lassen Archiv und Museum professionell durch eine Historikerin betreuen, die von einer
weiteren Archivmitarbeiterin unterstützt wird.

IN THE COURSE OF THE COMPANY'S HISTORY, THERE WERE SECTORS WHICH WERE DIS-
CONTINUED, SUCH AS PLASTICS. ARE SUCH DEVELOPMENTS ALSO PRESENTED IN THE
MUSEUM?

The history of the plastics department has its place in the museum. But more space is of course
accorded the history of zinc processing and smelting which we operated in the 1930s at today's
head office as well as the sulphur chemistry. Until this day, zinc processing, zinc oxide and sulphur
chemistry are – as the saying goes – our core competences on which we have concentrated again
since the 1990s. In 2005, we took over a very large subsidiary in the form of Rheinzink GmbH &
Co. KG in Datteln whose foundation Grillo-Werke had been involved in. Indeed, I can say that we
initiated its foundation. I am so sure about that because it was my father – together with Dr. Hans
Grillo, the father of Ulrich Grillo –, who was very far-sighted and who was looking for a solution
because no German plant was able to realise the technical renewal which was needed to survive in
the face of international competition. The solution was to join forces with Metallgesellschaft AG
in Frankfurt and Stolberger Zink AG to form a subsidiary together. The result was today's Rheinzink GmbH & Co. KG in Datteln.

HOW MANY EMPLOYEES LOOK AFTER THE GRILLO MUSEUM AND WHAT ARE THEIR FUNC-
TIONS?

The archive and museum is run professionally by an historian who is supported by another
archive employee.

SIND MUSEUM UND ARCHIV BESTANDTEIL DER STIFTUNG DER GRÜNDERFAMILIE GRILLO UND IN WELCHER RECHTLICHEN FORM WIRD DAS MUSEUM GEFÜHRT?

Die Stiftung der Gründerfamilie hat die Trägerschaft sowohl des Archivs als auch des Museums. Das Museum befindet sich in der Hauptverwaltung, ist also durchaus öffentlich zugänglich – allerdings nur auf Anfrage oder Einladung. Wir haben in diesem Bereich nicht die personelle Ausstattung, um tägliche Öffnungszeiten zu gewährleisten. Wir möchten aber sehr wohl auch für Schüler und Studierende offen sein, laden ganze Schulklassen ein und bieten regelmäßig Führungen für historisch Interessierte. Denn unsere Firmen- und Familiengeschichte bildet auch einen wichtigen Baustein für die Historie des Stadtteils und war – neben dem Bergbau selbstverständlich – ein Auslöser für die spätere dichte Besiedlung. Bis heute prägen die über 100 Jahre alte Werkssiedlung, die wir saniert haben, und mehrere Hundert Werkswohnungen den Stadtteil mit.

WERDEN AUCH AKTUELLE UND ZUKÜNFTIGE ENTWICKLUNGEN, GESCHÄFTSFELDER UND PRODUKTE IM MUSEUM PRÄSENTIERT?

Zukünftige Entwicklungen sind in einem Museum schwer zum Thema zu machen. Sie wissen ja selbst, dass nichts so alt ist wie die Zeitung von gestern. Andererseits wollen wir uns für die Produktinnovationen, an denen wir arbeiten, unseren Wissens- und Fertigungsvorsprung auch nicht selber nehmen. Dennoch haben wir einen Bereich des Museums für wechselnde Ausstellungen vorgesehen. Dort können natürlich auch Produktneuheiten gezeigt und Exponate zu einzelnen historischen Themen gesondert ausgestellt, aber auch Berührungspunkte zur Kunst gesucht werden.

ARE THE MUSEUM AND ARCHIVE PART OF THE FOUNDATION OF THE FOUNDING FAMILY GRILLO AND WHAT IS THE LEGAL FORM OF THE MUSEUM?

The foundation of the founding family is the organising institution of both the archive and the museum. The museum is located at the head office, and is in principle accessible to the public, but only upon request or invitation. We don't have the staff in this area to allow daily opening hours. We do, however, want to be open to school children and students, we invite whole school classes and offer regular guided tours for people interested in history. After all, our corporate and family-history also forms an important component of the history of the district and was – of course alongside mining – one of the triggers for the dense settlement later. Until this day, this part of town is largely shaped by the 100 year-old industrial residential centre which we renovated and several hundred workman's houses.

ARE CURRENT AND FUTURE DEVELOPMENTS, BUSINESS DIVISIONS AND PRODUCTS PRESENTED IN THE MUSEUM?

It is difficult to present future developments as a theme in a museum. You know yourself that nothing is as old as yesterday's newspaper. On the other hand, we don't want to take our own knowledge and production edge for the product innovations which we are working on. We have, however, reserved an area of the museum for temporary exhibitions. Product innovations could, of course, also be shown here or artefacts relating to specific historical topics displayed separately, or touchpoints to art could also be sought.

DER ARCHITEKT DANIEL LIBESKIND HAT IN DATTELN FÜR DAS TOCHTERUNTERNEHMEN RHEINZINK DEN PROTOTYPEN EINER VILLA REALISIERT. KÖNNTEN SIE SICH EINEN ÄHNLICH ZEICHENHAFTEN NEUBAU FÜR DAS GRILLO FIRMENMUSEUM VORSTELLEN?

Mein Cousin Ulrich Grillo, der Vorstandsvorsitzende der Grillo-Werke AG, hat in einer Unterredung mit dem berühmten Architekten Daniel Libeskind angeboten, eine avantgardistische Villa nach seinen Entwürfen in Datteln zu bauen. Dieser hatte seine besondere Vorliebe für das Rheinzink-Material schon bei anderen Bauten gezeigt – zum Beispiel dem Jüdischen Museum in Berlin.

Für unsere Duisburger Hauptverwaltung, die natürlich auch über ein Rheinzink-Dach verfügt und durch unsere Tochter mit Photovoltaik und Geothermie ausgestattet wurde, planten wir 2010 einen Neubau, bei dem die alte gründerzeitliche Villa und die Verwaltung der Wilhelm Grillo Handelsgesellschaft aus den 1960er Jahren zu einem harmonischen Ensemble zusammengefasst werden. Die Firmen – die Wilhelm Grillo Handelsgesellschaft mbH, die mein Vater aufbaute, und die Grillo-Werke AG – sind zwar rechtlich selbstständig, gehören aber doch beide zur Grillo-Gruppe am Standort Duisburg, mit der Basis einer gemeinsamen Firmenhistorie. Das wollten wir mit dem Neubau der Verwaltung sinnfällig machen, in dem auch das Museum mit Saal, Galerie und Kabinett untergekommen ist.

THE ARCHITECT DANIEL LIBESKIND REALISED A PROTOTYPE OF A VILLA IN DATTELN FOR THE SUBSIDIARY RHEINZINK. COULD YOU IMAGINE HAVING SUCH AN EMBLEMATIC NEW BUILDING FOR THE GRILLO CORPORATE MUSEUM?

In a meeting with the famous architect Daniel Libeskind, my cousin Ulrich Grillo, CEO of Grillo-Werke AG, offered to have an avantgarde villa built to his design in Datteln. The architect had already shown his preference for the Rheinzink material in other buildings – for example the Jewish Museum in Berlin.

For our Duisburg head office, which of course has a Rheinzink roof that has been equipped by our subsidiary with photovoltaic and geothermal functions, we planned in 2010 a new building in which the old Wilhelminian-style villa and the administration building of Wilhelm Grillo Handelsgesellschaft from the 1960s were to be combined into a harmonious composition. The companies – Wilhelm Grillo Handelsgesellschaft mbH, which my father built up, and Grillo-Werke AG – are legally independent, but both belong to the Grillo group at the Duisburg location, based on a shared corporate history. We wanted to express this in the new administration building in which the museum with its hall, gallery and cabinet has been housed.

GABRIELA GRILLO

Gabriela Grillo ist Aufsichtsratsvorsitzende der Grillo-Werke AG. Seit 1993 leitet sie als geschäfts-führende Gesellschafterin die Wilhelm Grillo Handelsgesellschaft, die ihr Vater Herbert Grillo aufgebaut hat. 1994 setzte sie mit der Gründung der Grillo Familiengesellschaft gGmbH die Vor-stellungen ihrer Eltern um, die sich zu Lebzeiten vielfach sozial und kulturell engagiert hatten. Die Stiftungen der Familie Herbert Grillo und der Gründerfamilie Wilhelm Grillo gingen aus diesem Engagement hervor. Die Grillo-Werke, in denen die einem großen Publikum als Dressurreiterin bekannte Unternehmerin seit 1996 Positionen in Aufsichtsrat und Vorstand innehatte und deren Aufsichtsrat sie seit 2004 vorsitzt, gehen auf ihren Ururgroßvater Wilhelm Grillo zurück.

Gabriela Grillo is supervisory board chairwoman of Grillo-Werke AG. Since 1993 she has been managing partner of Wilhelm Grillo Handelsgesellschaft, which her father Herbert Grillo built up. In 1994, she brought the ideas of her parents to life by founding Grillo Familiengesellschaft gGmbH. During their lives they had demonstrated social and cultural commitment in many areas. The foundations of Herbert Grillo's family and the family of founding father Wilhelm Grillo emerged from this initiative. Known to a wider public as dressage rider, the entrepreneur has held positions on the supervisory board and management board of the Grillo-Werke since 1996. Since 2004 she has chaired the supervisory board of the company founded by her great-great grand-father Wilhelm Grillo.

HANSGROHE AQUADEMIE

In der Hansgrohe Aquademie bekommen die Besucher einen Einblick in die Geschichte der Badekultur und können ausgewählte Produkte und Stilwelten der Marken Hansgrohe und Axor sehen, anfassen und ausprobieren.

At the Hansgrohe Aquademie vistors gain an insight into the history of bathing culture and can see, touch and try out selected products and style worlds of the Hansgrohe and Axor brands.

Anfang des vergangenen Jahrhunderts begann mit dem aufkommenden Wohnungsbau in den gründerzeitlichen Metropolen der Siegeszug des privaten Bades. Das eigene Bad mit fließendem Wasser auf der Etage war allerdings für breite Bevölkerungsschichten bis Mitte des 20. Jahrhunderts ein unerschwinglicher Luxus. Ein Wegbereiter auf dem Weg zur Entwicklung der neuen Badkultur war Hans Grohe (1871–1955), der sich 1901 mit einer Metalldrückerei im Schwarzwald selbstständig machte. Mit der Spezialisierung auf Blechbrausen – aus seiner Sicht damals die erschwingliche Alternative zum Wannenbad – legte er den Grundstein für den nachhaltigen Erfolg seines Unternehmens. Allein die Handbrause „Hansgrohe Selecta", die weltweit erste mit verstellbaren Strahlarten, wurde über 30 Millionen Mal verkauft. So wurde aus dem kleinen Drei-Mann-Betrieb von 1901 ein weltumspannendes Unternehmen mit eigenen Niederlassungen in 37 Ländern auf allen Kontinenten. Es zählt heute mit weit über 3.000 Mitarbeiterinnen und Mitarbeitern zu den Marktführern bei Armaturen und Brausen. Viele Produkte, Konzepte und Lösungen, die bei Hansgrohe entwickelt und gestaltet wurden, haben der Sanitärbranche innovative Impulse gegeben. Die Entwicklungszeiten und Innovationszyklen wurden dabei immer schneller. So vergehen von der ersten Idee bis zum fertigen Produkt heute nur noch zwölf bis 18 Monate. Auf das Design seiner Produkte, die seit vielen Jahren u. a. von den deutschen Designern Andreas Haug und Tom Schönherr von Phoenix Design gestaltet werden, legt das Unternehmen großen Wert. Besonders bekannt ist die vom französischen Kreativen Philippe Starck entworfene Kollektion „Axor Starck", mit der Hansgrohe seit der Markteinführung 1994 erfolgreich ist. Der Unternehmensgeschichte, aber auch der Entwicklung des Bads und des Badens widmet sich die Hansgrohe Aquademie am Stammsitz des Unternehmens in Schiltach.

In the early years of the past century as residential construction was beginning to burgeon in the cities of the Wilhelminian era the popularity of the private bathroom also began to grow. Having said that, a separate bathroom with water on tap inside the apartment was to remain an unaffordable luxury for the broad population until the mid-20th century. One pioneer on the way to the development of a new bathing culture was Hans Grohe (1871–1955), who set up business on his own in 1901 with a metal print shop in the Black Forest. Specialising in tin showers – to his mind the affordable alternative to the bathtub at that time – he laid the foundation stone for the sustainable success of his company. The "Hansgrohe Selecta" hand-held shower, the world's first showerhead with adjustable spray types, was sold more than 30 million times. As a result, the small three-man business from 1901 was to develop into a global enterprise with branches of its own in 37 countries on all continents. Today, it is one of the market leaders for mixers and showers with well over 3,000 employees. Many products, concepts and solutions which were developed and designed at Hansgrohe provided innovative impetus for the sanitary industry as a whole. In the process, development times and innovation cycles became faster and faster. From the initial idea to the finished product there now elapse just twelve to 18 months. The company has always attached great importance to the design of its products which for many years have been designed among others by the German designers Andreas Haug and Tom Schönherr from Phoenix Design. Particularly well known is the "Axor Starck collection" designed by the French creative talent Philippe Starck which has brought Hansgrohe success since its market launch in 1994. The corporate history, but also the development of the bathroom and of bathing, is the subject of the Hansgrohe Aquademie at the company's headquarters in Schiltach.

Als vielschichtige Erlebniswelt rund um das Thema Wasser ist die Hansgrohe Aquademie gleichzeitig Showroom, Museum und Seminarzentrum.

Im Museum für Wasser, Bad und Design werden Originalexponate und historische Arrangements aus sieben Jahrhunderten Badgeschichte präsentiert. Die Ausstellung gliedert sich in vier Themenfelder: „Europäische Badekultur seit dem Mittelalter", „Die Entwicklung des Sanitärhandwerks", „Die Geschichte der Wasserversorgung" sowie „Einblicke in die Hansgrohe Unternehmensgeschichte". Der Rundgang durch das Museum folgt einer chronologischen Abfolge der Exponate, beginnend mit der Wiederentdeckung des Wassers als Mittel der Hygiene und viel später auch des Vergnügens. An den einzelnen Stationen ist jeweils eine originalgetreue Szenerie als „Raum-im-Raum"-Inszenierung dargestellt. So kann der Besucher beispielsweise anhand einer rekonstruierten Klempnerwerkstatt aus dem Jahr 1910 erfahren, wie seinerzeit Küchengerätschaften, Laternen und Gefäße hergestellt wurden. Im weiteren Verlauf werden komplette Bäder aus den verschiedenen Epochen und Kulturkreisen gezeigt.

A multifaceted world dealing with all aspects of the topic water, the Hansgrohe Aquademie is at one and the same time showroom, museum and seminar centre.

In the Museum for Water, Bathrooms and Design, original exhibits and historical arrangements from seven centuries of bathing history are presented. The exhibition is divided into four themed areas: "European bathing culture since the middle ages", "The development of plumbing", "The history of water supply" and "Insights into the Hansgrohe corporate history". The guided tour through the museum follows the chronological order of the exhibits, starting with the rediscovery of water for personal hygiene and much later also for pleasure. At each of the stations, there is an authentic scene presented as a "room in room". A reconstructed plumber's workshop from 1910, for instance, shows the visitor how kitchen utensils, lanterns and containers were manufactured at that time. As the tour continues, whole bathrooms from various eras and cultures are shown.

In der Ausstellung wird deutlich, dass in den Grundrissen der einfacheren Wohnungen zunächst keine separaten Räume für Bäder vorgesehen waren. Die Herausforderung, auf wenig Raum funktionierende Waschgelegenheiten und später Nasszellen oder gar eigene Badezimmer zu installieren, wird hier zu einer kleinen Architekturgeschichte. Diese reicht von der Gemeinschaftsbadewanne in der häufig im Keller sich befindlichen Waschküche über das sogenannte „Frankfurter Bad" in einer minimalen Raumnische bis hin zum „Kleinstbad", das der Bauhaus-Lehrer und -Architekt Walter Gropius in den 1920er Jahren entworfen hat. Im weiteren Verlauf des Rundgangs trifft der Besucher auf bescheidene Bäder der Nachkriegszeit im Westen Deutschlands sowie die Norm-Nasszelle der DDR-Wohnungsbauserie 70, die im Osten Deutschlands zu Tausenden in Plattenbauten eingesetzt wurde. Auch das psychedelische Fliesendesign der Hippie-Ära und originale Bäder in den zeittypischen Braun- und Orangetönen der 1970er Jahre dokumentieren ein Stück Zeitgeschichte und Zeitgeschmack. Ausführliche Texte und Abbildungen erläutern die technischen und sozialen Hintergründe der gesamten Entwicklung.

The exhibition explains that the original ground plans for more simple apartments did not originally allow for separate bathrooms. The challenge how to install functioning washing facilities and later small shower rooms or even separate bathrooms turns into a brief architectural history. This extends from the communal bathtub in the wash house often located in the cellar to what is referred to in Germany as the "Frankfurt bathroom" in a small recess of one of the rooms in the flat through to the "smallest bathroom" which Bauhaus teacher and architect Walter Gropius designed in the 1920s. Continuing the tour, the visitor finds modest bathrooms of the postwar period in west Germany and the standardised shower room from the GDR residential construction series 70 which was installed by the thousand in the pre-cast concrete high-rises in east Germany. The psychedelic tile design of the hippie era and the original bathrooms with the brown and orange shades of the 1970s also document the interior design history and taste of that time. Detailed texts and illustrations explain the technical and social background of the whole development.

Spätestens in der Badausstellung wird deutlich, wie sich das Bad von der rein funktionalen Nasszelle zum komfortablen Wohlfühlraum gewandelt hat. Hier präsentiert das Unternehmen seine aktuellen Produkt- und Stilwelten sowie die Kollektionen und Raumkonzepte der Designermarke Axor. Das „Raum-im-Raum"-Prinzip setzt sich im aktuellen Teil der Ausstellung mit kompletten Bädern und begehbaren Badkojen fort. Zukunftsweisende Technologien für die umweltfreundliche Nutzung von Wasser sowie Informationen zur Ressource Wasser sind anhand einer interaktiven Wasserstraße anschaulich dargestellt. Entlang eines Wasserlaufs werden verschiedene Aspekte zum Element Wasser thematisiert: Von der Faszination des Wassers über die Versorgungsproblematik bis hin zur Wasseraufbereitung und Wiederverwendung. Und falls die Besucher das Element Wasser selbst auf der Haut spüren möchten, bietet das Unternehmen die Möglichkeit, die mehr als 200 m² große und mit unterschiedlichsten Hansgrohe Brausen ausgestattete Showerworld zum Probeduschen zu besuchen.

In the bathroom exhibition it becomes patently clear how the bathroom has evolved once and for all from the functional shower room to a comfortable wellness paradise. This is where the company presents its current product and style worlds as well as the collections and room concepts of the designer brand Axor. The "room in room" principle continues in the current part of the exhibition with complete bathrooms and walk-in presentation booths. Forward-looking technologies for the environmentally friendly use of water as well as information on water as a resource are vividly presented using an interactive water channel. Along this channel, various aspects of the element water are dealt with: from the fascination of water to supply problems through to water purification and recycling. And if the visitor wants to feel the element water on his own skin, the company offers the opportunity to test shower a whole range of different Hansgrohe showers in the 200 m² area called Showerworld.

Adresse | Address
Hansgrohe Aquademie
Auestraße 9
D-77761 Schiltach
www.aquademie.de

Öffnungszeiten | Opening hours
Mo.–Fr. 7.30–19.00 Uhr
Sa., So., Feiertage 10.00–16.00 Uhr
Mon.–Fr. 7.30 am–7.00 pm
Sat., Sun., holidays 10.00 am–4.00 pm

INFORMATIONEN | INFORMATION

Projekt | Project	Hansgrohe Aquademie
Schwerpunkt | Focus	Showroom, Museum und Seminarzentrum mit Präsentation der Unternehmensgeschichte von Hansgrohe und des Lebensraums Bad Showroom, museum and seminar centre with presentations on the history of the company and the bathroom as living space
Bauherr | Commissioned by	Hansgrohe SE
Architektur | Architecture	Stollberg Architekten, Schramberg
Innenarchitekten | Interior architects	Dieter Thiel, Basel Arkas Förstner, fön,design_Schramberg
Fläche | Exhibition space	4.000 m²
Baujahr | Year of construction	2006

INTERVIEW ROMAN PASSARGE

HERR PASSARGE, SIE HABEN BEREITS DAS VITRA DESIGN MUSEUM GELEITET UND IM AN-
SCHLUSS DARAN VIEREINHALB JAHRE DIE OPERATIVE FÜHRUNG DER HAMBURGER KUNST-
HALLE ÜBERNOMMEN. WO SEHEN SIE DEN HAUPTUNTERSCHIED IN DER ARBEIT FÜR DEN
ÖFFENTLICHEN UND PRIVATEN KULTURBETRIEB?

Der Hauptunterschied liegt für mich darin, dass die meisten öffentlichen Kulturbetriebe aufgrund der finanziellen Situation inzwischen leider ihr Hauptaugenmerk darauf richten müssen,
den laufenden Betrieb überhaupt zu gewährleisten. Gleichzeitig ist es durch die (politischen) Ent-
scheidungsträger aber meist untersagt, die Angebotsbreite zu überdenken. Um zu überleben, beschäftigen sich die öffentlichen Museen oft fast nur noch mit finanziellen Fragestellungen, aber
nur noch sehr wenig mit inhaltlichen Aufgaben. Im privaten Kulturbetrieb ist die Bereitschaft
größer, neue Wege zu gehen und das inhaltliche Angebot stärker an den Möglichkeiten und der
Nachfrage auszurichten. Das schafft dann Handlungsspielräume, um sich mit inhaltlichen und
kulturellen Fragen zu beschäftigen.

WAS VERBIRGT SICH HINTER DEM NAMEN HANSGROHE AQUADEMIE? EIN KUNDEN- UND
BESUCHERZENTRUM, EINE TAGUNGSSTÄTTE MIT SHOWROOM ODER EINE ERLEBNISWELT
MIT MUSEUM?

Die Hansgrohe Aquademie ist ein ungewöhnlicher Ort, der ein Museum mit aktuellen Ausstellungen, Bildungsangeboten, Werksführungen und nicht zuletzt mit dem direkten, persönlichen
Erleben der Produkte verbindet. Hier können Sie Geschichte und Gegenwart des Bades sinnlich,
inspirierend, live und in 3D erfahren.

MR. PASSARGE, YOU HEADED UP THE VITRA DESIGN MUSEUM, AFTER WHICH YOU TOOK
OVER THE OPERATIONAL MANAGEMENT OF THE HAMBURG KUNSTHALLE FOR FOUR AND
A HALF YEARS. WHAT FOR YOU IS THE MAIN DIFFERENCE IN THE WORK FOR PUBLIC AND
PRIVATE CULTURAL INSTITUTIONS?

For me, the main difference lies in the fact that due to the financial situation most public cultural institutions unfortunately have to focus above all on keeping them running. At the same
time, the (political) decision-makers do not allow them to rethink the breadth of the offering. To
survive, public museums are forced to tackle financial issues above all, leaving very little time for
content-related tasks. In private cultural institutions there is a greater willingness to explore new
avenues and to gear the content more closely to the possibilities and demand. This creates scope to
deal with questions of content and culture.

WHAT IS THE NAME HANSGROHE AQUADEMIE ALL ABOUT? A CUSTOMER AND VISITOR
CENTRE, A CONFERENCE CENTRE WITH SHOWROOM OR A BRAND WORLD WITH MUSEUM?

The Hansgrohe Aquademie is an unusual place which combines a museum with current exhibitions, training offerings, factory visits and not least with the opportunity to experience the products at first hand. Here you can experience the history and present day of the bathroom-sensu-
ally, live and in 3D.

WELCHEN DIESER SCHWERPUNKTE MÖCHTEN SIE IN ZUKUNFT STÄRKER AUSBAUEN?

Wir werden in Zukunft stärker als jetzt alle Sinne ansprechen und unsere Themen Wasser, Nachhaltigkeit und Design direkt erleb- und anfassbar machen

DERZEIT WIRD DAS MUSEUM FÜR WASSER, BAD UND DESIGN ZUM TEIL UMGESTALTET. WISSEN SIE SCHON, WAS SICH ÄNDERN WIRD?

Unser Ziel bei der Umgestaltung ist es, in neuen Ausstellungsteilen die Geschichte des Bades und des Unternehmens historisch vertiefter darzustellen, diese mit Hilfe eines Kinos emotionaler zu erzählen und dabei das Wasser sinnlich erfahrbarer zu machen. Wir werden im Zuge der Umgestaltung unsere Produkt-Ausstellungsbereiche überarbeiten und hier verstärkt Lösungsansätze und Inspirationen für denjenigen anbieten, der sich mit seinem Bad auseinandersetzt.

ZUM TEIL SIND IN DER AUSSTELLUNG ORIGINALE EXPONATE ZU SEHEN. WIE HOCH IST BEISPIELSWEISE DER AUFWAND ZUR KONSERVATORISCHEN SICHERUNG EINER SANITÄR-ZELLE AUS EINEM DDR-PLATTENBAU?

Im Moment haben wir noch „Glück": Durch unsere relativ jungen Sammlungsobjekte und das stark vertretene Material Messing hält sich der Aufwand noch in Grenzen. Allerdings werden wir hier in nächster Zeit verstärkt aktiv werden, um vor allem konservatorisch vorzubeugen und aufwendige Restaurationen in der Zukunft zu vermeiden. Ein besonderes Augenmerk gilt dabei sicher den Sammlungsobjekten mit Kunststoffen.

WHERE WOULD YOU LIKE TO PLACE A GREATER FOCUS IN FUTURE?

In future, we will focus more than at present on addressing all the senses and ensure that our topics water, sustainability and design can be experienced directly and tangibly.

THE MUSEUM FOR WATER, BATHROOMS AND DESIGN IS BEING PARTLY REFURBISHED AT PRESENT. DO YOU ALREADY KNOW WHAT WILL CHANGE?

The goal of the refurbishment is to present the history of the bathroom and of the company in the new exhibition sections in greater depth, to tell the story with more emotion in a cinema and to make it possible to experience water with all the senses. In the course of the refurbishment we will rework the product exhibition areas and offer more solutions and inspiration here for those grappling with their own bathroom design at home.

THE EXHIBITION CONTAINS SOME AUTHENTIC EXHIBITS. HOW MUCH EFFORT AND EXPENSE IS INVOLVED, FOR INSTANCE, IN CONSERVING A SHOWER ROOM FROM A GDR PREFAB HIGH-RISE?

At the moment, we are still "lucky": the artefacts in the collection are relatively young and brass is strongly represented as a material so that the cost and effort is manageable. However, in the not too distant future we will have to take preventative measures in order to avoid costly restoration in the future. Items from the collection made of plastic will certainly be a special focus of this work.

DIE HANSGROHE AQUADEMIE BEFINDET SICH AUF DEM WERKSGELÄNDE IN SCHILTACH. GIBT ES DIE MÖGLICHKEIT, AUCH DIE FABRIKATION ZU BESICHTIGEN?

Ja, natürlich. Wir bieten sowohl öffentliche Führungen an, denen man sich als Individualreisender anschließen kann, als auch gebuchte Führungen für Gruppen. Im Augenblick veranstalten wir im Jahr ca. 450 Werksführungen.

IN WELCHER FORM WIRD DER MUSEALE BEREICH DER HANSGROHE AQUADEMIE BETRIEBS-WIRTSCHAFTLICH UND RECHTLICH GEFÜHRT?

Bislang wird die Hansgrohe Aquademie – einschließlich des Archivs, der Sammlung und des Museums – im Organigramm als Bereich der Corporate Communication geführt.

IST (ANALOG ZU VIELEN ANDEREN FIRMENMUSEEN) DIE EINRICHTUNG EINER EIGENEN STIFTUNG GEPLANT?

Meines Wissens ist eine Stiftung bisher nicht geplant. Aber sicher ist dies in Zukunft eine Überlegung wert, um der Sammlung und dem Archiv – und damit der Geschichte der Familie und des Unternehmens – einen anderen Stellenwert zu geben.

THE HANSGROHE AQUADEMIE IS LOCATED ON THE COMPANY PREMISES IN SCHILTACH. IS IT ALSO POSSIBLE TO VISIT THE FACTORY?

Yes, of course. We offer both public tours in which individuals can take part but also pre-booked group tours. At present, we do about 450 plant tours a year.

HOW IS THE MUSEUM SECTION OF THE HANSGROHE AQUADEMIE CURRENTLY MANAGED IN TERMS OF ITS POSITION WITHIN THE ORGANISATION?

At present, the Hansgrohe Aquademie – including archive, collection and museum – belong to Corporate Communication.

ARE THERE PLANS (ALONG THE LINES OF MANY OTHER CORPORATE MUSEUMS) TO SET UP A SEPARATE FOUNDATION?

To my knowledge there are no plans to set up a foundation. But it may well make sense to think about it in order to give more weight to the collection and the archive, and thus also to the history of the family and company.

ROMAN PASSARGE

Roman Passarge arbeitet seit Januar 2012 als Leiter der Hansgrohe Aquademie bei der Hansgrohe SE. Zuvor war er unter anderem Geschäftsführer der Hamburger Kunsthalle und Kaufmännischer Leiter des Vitra Design Museums.

Roman Passarge has been head of the Hansgrohe Aquademie at Hansgrohe SE since January 2012. Before that, his positions included director of the Hamburg Kunsthalle and commercial director of Vitra Design Museum.

HARLEY-DAVIDSON MUSEUM

Das Harley-Davidson Museum präsentiert auf über 12.000 m² die Geschichte, den Mythos und das Lebensgefühl der legendären Motorradmarke.

The Harley-Davidson Museum presents the history, heritage and spirit of the legendary motorcycle brand on over 12,000 m².

Begründet haben William (Bill) S. Harley sowie die Brüder Arthur und Walter Davidson den Mythos 1903, als sie ihr erstes Motorrad entwickelten. Das Fahrrad mit einer einfachen Brennkammer als Hilfsmotor wurde zum Urahn aller Harley-Davidson-Motorräder. Vier Jahre später schloss sich auch William Davidson den dreien an und die „Harley-Davidson Motor Company" in Milwaukee im US-amerikanischen Bundesstaat Wisconsin wurde offiziell in das Handelsregister eingetragen. Das Unternehmen expandierte rasch und so konnten 1920 bereits 2.000 Mitarbeiter fast 30.000 Motorräder produzieren. Die Weltwirtschaftskrise überstand das Unternehmen ohne größere Schäden. In den 1930er und 40er Jahren wurden zahlreiche Motorräder für die Army produziert, die in der Nachkriegszeit auch in Deutschland viele Bewunderer fanden. Insbesondere das Roadmovie „Easy Rider" (1969) mit Peter Fonda und Dennis Hopper verlieh der Marke Kultstatus. 1969 ging Harley-Davidson eine Fusion mit AMF (American Machine and Foundry Company) ein, die 1981 mit dem Rückkauf der Anteile beendet wurde. 2003 feierte die Firma zusammen mit ihren Anhängern und den zahlreichen Harley-Davidson Clubs das 100-jährige Firmenjubiläum. In Deutschland fanden aus diesem Anlass erstmals die Harley Days in Hamburg statt.

Bereits im Jahr 1919 beschlossen die Unternehmensgründer, aus jedem Modelljahr mindestens ein Fahrzeug für das Firmenarchiv zu behalten. Von allen Modellen, die vor 1919 produziert wurden, kaufte die Firma mindestens ein Exemplar zurück. Inzwischen umfasst die kontinuierlich gepflegte Sammlung über 500 Motorräder. Die meisten Exponate – die sogenannte Core Collection – kamen direkt vom Band in das Archiv. Um die Sammlung der Öffentlichkeit zugänglich zu machen, fiel der Entschluss zum Bau eines eigenen Firmenmuseums.

The legend was founded by William (Bill) S. Harley and brothers Arthur and Walter Davidson in 1903, when they developed their first motorcycle. The first motorcycle, with a simple combustion chamber as auxiliary engine, became the forbearer of all Harley-Davidson motorcycles that were to follow. Four years later, the three founders were joined by William Davidson and "Harley-Davidson Motor Company" was officially entered in the commercial register of Milwaukee in the U.S. federal state of Wisconsin. The company expanded rapidly and by 1920, 2,000 employees had already produced almost 30,000 motorcycles. "Harley-Davidson" also survived the Great Depression. In the 1930s and 40s, large numbers of motorcycles were produced for the army leading to many admirers in post-war Germany. It was, however, the "chopper" phenomenon, as seen in the road movie "Easy Rider" (1969) starring Peter Fonda and Dennis Hopper that gave the brand cult status. In 1969, Harley-Davidson entered into a merger with AMF (American Machine and Foundry Company) which was terminated in 1981. In 2003, the company celebrated its 100th anniversary together with fans and numerous Harley-Davidson clubs. In Germany, the occasion was marked by the first Harley Days in Hamburg.

As early as 1919, the founding fathers of the company decided to keep at least one vehicle from every model year for the company's archive. The company also bought back at least one example of all of the models produced before 1919. Meanwhile, the continuously groomed collection contains more than 500 motorcycles. Most exhibits – the "Core Collection" – came direct from the production line to the archive. To make the collection accessible to the public, the company decided to build a museum.

2005 unterzeichneten die Stadt Milwaukee und die Harley-Davidson Motor Company einen Vertrag über den Ankauf des ehemaligen Morton Salt Areals am Ufer des Menomonee River, rund drei Meilen (4,8 Kilometer) vom Firmensitz entfernt. Auf einer 81.000 m² großen Fläche, die wie eine Halbinsel auf drei Seiten vom Menomonee River und Menomonee Canal umgeben ist, wurde 2008 das Harley-Davidson Museum eröffnet. Die Architektur des Museums mit den Materialien Stahl und Backstein sowie alten Holzdielen im Inneren orientiert sich an der rauen Industriearchitektur des vergangenen Jahrhunderts. Die Architekten von Pentagram haben sich von den deutschen Fotografen Bernd und Hilla Becher inspirieren lassen, die für ihre Dokumentationen von historischen Industrieanlagen bekannt sind. Der langgestreckte Baukörper hat eine mattschwarze Klinkerfassade, in die der Firmenname aus 4.700 glänzenden Steinen eingelassen wurde. Sowohl in der Außengestaltung als auch im Innenraum wurden ausschließlich die typischen Harley-Davidson-Farben Schwarz, Weiß, Silber und Orange verwendet. Alle Gebäudeteile sind über verglaste Brücken miteinander verbunden. In eines der vier Stahlrahmentragwerke wurde ein dreidimensionales „Bar&Shield"-Logo eingehängt, das von Willie G. Davidson, dem Enkel des Firmengründers, entworfen wurde.

In 2005, an agreement was signed between the City of Milwaukee and Harley-Davidson Motor Company to purchase the former city property and Morton Salt Area on the banks of the Menomonee River, three miles (4.8 kilometres) from the company's headquarters. In 2008, the Harley-Davidson Museum was opened on an area of 81,000 m², surrounded like a peninsula on three sides by the Menomonee River and the Menomonee Canal. The architecture of the museum, using the materials steel and brick as well as wooden floor boards inside, follows the rough industrial architecture of the past century. The architects from Pentagram were inspired by the German photographers Bernd and Hilla Becher, who are well known for their documentation of historical industrial facilities. The elongated structure is clad with a matte-black clinker facade and bears the company name in 4,700 lighter coloured bricks. Both the exterior design and the interior space use only the typical Harley-Davidson colours black, white, silver and orange. The different parts of the building are connected by glazed bridges. A three-dimensional Bar & Shield logo designed by Willie G. Davidson, grandson of one of the founders of the company, has been suspended in one of the four steel supporting frames.

Die weitgehend chronologisch organisierte Ausstellung ist wie eine Straße angeordnet, an der sich einzelne Themenräume anlagern. So wurde beispielsweise der „Serial Number 1", der ältesten erhaltenen Harley-Davidson-Maschine, ein separater Raum gewidmet. Im „Engine Room" können die Besucher sich mit der Geschichte, der Technik und dem Sound der Harley-Davidson-V-Motoren vertraut machen. Ein weiterer Raum widmet sich dem Thema Produktion und Design. Dort wird gezeigt, wie eine Harley-Davidson in der Frühzeit des Unternehmens entstand und wie man heute vorgeht. Alte Blaupausen und Reißbretter stehen im Kontrast zur heutigen Arbeit mit Computern und Robotern. Es besteht auch die Möglichkeit, einen Blick in das umfangreiche Archiv mit dem Fundus, aus dem das Archivteam die Ausstellungen zusammenstellt, zu werfen. Auf einer in Originalgröße nachgebauten hölzernen Steilkurve präsentieren sich die Board Track Rennmaschinen der „Roaring Twenties". Eine Wand mit 100 klassischen Tanks gibt eine Übersicht zur Entwicklung des Harley-Davidson-Designs.

Mainly organised chronologically, the exhibition is arranged like a road along which the individual themed rooms are positioned. For example, the oldest known Harley-Davidson motorcycle in existence , "Serial Number 1", has a separate room dedicated to it. In the "Engine Room" the visitors can find out more about the history, technology and sound of the Harley-Davidson V-Twin engines. Another room is devoted to the subject of production and design. Here the visitor can learn how a Harley-Davidson was built in the early days of the company and how they are built today. Old blueprints and drawing boards are juxtaposed with the work today on computers and with robots. It is also possible to view the extensive archives with the resources and artifacts from which the archives team put the exhibitions together. The board track racing machines of the roaring twenties are presented on a replica wooden banked corner. A wall with 100 classic tanks gives an overview of the development of the Harley-Davidson designs.

Die weitläufigen Außenanlagen am Ufer des Menomonee River sind der Öffentlichkeit zugänglich und bieten den Besuchern und deren Motorrädern viel Raum zum Flanieren und Cruisen. Relikte wie ein im Original erhaltener orangefarbener Sandbehälter verleihen dem Ort eine authentische Aura. Da die Straßen auf dem Gelände ähnlich wie bei den klassischen Biker Ralleys in Daytona und Sturgis über breite seitliche Parkstreifen verfügen, bieten die geparkten Harleys der Besucher einen weiteren Blickfang.

The sweeping outdoor area on the banks of the Menomonee River is open to the public and offers visitors and their motorcycles ample space for strolling or cruising. Relics like two original orange-coloured hippers give the place an authentic aura. The streets on the campus are edged by wide parking strips, and the Harleys parked there are an eye catcher.

Adresse | Address
Harley-Davidson Museum
400 W Canal Street
Milwaukee, WI 53201, USA
1-877-HD-MUSEUM or 414-287-2789
www.h-dmuseum.com

Öffnungszeiten | Opening hours
Mo.–Mi., Fr.–So. 10.00–18.00 Uhr
Do. 10.00–20.00 Uhr, 1. Okt.–30. Apr.
Mo.–Mi., Fr.–So. 9.00–18.00 Uhr
Do. 9.00–20.00 Uhr, 1. Mai–30. Sept.
Mon.–Wed., Fri.–Sun. 10.00 am–6.00 pm
Thurs. 10.00 am–8.00 pm, 1st Oct.–30th Apr.
Mon.–Wed., Fri.–Sun. 9.00 am–6.00 pm
Thurs. 9.00 am–8.00 pm, 1st May–30th Sept.

INFORMATIONEN | INFORMATION

Projekt | Project	Harley-Davidson Museum
Schwerpunkt | Focus	Das Harley-Davidson Museum zeigt die Geschichte und Kultur der Marke aus Sicht der Motor Company. The Harley-Davidson Museum provides a glimpse into history and culture through the lens of Harley-Davidson Motor Company.
Bauherr | Commissioned by	Harley-Davidson Motor Co.
Architektur | Architecture	Pentagram Architects, New York
Ausstellungsdesign | Exhibition design	Pentagram Design, New York
Landschaftsarchitekten | Landscape architects	Oslund and Associates, Minneapolis
Fläche | Exhibition space	12.000 m²
Baujahr | Year of construction	2008

THE HERSHEY STORY

Drei Millionen Besucher kommen jährlich in den Ort Hershey im Bundesstaat Pennsylvania. Der Name des Firmen- und Stadtgründers, Milton S. Hershey, ist hier allgegenwärtig.

Three million visitors come to Hershey in the state of Pennsylvania each year. The name of the founder of the company and town, Milton S. Hershey, is omnipresent here.

„Willkommen am süßesten Ort auf Erden" begrüßt ein überdimensionales Plakat die Besucher schon am Eingang von Hershey, einem Ort, der in den USA ein Synonym für Schokolade ist. Das Wahrzeichen der Stadt sind die Zwillingskamine der Schokoladenfabrik, und die Hauptstraße heißt Chocolate Avenue. Hier gründete Milton S. Hershey Anfang des 19. Jahrhunderts sein gleichnamiges Schokoladenimperium. Der Weg dorthin wird im Museum „The Hershey Story" nachgezeichnet.

Der gelernte Konditor Milton Snavely Hershey gründete zunächst die Lancaster Caramel Company zur Herstellung von Karamellbonbons. Auf der Weltausstellung von Chicago entdeckte er 1893 deutsche Maschinen zur Herstellung von Milchschokolade, die es seinerzeit nur als Luxusgut auf dem amerikanischen Markt gab. 1900 verkaufte Hershey seine Karamellfirma, um sich ganz der Herstellung von Schokolade zu widmen. 1903 errichtete er schließlich in seinem Heimatort die erste eigene Fabrik, die von großen Weideflächen umgeben war. Der Rohstoff Milch konnte so praktisch vor den Fabriktoren erzeugt werden. Milton Hershey ließ schmucke Häuser für seine Angestellten errichten und nach und nach folgten ein Supermarkt, ein Freizeitpark, ein Theater, ein öffentliches Schwimmbad und sogar ein eigenes Straßenbahnsystem. Die von ihm geschaffene „Company Town" wurde durch baumgesäumte Straßenzüge mit Ein- oder Zweifamilienhäusern aus Ziegeln geprägt. So entstand mitten in den USA eine florierende „Einindustrie-Stadt", an der sogar die große Depression offenbar spurlos vorüberzog.

Der kinderlose Philanthrop setzte sein Vermögen schon zu Lebzeiten zur Förderung von bedürftigen Kindern ein. So gründete er eine Schule für Waisenkinder, in der Schüler zwischen 4 und 18 Jahren eine kostenfreie Ausbildung erhalten.

"Welcome to the sweetest place on earth", are the words with which an oversized poster welcomes the visitors at the entrance to Hershey, a place that is synonymous in the US with chocolate. The landmark of the town are the twin chimneys of the chocolate factory and the main street is called Chocolate Avenue. This is where Milton S. Hershey founded the chocolate empire of the same name at the beginning of the 19th century. The way there is traced in the museum "The Hershey Story".

Trained as a confectioner, Milton Snavely Hershey initially founded Lancaster Caramel Company to produce caramel sweets. At the world exhibition in Chicago in 1893 he discovered German machines for the production of milk chocolate which at that time was only available on the American market as a luxury product. In 1900, Hershey sold his caramel firm to allow him to devote himself entirely to the production of chocolate. In 1903, he erected his first factory in his home town which was surrounded by large pastures. The raw material milk could thus be practically produced on the doorstep of the factory. Milton Hershey had neat houses built for his workers and gradually there followed a department store, a leisure park, a theatre, a public swimming pool and even the town's own tramcar system. The "model industrial town" that he created was characterised by tree-lined streets with one or two-family brick houses. The result was a flourishing "one-industry town" at the heart of the USA which even the Great Depression left unscathed.

During his lifetime, the childless philanthropist already used his fortune to help needy children. He founded a residential school for orphans at which pupils between 4 and 18 received free education.

Heute hält der Milton Hershey School Trust die Mehrheit der Aktien an der Firma. Zu massiven Protesten seitens der Belegschaft und Bevölkerung kam es, als dieser plante, seine Beteiligungen am Unternehmen zu verkaufen und damit den amerikanischen Schokoladentraum gefährdete.

Das Museum befindet sich in Downtown Hershey in unmittelbarer Nähe zu den Produktionsstätten. In den fünf permanenten Ausstellungsabteilungen „Failures to Fortunes", „Sweet Innovations", „Power of Promotion", „Hershey builds Hershey" und „ A Living Legacy" wird die Story des Gründers und seines Unternehmens anhand von zahlreichen Schautafeln, interaktiven Bildschirmen und Installationen erzählt. Im „Chocolate Lab" können die Besucher Erfahrungen in der Schokoladenproduktion „hands on" sammeln und zum Abschluss im Bereich Chocolate Tasting auch selbst probieren.

Today, the Milton Hershey School Trust holds the majority of the shares in the company. There were huge protests by the workforce and population when the Trust planned to sell its shareholding and thus endanger the American chocolate dream.

The museum is located in downtown Hershey, in the immediate vicinity of the production facilities. In five permanent exhibition departments "Failures to Fortunes", "Sweet Innovations", "Power of Promotion", "Hershey builds Hershey", "A Living Legacy" the story of the founder and his company is told on numerous display boards, interactive screens and installations. In the "Chocolate Lab", the visitors can gather "hands on" experience in the production of chocolate and in the chocolate tasting department try it out for themselves.

Begleitet wird das Programm durch zahlreiche Vorträge und Programme, die sich an verschiedene Altersgruppen richten. Die Fülle an Freizeitangeboten, zu denen beispielsweise auch das Besucherzentrum „Hershey's Chocolate World", der Freizeitpark „Hersheypark" und das „Hersheypark Stadium" mit 15641 festen Sitzplätzen gehören, locken jährlich drei Millionen Gäste in den Ort, der drei Stunden von New York entfernt liegt.

The museum is accompanied by numerous lectures and programmes geared to different age groups. The wealth of leisure offerings including the visitor centre "Hershey's Chocolate World", the leisure park "Hersheypark" and the "Hersheypark Stadium" with 15,641 permanent seats attract three million guests a year to a place that is three hours from New York.

Adresse | Address
The Hershey Story
63 West Chocolate Avenue
Hershey, PA 17033, USA
www.hersheystory.org

Öffnungszeiten | Opening hours
Mo.–So. 09.00–17.00 Uhr
Mon.–Sun. 9.00 am–5.00 pm

INFORMATIONEN | INFORMATION

Projekt | Project	The Hershey Story, The Museum on Chocolate Avenue
Schwerpunkt | Focus	Inszenierung des Lebenswerks des amerikanischen Schokoladenherstellers und Philantropen Milton S. Hershey Presentation of the lifework of the American chocolate manufacturer and philanthropist Milton S. Hershey
Bauherr | Commissioned by	M.S. Hershey Foundation, Hershey
Fläche | Exhibition space	975 m²
Baujahr | Year of construction	2009

IGP FARBSPUREN

Das Schweizer Unternehmen IGP Pulvertechnik AG entwickelt Pulverlacksysteme für Architektur und Industrie. Das Thema Farbe spielt bei diesen Anwendungen eine große Rolle. In der firmeninternen Dauerausstellung „Farbspuren" wird das Thema Farbe anhand von Exponaten und Experimenten präsentiert.

The Swiss company IGP Pulvertechnik AG develops powder varnish systems for architecture and industry. Colour plays an important role in these applications. The company's in-house permanent exhibition "Farbspuren" (colour traces) presents the theme colour in exhibits and experiments.

Die Technologie der Pulverbeschichtung ist in den vergangenen Jahren stark fortentwickelt worden. Wo früher der sogenannte Nasslack dominierte, kommt heute immer mehr der umweltfreundlichere Pulverlack zum Einsatz. Inzwischen kann fast alles mit Pulver beschichtet werden: von Hochhausfassaden und Glasflächen über Möbel bis hin zu Industrieprodukten. Das Unternehmen IGP wurde 1968 von Firmen aus der Schweizer Chemiebranche gegründet und ist maßgeblich am Erfolg dieser Beschichtungstechnik beteiligt. Das Unternehmen gehört seit 1996 zur Schweizer Dold Group. Die Leistungsbausteine umfassen Produktsysteme, Serviceleistungen, Farbberatung sowie Inspiration und Networking. So wird in den hauseigenen Farblaboren die Forschung vorangetrieben und die Kunden können selbst Farbkombinationen, Strukturen sowie Effekte zusammenstellen.

Um diese Kompetenzfelder des Unternehmens für Kunden, Besucher und Mitarbeiter erlebbar zu machen, wurde im Firmengebäude die Dauerausstellung „Farbspuren" installiert. Das Konzept der Ausstellung spielt mit dem Prinzip des „Deponierens und Exponierens" von Informationen zum Thema Farbe. So werden in einem Farbarchiv die Beiträge und das Wissen von Naturwissenschaftlern, Künstlern und Psychologen der vergangenen Jahrhunderte zu den Phänomenen Farbe und Licht gesammelt. Alle Informationen zum Thema Farbe sind in einer großen Archivwand gespeichert. Der Besucher ist aufgefordert, Schubladen zu öffnen und hinter Klappen zu schauen, um sich Informationen anzueignen. Einige der Themen sind hervorgehoben und an den Ausstellungselementen in sinnlicher Form erlebbar.

Mobile Farbboxen bieten Einblick in Ursprung und Herstellung verschiedener Farb- und Überzugsstoffe und verweisen auf verblüffende Anwendungsgebiete. Farbspezifische Themen werden als farbige Kuben aus der Wand gezogen, skaliert und schwebend im Raum verteilt.

The technology of powder coating has advanced greatly in recent years. Where wet varnish used to dominate, the more environmentally friendly powder varnish is now used more and more. Meanwhile, almost anything can be coated with powder: from high-rise facades and glass surfaces to furniture right through to industrial products. The company IGP was founded in 1968 by companies from the Swiss chemicals industry and has played a key role in the success of this coating technology. Since 1996, the company has belonged to the Swiss Dold Group headquartered in Wallisellen. Its performance spectrum covers product systems, services, colour consulting as well as inspiration and networking. Research is pursued in in-house colour laboratories and customers can put together their own colour combinations, structures and effects.

To allow customers, visitors and employees to experience the company's key competencies, a permanent exhibition called "Farbspuren" was installed in the company. The concept behind the exhibition plays with the principle of "depositing and exposing" information on the subject colour. A colour archive, for instance, collects articles and knowledge from scientists, artists and psychologists of past centuries on the phenomena colour and light. All the information is saved in a large archive wall. The visitor is encouraged to open drawers and look behind flaps to obtain the information. A number of themes are showcased and the visitor can experience them with various senses.

Mobile colour boxes offer an insight into the origin and manufacture of various colours and coatings and draw attention to surprising fields of application. Colour-specific themes are drawn as coloured cubes from the wall, scaled and suspended around the room.

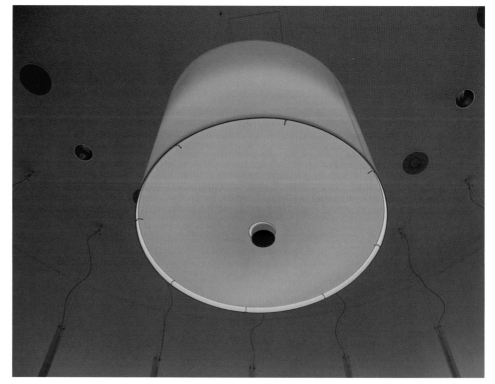

Es entstehen Kisten zum Ertasten von Farben, zum Darunterschlüpfen und Erleben von Farben, Lichtkisten zum Betrachten einer Farbe unter verschiedenen Lichtsituationen sowie Kästen zum Hineinschauen oder Draufsitzen. Beispielsweise lassen sich in der Lichtfarbenkiste Farben unter unterschiedlichen Lichtbedingungen betrachten. Die Ausstellung wird durch weitere Präsentationselemente in den Produktionshallen ergänzt.

There are boxes to feel colours, to crawl under and to experience colours, light boxes to look at a colour in various light situations and boxes to look into or sit on. In the light colour box, for instance, colours can be looked at under different lighting conditions. The exhibition is supplemented by further presentation elements in the production halls.

Um eine Mehrfachnutzung des Raumes wie beispielsweise für Seminare und Sonderausstellungen zu ermöglichen, sind alle Exponate und Präsentationselemente mobil gestaltet. Die IGP engagiert sich in der Förderung innovativer Gestaltung und unterstützt Einrichtungen für Kunst und Handwerk. Mit Vortragsveranstaltungen zum Thema Licht, Struktur und Reflexionen tritt das Unternehmen mit Design- und Architekturschaffenden, Farbpsychologen und Persönlichkeiten aus Wirtschaft und Forschung in Dialog.

To allow the room to be used for multiple purposes such as seminars and special exhibitions, all the exhibits and presentation elements are designed to be mobile. IGP is committed to promoting innovative design and supports art and craft institutions. With lectures on the topic light, structure and reflection, the company enters into dialogue with designers and architects, colour psychologists and luminaries from the worlds of business and research.

Adresse | Address
IGP Pulvertechnik AG
Ringstraße 30
CH-9500 Wil
www.igp.ch

Öffnungszeiten | Opening hours
auf Anfrage
by arrangement

INFORMATIONEN | INFORMATION

Projekt | Project	IGP Farbspuren
Schwerpunkt | Focus	Die interne Dauerausstellung zeigt allgemeine Farb- und spezielle Firmengeschichte anhand von Exponaten und Experimenten. The in-house permanent exhibition shows a general colour history and corporate history in the form of exhibits and experiments.
Bauherr | Commissioned by	IGP Pulvertechnik AG
Ausstellungskonzeption | Exhibition concept	SPACE4, Stuttgart
Fläche | Exhibition space	70 m²
Baujahr | Year of construction	2007

IWC MUSEUM

Im luxuriösen Ambiente eines sogenannten „Gentleman Club" präsentiert das IWC Museum in Schaff-hausen Uhren und Artefakte aus der über 140-jährigen Unternehmensgeschichte.

In the luxurious ambiance of a gentlemen's club, the IWC Museum in Schaffhausen presents watches and artefacts from the 140-year history of the company.

Die International Watch Co. IWC wurde 1868 in Schaffhausen vom amerikanischen Ingenieur und Uhrmacher Florentine Ariosto Jones (1841–1916) gegründet. Für die Wahl des Standortes im schweizerischen Schaffhausen sprachen vor allem die guten Randbedingungen für die Uhrenproduktion. So sorgte das unmittelbar am Werksgelände gelegene Wasserkraftwerk am Rhein für den Antrieb der benötigten Maschinen. Gleichzeitig hatte die Region bereits eine jahrhundertealte Tradition in der Uhrenherstellung und das Lohnniveau war im Vergleich zu den USA niedrig. Es war das Ziel des Unternehmers, durch die Verbindung fortschrittlicher amerikanischer Produktionstechnik mit dem handwerklichen Geschick der Schweizer Uhrmacher auf dem amerikanischen Markt erfolgreich zu sein. Zwischen 1874 und 1875 wurde das vom Architekten Johann Gottfried Meyer entworfene Fabrikgebäude errichtet, das bis heute Stammsitz des Unternehmens ist. Der Erfolg des Unternehmens war allerdings zunächst wechselhaft. Schon 1876 fiel die IWC an eine Schaffhausener Bank und einige Jahre später übernahm die ortsansässige Unternehmerfamilie Rauschenbach das Ruder. Eine besondere Innovation war die Fertigung der ersten Taschenuhren mit digitaler Anzeige, bei der die Stunden und Minuten nicht über ein Zifferblatt, sondern mit Sprungziffern dargestellt wurden. Ende des 19. Jahrhunderts kamen die ersten Armbanduhren mit kleineren Uhrwerken für Damen auf den Markt und 1936 folgten die ersten Fliegeruhren, mit denen das Unternehmen weltweiten Erfolg hatte. Auch die Entwicklung des automatischen Pellaton-Aufzuges, der vom technischen Leiter Albert Pellaton entwickelt und 1946 patentiert wurde, stellt einen Meilenstein in der Unternehmensgeschichte dar. In den 1970er Jahren drängten verstärkt die Quarzuhren auf den Markt und die gesamte Uhrmacherzunft in der Schweiz geriet in die Krise.

International Watch Co. IWC was founded in Schaffhausen by American engineer and watchmaker Florentine Ariosto Jones (1841–1916) in 1868. The location in Swiss Schaffhausen was chosen for its good conditions for the production of watches. The hydroelectric power station on the Rhine, directly in the factory grounds, provided the electricity to drive the machines. At the same time, the region had a century-long tradition of watch manufacturing and the wage level was low compared to the USA. The goal of the entrepreneur was to achieve success on the American market by combining advanced American production technology with the craftsmanship of the Swiss watchmakers. Designed by architect Johann Gottfried Meyer, the factory building was erected between 1874 and 1875 and has been the headquarters of the company ever since. The fortunes of the company were, however, initially erratic. In 1876, IWC was already claimed by a Schaffhausen bank and a few years later Rauschenbach, a local family of entrepreneurs, took the helm. A special innovation was the production of the first pocket watches with a digital display where the hours and minutes are not shown with hands on the face of the watch but on jumping dials. At the end of the 19th century, the first wrist watches with smaller movements for ladies were launched, followed in 1936 by the first pilot watches which were to bring the company worldwide success. The development of the automatic Pellaton winding mechanism, which was developed by the technical director Albert Pellaton and patented in 1946, represents a further milestone in the history of the company. In the 1970s, the market was flooded with quartz watches and the entire watch-making industry in Switzerland was plunged into a crisis.

Nachdem der VDO Konzern IWC im Jahre 1978 übernommen hatte, konnte sich das Unternehmen erst unter der Leitung von Günter Blümlein durch die Rückbesinnung auf klassische mechanische Uhrwerke konsolidieren. Zur Jahrtausendwende folgte die Übernahme durch den Richemont Konzern, der eine stärkere Internationalisierung der Marke verfolgt. Bereits 1993 wurde anlässlich des 125-jährigen Firmenjubiläums ein eigenes Museum im Dachgeschoss des denkmalgeschützten Stammhauses eingerichtet. 2007 zog das Uhrenmuseum in das umgebaute Erdgeschoss des Hauptgebäudes. Die Produktion von Gehäusen und Werkteilen wurde in benachbarte Gebäude ausgelagert, sodass die Ausstellung um zahlreiche Sammlerstücke und eine multimediale Präsentation zur Firmenhistorie erweitert werden konnte.

Der Rundgang beginnt im westlichen Flügel, wo der Schwerpunkt auf der Präsentation von Originalen aus den ersten hundert Jahren des Unternehmens liegt. Diese befinden sich in langen Vitrinen, die mit dreidimensional geformten Scheiben abgeschlossen und hinterleuchtet sind. Die Exponate scheinen in ihnen zu schweben.

After the takeover of IWC by the VDO group in 1978, the company was finally able to consolidate its position under the management of Günter Blümlein and a return to the classical mechanical movements. At the beginning of the new millennium, the company was taken over by the Richemont Group which pursues a stronger internationalisation of the brand. On the occasion of the 125th anniversary of the company in 1993, a museum was set up in the attic of the listed head office building. In 2007, the watch museum was then relocated to the refurbished ground floor of the main building. The production of cases and parts was moved to the adjacent building so that the exhibition could be expanded to include numerous collectibles and a multimedia presentation on the history of the company.

The tour of the museum begins in the west wing where the focus is on the presentation of original products from the first hundred years of the company. They are placed in long display cases which are closed by three-dimensional panes and backlit. As a result, the exhibits appear to be suspended in them.

Der Raum wird ausschließlich durch die großen Fensterflächen sowie die Vitrinen beleuchtet. Durch die kalte Lichtfarbe soll der technische Charakter der Exponate verstärkt werden. Die Präsentation im Ostflügel fokussiert die jüngeren Uhrenfamilien und ihre Geschichte nach 1970. Unter den ausgestellten Uhren befindet sich auch ein Exemplar der im Jahre 1985 präsentierten und von Kurt Klaus entwickelten Da Vinci Ref. 3750 mit ewigem Kalender. Das Zentrum des Raumes bildet ein polierter Edelstahlkörper, in dem sich besonders wertvolle und komplexe Uhren befinden. Diese können über interaktive Bildschirme ausgewählt und durch den Einsatz von Licht hervorgehoben werden. Im Verbindungsraum zwischen den beiden Flügeln können die Besucher zwei Mitarbeitern bei ihrer Präzisionsarbeit über die Schulter schauen. Wechselnde Sonderausstellungen und zahlreiche Dokumente aus dem Firmenarchiv – Uhrenkataloge seit 1900, historische Werkzeugmaschinen, Ersatzteile, technische Zeichnungen und Verträge – ergänzen die Dauerausstellung. Alle Bereiche sind durch die Kombination von traditionellen Materialien mit industriellen Hightech-Werkstoffen geprägt. So verleihen neben hochglanzlackierten Flächen dunkles Ebenholz sowie Glas und Metall den Räumen eine clubartige Atmosphäre, wie sie auch in den weltweiten Shops der Marke anzutreffen ist.

The room is illuminated solely by the large windows and display cabinets. The cold light is intended to underline the technical character of the artefacts. The presentation in the east wing focuses on the newer watch families and their history after 1970. One of the watches on display is the Da Vinci Ref. 3750 with eternal calendar developed by Kurt Klaus in 1985. At the centre of the room is a polished stainless steel structure which contains the particularly valuable and complex watches. These can be selected via interactive screens using light to pick them out. In the connecting room between the two wings, visitors can watch two employees over the shoulder as they carry out their precision work. Temporary special exhibitions and numerous documents from the firm's archives – watch catalogues since 1900, historical machine tools, technical drawings and contracts – supplement the permanent exhibition. All areas are characterised by the combination of traditional materials and industrial hi-tech materials. The dark ebony as well as glass and metal used alongside the glossy varnished surfaces give the rooms a club-like atmosphere, similar to that found in the brand shops around the world.

Adresse | Address
IWC Museum
Baumgartenstraße 15
CH-8201 Schaffhausen
www.iwc.com

Öffnungszeiten | Opening hours
Di.–Fr. 15.00–17.00 Uhr
Sa. 10.00–15.00 Uhr
Tues.–Fri. 3.00 pm–5.00 pm
Sat. 10.00 am–3.00 pm

INFORMATIONEN | INFORMATION

Projekt | Project	IWC Museum
Schwerpunkt | Focus	Am Stammsitz des Unternehmens werden im IWC Museum über 230 Exponate aus den Kollektionen des Schweizer Herstellers von Luxusuhren präsentiert. At the headquarters of the company, the IWC Museum presents more than 230 exhibits from the collections of the Swiss manufacturer of luxury watches.
Bauherr | Commissioned by	IWC Schaffhausen Branch of Richemont International S.A.
Architektur | Architecture	Smolenicky & Partner Architektur GmbH, Zürich
Ausstellungskonzept | Interior design	Institut für Kulturaustausch, Tübingen
Lichtplanung | Light planning	reflexion ag, Zürich
Fläche | Exhibition space	400 m²
Baujahr | Year of construction	2007

JURAWORLD OF COFFEE

Am Hauptsitz des Schweizer Unternehmens Jura entstand zum 75-jährigen Firmenjubiläum eine Markenwelt rund um das Thema Kaffee und die Historie des Herstellers von Kaffeeautomaten.

At the head office of the Swiss company Jura, a brand world was created on the occasion of the company's 75th anniversary that celebrates coffee in all its facets and the history of the manufacturer of coffee machines.

Die JuraWorld of Coffee dient nicht nur der Ausstellung von Produkten, sondern soll alle Sinne ansprechen. Mit Düften, Materialien und räumlichen Inszenierungen zur Welt des Kaffees hat das Unternehmen einen Bezug zu seinen Produkten und deren Geschichte geschaffen. So steigt den Besuchern als erstes der Duft von frisch gerösteten Kaffeebohnen in die Nase. Das 2006 eröffnete Besucherzentrum mit Firmenausstellung liegt unmittelbar an der stark frequentierten Autobahn A1 zwischen Zürich und Bern.

Die homogene Fassadenverkleidung aus Streckmetallpaneelen wirkt wie eine zweite Haut und gibt lediglich den Haupteingang frei. Abknickende Wandflächen in der Eingangshalle markieren den Weg des Besuchers durch einen Zeittunnel in die Erlebnisausstellung. JuraWorld of Coffee umfasst sechs Bereiche: Erlebnisausstellung, Schau-Rösterei, Kaffee-Lounge, Produktewelt, das sogenannte Cino-Land für Kinder sowie Seminarräumlichkeiten. Die Zeitreise führt über geschichtlich angeordnete Raumfolgen auf den Spuren des Kaffees bis in die Gegenwart. Installationen und Hörgeschichten geben Antworten auf Fragen wie: Woher kommt der Kaffee? Wann und wo wurde zum ersten Mal Kaffee angebaut, geerntet, geröstet, gehandelt und die erste Tasse Kaffee getrunken?

Beispielsweise erfährt der Besucher, wie europäische Entdecker im 16. und 17. Jahrhundert auf ein bei uns noch völlig unbekanntes, in Arabien jedoch schon weit verbreitetes Getränk aufmerksam wurden. Eine weitere Station widmet sich jener Zeit, als Kaffee noch als Medizin in Apotheken verkauft wurde, bevor die klassische Kaffeekultur ihren Anfang fand. Der Rundgang endet mit dem für die Ausstellung hergestellten Kurzfilm „In Heaven" des österreichischen Regisseurs Michael Glawogger.

The JuraWorld of Coffee is not merely a display of products, rather it is designed to address all the senses. With smells, materials and staged presentations relating to the world of coffee, the company has created a relationship to its products and their history. The first thing the visitor experiences is the smell of freshly roasted coffee beans. Opened in 2006, the visitors centre with company exhibition is directly on the busy A1 motorway between Zurich and Berne.

The uniform facade cladding of expanded metal panels gives the impression of a second skin, interrupted only for the main entrance. Curved walls in the entrance hall signpost the way for the visitor as he passes through a time tunnel into the exhibition on two levels. The exhibition has six areas. Themed exhibition, demonstration roasting facility, coffee lounge, product world, Cino-Land for children and seminar rooms. The journey through time takes the visitor through chronologically arranged rooms that follow the history of coffee through to the present day. Installations and audio histories provide answers to questions like: Where does coffee come from? When and where was coffee first grown, harvested, roasted and traded? Or where was the first cup of coffee drunk?

For instance, the visitor learns how in the 16th and 17th centuries European discoverers came across a drink that was completely unknown in Europe but which was already enjoyed throughout the Arab world. Another station is devoted to the time in which coffee was still sold in pharmacies as a medicine, before the classical coffee culture took hold. In the demonstration roasting facility, the visitor can experience at first hand how raw coffee from various countries is mixed into bouquets and freshly roasted in the oven. The tour ends with a short film produced for the exhibition called "In Heaven" by Austrian director Michael Glawogger.

Nach dem Besuch der Produktewelt lädt eine Kaffeelounge zum Entspannen und Verweilen ein. Für Firmenkunden, Institutionen und Vereine stehen Konferenzeinrichtungen und Seminarräume zur Verfügung.

Seit 2006 arbeitet Jura mit dem Tennisspieler Roger Federer als Markenbotschafter zusammen. Original-Trophäen, Dresses und weitere Devotionalien wurden von Roger Federer als Leihgabe zur Verfügung gestellt, um den Roger Federer Walk Of Fame interessant und abwechslungsreich zu gestalten – zu sehen gibt es beispielsweise einen Original-Wimbledon-Pokal.

Seit Ende 2011 widmet sich ein neues Ausstellungssegment der Firmengeschichte des seit 1931 im solothurnischen Niederbuchsiten ansässigen Unternehmens.

After the visit to the product world, the visitor can relax a while in the coffee lounge. Conference facilities and seminar rooms are available for company customers, institutions and clubs.

Since 2006, Jura has been working with Roger Federer as brand ambassador. Original trophies, tennis outfits and other personal items are on loan from Roger Federer in order to make the Roger Federer Walk of Fame more interesting – among them an original Wimbledon trophy.

In der Schweiz war Jura lange Zeit auch für die Produktion anderer Haushaltsgeräte bekannt. So werden beispielsweise Radios aus den 1930er Jahren, Kochplatten aus der Nachkriegszeit sowie das erste Dampfbügeleisen in Europa gezeigt. Bilder aus den entsprechenden Epochen veranschaulichen, wie sich der auf die Schweiz fokussierte Solothurner Produktionsbetrieb zum weltweit agierenden Unternehmen entwickelt hat.

Since the end of 2011 a new exhibition segment looks at the history of the company that has been domiciled in Niederbuchsiten in the Canton of Solothurn since 1931. For many years, Jura was also known in Switzerland for the production of other domestic appliances. The exhibition therefore contains radios from the 1930s, hotplates from the post-war period or Europe's first steam iron. Photos from the various eras show how the Solothurn production facilities that originally focussed on Switzerland have developed into a company with worldwide operations.

Adresse | Address
JURAworld of Coffee
Kaffeeweltstraße 1
CH-4626 Niederbuchsiten
www.juraworld.com

Öffnungszeiten | Opening hours
Mo.–Fr. 9.00–18.30 Uhr
Sa. 9.00–17.00 Uhr
Mon.–Fri. 9.00 am–6.30 pm
Sat. 9.00 am–5.00 pm

INFORMATIONEN | INFORMATION

**Projekt	Project**	JURAworld of Coffee
**Schwerpunkt	Focus**	Erlebnisausstellung als Zeitreise auf den Spuren des Kaffees bis zur Gegenwart mit Schau-Rösterei, Kaffee-Lounge und Produktewelt
	Themed exhibition on a voyage back in time from the beginnings of coffee right up to the present day with demonstration roasting facility, coffee lounge and product world
**Bauherr	Commissioned by**	JURA Elektroapparate AG
**Architektur und Ausstellungskonzept	Architecture and exhibition concept**	Andrin Schweizer Company
**Fläche	Exhibition space**	1.900 m²
**Baujahr	Year of construction**	2005–2006

KÄRCHER MUSEUM

Das Kärcher Museum wurde 2010 anlässlich des 75-jährigen Bestehens des Unternehmens am Stammsitz in Winnenden eröffnet. Es ermöglicht den Besuchern eine Zeitreise durch die Firmengeschichte und gibt einen Überblick zu den Produkten und technischen Innovationen des Herstellers von Reinigungsgeräten.

The Kärcher Museum was opened at the head office in Winnenden in 2010 to commemorate the 75th anniversary of the company. It offers visitors a journey back in time through the company's history and gives an overview of the products and technical innovations of the manufacturer of cleaning equipment.

Alfred Kärcher gründete das Familienunternehmen 1935 in Stuttgart-Bad Cannstatt, wo er zuvor gemeinsam mit seinem Vater ein Vertretungsbüro für technische Artikel betrieben hatte. Den Schritt in die Selbstständigkeit wagte er mit der Konstruktion und dem Vertrieb von Heizsystemen. Auf Nachfrage der Lufthansa entwickelte er beispielsweise Heizgeräte zum Anwärmen von Flugzeugmotoren und zum Enteisen von Tragflächen. 1939 erfolgte der Umzug des Unternehmens nach Winnenden. Die Entwicklung technisch komplexer Geräte musste nach dem Zweiten Weltkrieg allerdings eingestellt werden. Im zerstörten Nachkriegsdeutschland wurde zunächst mit einfachsten Mitteln die Produktion von Dingen für den alltäglichen Bedarf aufgenommen. Dazu zählten beispielsweise sogenannte Flüchtlingsöfen und kleine Zwei-Platten-Kochherde, die aus Restbeständen gefertigt wurden. Von den amerikanischen Streitkräften erhielt Alfred Kärcher schließlich den Auftrag, deren Dampfstrahler („steam cleaner") zu warten und zu reparieren. Aufgrund seiner Erfahrungen in der Heiztechnik sah er viele Optimierungsmöglichkeiten, und so verbesserte er die Pumpe, den Brenner und die Sicherheitseinrichtungen des amerikanischen Vorbilds. 1950 präsentierte Alfred Kärcher den ersten europäischen Heißwasser-Hochdruckreiniger, der später das Hauptgeschäftsfeld des Unternehmens werden sollte.

Nach dem frühen Tod des Unternehmensgründers im Jahr 1959 führte seine Witwe Irene Kärcher den mittelständischen Betrieb mit seinerzeit bereits 250 Beschäftigten weiter. Sie trieb die Internationalisierung voran und beschloss einen wichtigen Strategiewechsel für das Unternehmen: Obwohl man zu dieser Zeit mit vielen anderen Produkten erfolgreich am Markt war, wurde der Fokus ab 1974 ganz auf die Hochdruckreinigung gelegt. Mit der Konzentration auf dieses expandierende Geschäftsfeld änderte sich auch die Firmenfarbe von Hammerschlagblau hin zum heute bekannten Kärcher-Gelb.

Alfred Kärcher founded the family business in Stuttgart-Bad Cannstatt in 1935 where he had previously run a sales agency for technical articles together with his father. He ventured into self-employment with the design and sale of heating systems. Upon demand from Lufthansa, for instance, he developed heating devices to warm aircraft engines and to de-ice wings. The company moved to Winnenden in 1939. However, the development of complex technical equipment had to be discontinued after the Second World War. In the devastated post-war Germany, the company first turned to the production of everyday things using the simplest of means. This included, for instance, so-called refugee ovens and small cookers with two hotplates which were produced from leftover materials. Eventually, Alfred Kärcher was commissioned by the US military forces to service and repair their steam cleaners. Thanks to his experience in the field of heating technology, he identified a number of areas for optimisation, improving the pump, the heating element and the safety features of the American model. In 1950 Alfred Kärcher presented the first European hot water high-pressure cleaner which was later to become the company's main line of business.

After the untimely death of the company's founder in 1959, his widow Irene Kärcher took the helm of the mid-sized company with at that time 250 employees. She started an international expansion drive and decided on an important change in strategy for the company: although it was already successful in the marketplace with many other products, from 1974 the focus was placed wholly on high-pressure cleaning. Parallel to the decision to concentrate on this expanding business sector, the corporate colour also changed from blue hammer finish to the Kärcher yellow still famous today.

Ab 1980 richtete sich das Unternehmen auf den gesamten Grundbedarf Reinigung in den Bereichen Transportmittel und Gebäude aus. Ein weiteres einschneidendes Jahr in der Firmengeschichte war 1984: Kärcher stellte mit dem HD 555 den weltweit ersten tragbaren Hochdruckreiniger für Privathaushalte vor und schuf damit einen vollständig neuen Markt. Mit Produkten für den Innenbereich erweiterte Kärcher zu Beginn der 1990er Jahre sein Angebot für den Endverbraucher. Seit dieser Zeit stieg der Bekanntheitsgrad der Produkte mit dem charakteristischen schwarz-gelben Corporate Design kontinuierlich. Das Wort „kärchern" wurde zum Gattungsbegriff für jegliche Art von Hochdruckreinigung und hat Eingang in den umgangssprachlichen Wortschatz gefunden.

Das Kärcher Museum befindet sich im sogenannten „Aetherhaus", das 1881 ursprünglich zur Produktion des gleichnamigen Narkosemittels errichtet wurde. Das historische Backsteingebäude ist neben einer ehemaligen Kantine das einzige Relikt der Vorgängerfabrik am Stammsitz des Unternehmens in Winnenden. Zu Zeiten Alfred Kärchers wurde es zunächst als Mechanikwerkstatt, später auch als Lehrlingswerkstatt und Versuchsstätte genutzt.

From 1980 the company geared itself to all cleaning needs in the areas of transportation and buildings. Another turning point in the history of the company came in 1984: with its HD 555 Kärcher presented the world's first portable high-pressure cleaner for private households, thus creating a completely new market for itself. With products for the inside of houses, Kärcher expanded its range of products for end consumers at the beginning of the 1990s. Since then, brand awareness for the products with the characteristic black and yellow corporate design has risen constantly. The word "kärchern" has become synonymous for all types of high-pressure cleaning and has entered colloquial German.

The Kärcher Museum is housed in what is referred to as the "Ether house" that was originally erected in 1881 for the production of the anaesthetic of that name. Besides the former canteen, the historical brick building is the only relict of the predecessor factory at the headquarters of the company in Winnenden. While Alfred Kärcher was still alive, it was originally used as a mechanics workshop, later as apprentice workshop and test centre.

Die historische Substanz des Gebäudes wurde beim Umbau zum Museum weitgehend erhalten, um einen möglichst originalen Rahmen für die Ausstellung zu bilden. So vermitteln gusseiserne Stützen sowie das charakteristische preußische Kappengewölbe einen authentischen Raumeindruck auf über 400 m² Fläche. Die Firmen- und die Nutzungsgeschichte des Fabrikgebäudes gehen durch die Umgestaltung als Museum nun eine Art Symbiose ein.

Eine homogene graue Industriebodenbeschichtung unterstreicht den industriellen Charakter der ehemaligen Produktionshalle. Der Eingangsbereich wird durch einen weißen Boden hervorgehoben, der gleichzeitig als Projektionsfläche dient. Auch für das modulare Podestsystem wurde eine basaltgraue, matte Lackierung gewählt, um einen neutralen Hintergrund für die Exponate zu schaffen. Für den Bereich „Innovation" wurde ein fensterloser Anbau der angrenzenden Industriehalle angegliedert, der durch einen hinterleuchteten Lichttunnel erschlossen wird.

When the building was converted into a museum, the historical substance of the building was largely preserved in order to create as original an environment as possible for the exhibition. The cast iron supports, for instance, or the characteristic Prussian cap vault give the 400 m² area an authentic feel. Through its reconstruction as a museum, the history of the company and of the way the factory building has been used enjoy a kind of symbiosis.

A homogeneous grey industrial floor covering underlines the industrial character of the former production hall. The entrance area is emphasised by a white floor which at the same time serves as a projection surface. The modular pedestal system was also varnished in a matt shade of basalt grey to create a neutral background for the exhibits. For the "Innovation Room" a window-less annex was incorporated in the adjacent industrial hall which is reached through a back-lit light tunnel.

Wände und Decke des Innovationsraums sind in einem metallischen Silbergrau gehalten. Einzelne raumbildende Elemente wie die abgehängte Stofflaterne folgen dem unternehmenstypischen Farbkanon.

In der Ausstellung kann der Besucher den Weg von der schwäbischen Ideenschmiede bis hin zum global agierenden Markenhersteller nachvollziehen. Der Rundgang gliedert sich in vier Bereiche: Zu Beginn wird das Leben und Werk des Gründers sowie die weitere Entwicklung des Unternehmens unter der Führung von Irene Kärcher bis 1989 anhand von Bildern und Dokumenten beschrieben. Daran anschließend folgt die Vorstellung der unterschiedlichen Sparten und Kompetenzfelder des Unternehmens.

Der Blick in die Vergangenheit zeigt auch, dass Innovation seit der Gründung der wichtigste Wachstumsfaktor des Unternehmens ist.

Im sogenannten Innovationsraum wird neben der Entwicklung des Produktdesigns und der Kärcher-Marke anhand einer genetischen Darstellung die stetige Weiterentwicklung der Hochdruckreiniger veranschaulicht – beginnend mit dem ersten Modell für den Privatanwender bis zum modernsten Gerät von heute.

Am Ende der Besichtigung steht ein Multimedial- und Multifunktionsraum mit PC-Terminals, einem Experimentiertisch sowie einer Projektionsleinwand für Vorträge zur Verfügung. Hier werden junge Besucher mit museumspädagogischen Elementen dazu angeleitet, spielerisch ein Verständnis für die Vorgänge in der Reinigungstechnik zu entwickeln.

Das innovative Medienkonzept ermöglicht eine optimale Präsentation von interaktiven Inhalten für Gruppen- und Individualnutzung. Die Steuerung erfolgt über eine Client-Server-Infrastruktur, bei der Inhalte (z. B. Begrüßungstext, Sprachauswahl Englisch oder Deutsch), Beleuchtung und Medien mittels iPad im Remote-Modus angewählt und für die Besucher eindrucksvoll und intuitiv präsentiert werden können.

The walls and ceiling of the Innovation Room are painted in metallic silver grey. A number of elements that shape the space such as the suspended textile lantern are in the corporate colours.

In the exhibition, the visitor can trace the development from the Swabian think tank to brand manufacturer with global operations. The tour is divided into four areas: at the beginning, the life and work of the founder and the development of the company under Irene Kärcher until 1989 is described in photos and documents. This is followed by a presentation of the company's various segments and fields of competence.

The look back into the past shows that innovation has been the most important growth factor since its foundation. The innovation room shows the development of the product design and the Kärcher brand as well as a genetic representation of the constant refinement of the high-pressure cleaner – starting with the first model for private users through to today's most up-to-date model.

At the end of the visit, there is a multimedia and multifunctional room containing PC terminals, an experimentation table and projection screen for presentations. Museum educational elements are used to help young visitors to develop an understanding for the way cleaning technology works.

The innovative media concept allows an optimal presentation of interactive content for groups and individuals. This is controlled by a client-server infrastructure which allows content (e.g. welcome text, choice of language), lighting and media to be selected using an iPad in remote mode and presented impressively and intuitively for the visitors.

Als Highlights seien Slide-Screens und eine Semitransparentwand genannt: hier zeigt ein Monitor Informationen zum gewählten Exponat, das im Schaukastenfenster durch ein Lichtfeld sichtbar gemacht wird.

Das Museum befindet sich auf dem Werksgelände in Winnenden. Für externe Besucher werden nach Voranmeldung Führungen angeboten, die je nach Zielgruppe 30, 45 oder 60 Minuten dauern. Der Eintritt ist frei.

Highlights include slide screens and a semi-transparent wall: here a monitor shows information about the selected exhibit that is made visible in the showcase window through a light field.

The museum is located on the factory premises in Winnenden. Guided tours are offered to external visitors by arrangement. These are 30, 45 or 60 minutes long, depending on the target group. Entrance is free.

Adresse | Address
Alfred Kärcher GmbH & Co. KG
Alfred-Kärcher-Straße 28–40
D-71364 Winnenden
www.kaercher.de/museum

Öffnungszeiten | Opening hours
auf Anfrage
by arrangement

INFORMATIONEN | INFORMATION

Projekt | Project	Kärcher Museum
Schwerpunkt | Focus	Überblick zur Firmengeschichte, Entwicklung der Reinigungstechnik sowie zum Lebenswerk des Gründers Alfred Kärcher (1901–1959) Overview of the company history, development of cleaning technology and the life's work of the founder Alfred Kärcher (1901–1959)
Bauherr | Commissioned by	Alfred Kärcher GmbH & Co. KG
Austellungsplanung | Exhibition planning	digitalFRUIT
Ausstellungsdesign | Exhibition design	Hyperscreen GmbH
Medienkonzeption | Media concept	Online-Congress GmbH & perplex GmbH
Fläche | Exhibition space	ca. 400 m² | approx. 400 m²
Baujahr | Year of construction	2009: Ausstellung über Leben und Werk Alfred Kärchers 2010: Eröffnung des Kärcher Museums 2009: Exhibition about the life and work of Alfred Kärcher 2010: Opening of the Kärcher Museum

INTERVIEW HARTMUT JENNER

AUS WELCHER RICHTUNG KAM DIE IDEE FÜR EIN EIGENES MUSEUM?

Unser Firmenmuseum in seiner heutigen Form hat eine längere Vorgeschichte: Auf Initiative eines ehemaligen Mitarbeiters wurde 1997 ein kleines Firmenmuseum an unserem damaligen Produktionsstandort in Bühlertann, Kreis Schwäbisch Hall, eröffnet. Als sich der Todestag unseres Firmengründers 2009 zum fünfzigsten Mal jährte, wollten wir das Leben und das Werk von Alfred Kärcher unseren Mitarbeitern und der Öffentlichkeit mit einer Sonderausstellung in einem historischen Backsteingebäude am Stammsitz in Winnenden näherbringen. Im Jahr darauf feierten wir unser 75-jähriges Firmenjubiläum und nahmen dies zum Anlass, eine umfassendere und moderne Ausstellung an gleicher Stelle einzurichten. Das neue Ausstellungskonzept sollte einen Überblick über die gesamte Firmengeschichte bieten und die Reinigungstechnik erlebbar machen. Die Besucher erfahren auf über 400 m² alles Wissenswerte rund um Kärcher und die Produkte der schwäbischen Weltmarke.

WORIN SEHEN SIE DEN GRÖSSTEN MEHRWERT DES MUSEUMS FÜR DAS UNTERNEHMEN?

In unserem Museum werden die Geschichte des Unternehmens Kärcher, das Leben des Gründers und die Leistung der Mitarbeiter in all den Jahren sichtbar und lebendig – an keinem anderen Ort wird unsere Unternehmenskultur so greifbar.

WHO HAD THE IDEA FOR YOUR OWN MUSEUM?

Our corporate museum in its current form has a longer history: at the initiative of a former employee, a small company museum was opened in 1997 at our production location at that time in Bühlertann, in the Schwäbisch Hall district. As the 50th anniversary of the death of our founding father approached in 2009, we wanted to present the life and work of Alfred Kärcher to our employees and the general public in a special exhibition in an historical brick building at the headquarters in Winnenden. The year after, we celebrated our 75th company anniversary and took the opportunity to set up a more comprehensive and modern exhibition in the same place. The new exhibition concept was intended to give an overview of the whole corporate history and to provide an insight into the cleaning technology. On more than 400 m², visitors can learn everything about Kärcher and the products of the Swabian brand with a worldwide reputation.

WHAT IS THE MAIN BENEFIT OF THE MUSEUM FOR YOUR COMPANY?

In our museum the history of the company Kärcher, the life of the founder and the achievements of its employees over the years are made visible and brought to life – nowhere else is our corporate culture so tangible.

WELCHE ABTEILUNG IM UNTERNEHMEN BETREUT DAS KÄRCHER MUSEUM?

Das Museum wird von unserem Archivar betreut, der der Stabsabteilung Presse- und Öffentlichkeitsarbeit/Kultur- und Umweltmanagement angehört.

WELCHE ZIELGRUPPEN HAT DAS KÄRCHER MUSEUM?

Das Kärcher Museum ist offen für alle, die sich für die Geschichte des Unternehmens interessieren und Einblicke in die faszinierende Welt der Reinigungstechnik gewinnen wollen. Das Museum hat viele Zielgruppen: Mitarbeiter, Kunden, Schulklassen oder Vereine, die einen Besuch am Kärcher Stammsitz machen.

WIE WURDE DAS MUSEUM VON DER EIGENEN BELEGSCHAFT AUFGENOMMEN?

Die Reaktionen waren durchweg positiv. Unsere Mitarbeiter, von denen sehr viele schon lange im Unternehmen arbeiten, identifizieren sich stark mit unserem Unternehmen und interessieren sich deshalb für unsere Firmengeschichte. Viele haben sich beispielsweise sonntags zu Sonderführungen angemeldet. Gerade ältere Mitarbeiter tragen durch ihre persönlichen Auskünfte in Zeitzeugeninterviews und die Übereignung von Exponaten an das Museum rege zur Bewahrung der Firmenhistorie bei.

WHICH DEPARTMENT IN YOUR COMPANY LOOKS AFTER THE KÄRCHER MUSEUM?

The museum is run by our archivist who belongs to the press & public relations department/ culture and environmental management.

WHO ARE THE TARGETS OF THE KÄRCHER MUSEUM?

The Kärcher Museum is open to anyone who is interested in the history of the company and who would like to get an insight into the fascinating world of cleaning technology. The museum has many target groups: employees, customers, school classes or clubs, who want to visit Kärcher's head office.

HOW DID YOUR OWN WORKFORCE RESPOND TO THE MUSEUM?

The responses were positive across the board. Our employees, many of whom have been working for the company for a very long time, identify closely with the company and are therefore interested in its history. Many of them have already registered for a special guided tour on Sundays. Particularly the older employees have contributed greatly to preserving the history of the company by providing personal stories in eye witness accounts and by donating artefacts to the museum.

GIBT ES IDEEN ZUR ZUKÜNFTIGEN WEITERENTWICKLUNG DES MUSEUMS?

Wir wollen verschiedene Besuchergruppen noch gezielter ansprechen und zum Beispiel unser Kinderprogramm ausbauen. Auch planen wir Kooperationen mit anderen technischen Museen, in denen einige unserer Exponate als Leihgabe gezeigt werden. Das Unternehmen Kärcher und die Welt der Reinigungstechnik werden damit auch außerhalb unseres Firmensitzes erlebbar.

DO YOU HAVE ANY PLANS OR IDEAS FOR THE FURTHER DEVELOPMENT OF THE MUSEUM?

We want to address the interests of various visitor groups more closely and plan, for instance, to expand our children's programme. We are also planning co-operations with other technical museums to which we will lend some of our exhibits. In this way, Kärcher and the world of cleaning technology can be experienced outside our company as well.

HARTMUT JENNER

Hartmut Jenner, Diplom-Kaufmann und Diplom-Ingenieur, ist seit 1991 für Kärcher tätig. Im Jahr 2000 wurde Hartmut Jenner zum Geschäftsführer ernannt, ein Jahr später zunächst zum Sprecher, dann zum Vorsitzenden der Geschäftsführung der Kärcher Gruppe.

Hartmut Jenner, graduate in business administration and qualified engineer, has been working for Kärcher since 1991. In 2000, Hartmut Jenner was appointed Managing Director; a year later he became Spokesman and then Chief Executive Officer of the Kärcher group.

LA MAISON DE LA VACHE QUI RIT

Die lachende rote Kuh ist das Markenzeichen des französischen Schmelzkäseherstellers Fromageries Bel. In der „Maison de la Vache qui rit" (Haus der lachenden Kuh) in der Altstadt von Lons-le-Saunier im französischen Département Jura wird die Geschichte der weltweit bekannten Schmelzkäseecken präsentiert.

The red laughing cow is the trademark of the French processed cheese manufacturer Fromageries Bel. The history of the world-famous spreadable cheese wedges is presented in the "Maison de La vache qui rit" (House of the laughing cow) in the old town of Lons-le-Saunier in the French department of Jura.

Die Käseherstellung hat im landwirtschaftlich geprägten Jura eine lange Tradition, aus der auch das 1865 gegründete Familienunternehmen Fromageries Bel hervorging. 1918 beschloss Léon Bel, in das Schmelzkäsegeschäft einzusteigen. Schon vor dem Ersten Weltkrieg hatte er die Idee, neue Verfahren zur Käseherstellung zu nutzen, um die Produkte länger haltbar zu machen. So konnte er weit größere Märkte erschließen als es mit den bisherigen, manuellen Herstellungsverfahren möglich war. Schon wenig später, 1921, ließ er La vache qui rit als Markennamen eintragen und gründete in der Rue Richebourg eine hochmoderne Fabrik zur industriellen Herstellung von Schmelzkäse, der vor allem Kinder ansprechen sollte. Eine bahnbrechende Neuerung war die Aufteilung des Käses in separate Portionen, die in einer runden Schachtel zusammengefasst und verpackt wurden. Der Erfolg stellte sich rasch ein. Schon im ersten Jahr verkaufte das Werk über 12.000 Packungen pro Tag.

Die prägnante Bildmarke der lachenden Kuh, die Ohrringe in Form der runden Verpackung trägt, wurde zum Erkennungsmerkmal der Marke La vache qui rit. Sie geht auf den Illustrator Benjamin Rabier zurück, den Léon Bel im Ersten Weltkrieg kennenlernte. Das Markenzeichen wurde bis heute nur leicht verändert und ist mittlerweile zu einer weltweit bekannten Marken-Ikone geworden.

Am originalen Standort der ersten Käsefabrik gibt die „Maison de la Vache qui rit" seit 2009 einen Überblick zur Geschichte des Unternehmens, seiner Produkte und Produktionsverfahren. Der Neubau folgt der auf Nachhaltigkeit ausgerichteten Unternehmensstrategie, die z. B. in verstärkter Wärmedämmung, energieoptimierter Beleuchtung und der Nutzung von Solarzellen zum Ausdruck kommt. Die Gebäudehülle des Neubaus wurde in Holzbauweise ausgeführt und verfügt über ein Tragwerk aus unbehandeltem Lärchenholz mit einer Spannweite von bis zu 13 Metern. Die hölzerne Box scheint über dem verglasten Erdgeschoss zu schweben. Von der ursprünglichen Fabrik sind zwei Gewölbekeller erhalten, die in den Rundgang über das Areal integriert wurden.

There is a long tradition of cheese production in agricultural Jura, and the family-run company Fromageries Bel founded in 1865 is part of that tradition. In 1918 Léon Bel decided to enter into the processed cheese business. Before the First World War he had already had the idea of using new cheese production techniques to make the products keep longer. This allowed him to penetrate far bigger markets than had been possible with the manual methods used until then. Soon after, in 1921, he had La vache qui rit registered as trademark and founded an ultramodern factory in Rue Richebourg for the industrial production of processed cheese, that should appeal above all to children. A pioneering innovation was the division of the cheese into individual portions which were then combined and packaged in a round box. The success was not long coming: in the first year, the factory was already selling more than 12,000 packages a day.

The striking figurative mark of the laughing cow wearing earrings shaped like the round packaging makes the brand La vache qui rit instantly recognisable. Its roots can be traced back to the illustrator Benjamin Rabier, who Léon Bel met during the First World War. Until this day, the trademark has been changed only very slightly and has meanwhile become a brand icon known around the world.

Since 2009, the "Maison de la Vache qui rit" erected at the original location of the first cheese factory gives an overview of the history of the company, its products and production techniques. The new building is in line with the corporate strategy that is geared to sustainability. Thicker heat insulation, energy-saving lighting and the use of solar panels are examples of this strategy.

In der Ausstellung werden nicht nur museale Exponate präsentiert, sondern auch die innovativen Marketingideen, die zur Verbreitung der Käseprodukte in 120 Ländern geführt haben. Besonderer Wert wurde darauf gelegt, auch für die jüngsten Besucher eine spielerische Annäherung an die Geschichte des Unternehmens und die Käseherstellung zu ermöglichen. So wird ein interaktiver Rundgang angeboten, auf dem diese Zielgruppe die Stimme und das Lachen der roten Kuh im Rahmen einer interaktiven 3D-Animation kennenlernen kann.

The shell of the new building is made of wood and has a frame of untreated larch wood with a span of up to 13 metres. The wooden box seems to be suspended above the glazed ground floor. Two cellars with vaulted ceilings from the original factory have been integrated in the tour.

The exhibition contains not only museum artefacts but also the innovative marketing ideas which led to the success of the brand in 120 countries. The company was particularly keen to allow the exhibition's youngest visitors to approach the history of the company and cheese production playfully. The result is an interactive circuit tour during which this target group can get to know the voice and laugh of the red cow in a 3D animation.

Das museumspädagogische Konzept soll vor allem das Erleben und Erkunden fördern. So stoßen die Besucher unterwegs auf ein Lebensmittelgeschäft, einen Kiosk oder ein Klassenzimmer; die ausgestellten Gegenstände werden originell und ansprechend präsentiert. Viele der Originalexponate wie Etiketten, Verpackungen und Werbemittel mit Darstellungen der lachenden Kuh wurden von ehemaligen Mitarbeitern des Unternehmens über Jahre zusammengetragen.

The educational concept of the museum is designed to encourage experiencing and exploring. For example, the visitors cross different spaces and discover a grocery store, a newsstand or a classroom in which documents are exhibited in an original and attractive way. Many of the original exhibits such as labels, packaging and advertising materials with images of the laughing cow were collected by former employees of the company over many years.

Der 150 m² große Sonderausstellungsbereich bietet Raum für verschiedene Aktivitäten an der Schnittstelle zu Kunst und Kultur. So wurde beispielsweise eine Ausstellung zum Thema „Milch in der Kunst" gezeigt. Das Museum arbeitet in diesen Fällen mir Institutionen wie dem Musée des arts décoratifs und der Cité des Sciences zusammen, kann sich aber auch auf das konzerneigene „Lab'Bel" stützen, das im Jahre 2010 gegründete „Kunstlabor" der Bel-Gruppe. Das „Lab'Bel" baut eine Kunstsammlung zu den Schwerpuntthemen des Unternehmens auf, unterstützt Künstler und möchte mit seinen Ausstellungsprojekten die zeitgenössische Kunst fördern.

Neben dem Museum mit seinen wechselnden Exponaten und dem museumspädagogischen Bereich gibt es einen Shop sowie einem Aufenthaltsbereich mit einem Getränkeangebot. Außen befinden sich eine große Holzterrasse und ein Kinderspielplatz.

The special exhibition area covering 150 m² offers space for various activities at the interface to art and culture. One exhibition, for instance, centred around the topic "Milk in art". In such cases, the museum collaborates with institutions like the Musée des arts décoratifs and the Cité des Sciences. However, the group does also have its own art lab "Lab'Bel" that was established by the Bel group in 2010. The "Lab'Bel" is building up an art collection related to the company's key areas of focus, supports artists and aims to promote contemporary art with its exhibition projects.

Besides the museum itself with changing exhibits, and the educational section of the museum, there is also a shop, including a place to sit and have a drink. Outside, you will find a large wooden terrace and a play area for children.

Adresse | Address
La Maison de la Vache qui rit
25 rue Richebourg
F-39000 Lons-le-Saunier
www.lamaisondelavachequirit.com

Öffnungszeiten | Opening hours
Di.–Fr. 14.00–18.00 Uhr
Sa., So., Feiertage 10.00–18.00 Uhr
Mo.–So. 10.00–19.00 Uhr, 1. Jul.– 30. Aug.
Tue.–Fri. 2.00 pm–6.00 pm
Sat., Sun., holidays 10.00 am–6.00 pm
Mon.–Sun. 10.00 am–7.00 pm, 1st Jul.–30th Aug.

INFORMATIONEN | INFORMATION

Projekt | Project	La Maison de la Vache qui rit
Schwerpunkt | Focus	In einem unter Nachhaltigkeitsaspekten realisierten Holzbau präsentiert das französische Unternehmen Fromageries Bel die industrielle Entwicklung und die werbetechnischen Strategien der Marke La vache qui rit. In wooden building erected according to principles of sustainability, the French company Fromageries Bel presents the industrial development and advertising strategies of the the Laughing Cow (La vache qui rit) brand.
Bauherr | Commissioned by	Fromageries BEL
Architekten | Architects	Reichen & Robert Associés, Paris
Projektmanagement | Project management	Lordculture, Paris
Ausstellungsplanung | Exhibition planning	Lordculture, Paris
Fläche | Exhibition space	3450 m^2
Baujahr | Year of construction	2007–2009

MAHLE INSIDE

Die Unternehmensausstellung Mahle Inside bietet den Kunden und Besuchern Einblicke in das Know-how, die Produkte sowie die Geschichte des Spezialisten für Motoren-, Fahrzeug- und Industrietechnik.

The company exhibition Mahle Inside offers customers and visitors an insight into the know-how, products and history of the manufacturer of engine components.

Im Dezember 1920 nahm Hermann Mahle seine Tätigkeit als Kaufmann in der Firma Hirth Versuchsbau auf, die in Stuttgart-Bad Cannstatt Zweitaktmotoren entwickelte und herstellte. Zwei Jahre später folgte ihm sein Bruder Ernst, der sein Studium an der Technischen Hochschule in Stuttgart als Diplomingenieur abgeschlossen hatte. Ernst Mahle entwickelte zahlreiche Patente und Herstellungsverfahren, die in Verbindung mit den kaufmännischen Fähigkeiten seines Bruders das Fundament für den Erfolg des Unternehmens bildeten. Zu Beginn der Motorisierung wurden in den Verbrennungsmotoren der ersten Automobile Kolben aus schwerem Grauguss eingesetzt. Die Brüder Mahle konstruierten den ersten Kolben aus Leichtmetall, der sich erfolgreich durchsetzt. Ergänzend entwickelten die schwäbischen Tüftler Luft- und Ölfilter, um Schmutz und Staub von den technischen Komponenten fernzuhalten. Bis Anfang der 1930er Jahre entstanden neben der Kolbenproduktion drei weitere Geschäftsfelder: Filter, Druckguss und Flugzeugräder. 1938 wurde das Unternehmen in Mahle KG umbenannt und das bis heute gültige Logo eingeführt. 1964 beschlossen die Unternehmensgründer, ihr Eigentum am Unternehmen in eine gemeinnützige Stiftung einzubringen und übertrugen ihre Gesellschaftsanteile auf die Mahle-Stiftung GmbH. In den letzten Jahrzehnten hat sich das Unternehmen vom Kolbenhersteller zum global agierenden Automobilzulieferer entwickelt. Als das bisherige Mahle Kolbenmuseum einer Erweiterung weichen musste, fiel die Entscheidung, ein komplett neues Gebäude für eine Unternehmensausstellung zu bauen.

Der 2008 eröffnete Präsentations- und Informationsbau steht im Dialog zu den bestehenden Produktions- und Verwaltungsflächen auf dem Firmenareal. Typische Elemente des Motorenbaus, wie beispielsweise Materialstöße, Sicken und Fugen sowie die Oberflächenbehandlung der Fassade verweisen auf die Produkte des Unternehmens.

In December 1920 Hermann Mahle started work on the business side of things at Hirth Versuchsbau, a company that developed and manufactured two-stroke engines in Stuttgart-Bad Cannstatt. Two years later, his brother Ernst, who had completed his degree as engineer at the Technical College in Stuttgart, followed his example. Ernst Mahle went on to develop numerous patents and manufacturing techniques which combined with the business capabilities of his brother formed the foundation for the success of the company. At the beginning of motorisation, the pistons used in the internal combustion engines of the first automobiles were made of heavy grey cast iron. The Mahle brothers designed the first light alloy pistons which successfully took over the market. The Swabian tinkerers also developed air and oil filters to keep dirt and dust out of the technical components. By the early 1930s, three new lines of business had developed alongside the piston production: filters, die casting and aeroplane wheels. In 1938, the company was renamed Mahle KG and the logo still used today was introduced. In 1964, the company's founders decided to hand over ownership of the company to a non-profit foundation and transferred their shares to Mahle-Stiftung GmbH. In the last few decades, the company has evolved from a piston manufacturer to a car parts supplier with a global reach. When the previous Piston Museum had to be moved to allow for an extension, it was decided to construct a completely new building for a corporate exhibition.

The presentation and information building opened in 2008 engages in a dialogue with the existing production and office space in the company grounds. Typical elements of engine construction such as its joints, clearances and beads as well as the surface treatment of the facade refer to the company's products.

Der geschlossen anmutende Baukörper zeigt nachts Öffnungen, die sich hinter transparenten Lochblechpaneelen verbergen. Sie formen in der Dämmerung eine zweite Fassade, deren Struktur auf die technischen Inhalte der Ausstellung verweist. Als Einstieg in das Mahle Inside zeigt das Erdgeschoss die Unternehmenskultur, die Historie und die globale Präsenz des Konzerns sowie die besondere Stellung der Mitarbeiter im Unternehmen. Anschließend führt eine Reihe von Treppenläufen stufenweise durch die Firmengeschichte – von der kleinen Werkstatt bis zum Weltkonzern. Die folgenden Etagen widmen sich ganz der Technik: Ausgehend vom Vollmotor wird dem Besucher der Zusammenhang zwischen System und Einzelbauteil verdeutlicht. Architektonisch unterstützt wird dies durch Deckendurchbrüche zwischen den Etagen, welche entsprechende Blickverbindungen ermöglichen.

Regelmäßige Aktualisierungen des Museums sorgen dafür, dass neben zahlreichen historischen Produkten auch immer die modernsten Technologien und Zukunftsvisionen ausgestellt werden. Im dritten Obergeschoss ist Dynamik und Bewegung das Motiv – sowohl architektonisch als auch inhaltlich: Hier werden die Motorsportaktivitäten des Konzerns dargestellt. Ein ansteigender, spitz in eine Dachöffnung auslaufender Boden, die nahezu frei hängende Ebene und asymmetrisch in die abgewinkelte Decke eingearbeitete Lichtelemente stehen sinnbildlich für Leistung und Geschwindigkeit. Die Unternehmensausstellung ist kein öffentliches Firmenmuseum, sondern steht in erster Linie den Mahle-Mitarbeitern und -Kunden sowie an Technik Interessierten offen.

The seemingly closed structure reveals openings at night that are concealed behind transparent perforated metal sheets. After dark they form a second facade, the structure of which points to the technical content of the exhibition. As an introduction to Mahle Inside, the ground floor shows the corporate culture, the history and global presence of the Group as well as the importance attached within the company to its employees. After this, several flights of stairs take the visitor step by step through the history of the company – from small workshop to global organisation. The other floors are dedicated entirely to technology: starting from the full engine, the visitor is demonstrated the connection between system and individual component. Architecturally this is supported by a system of openings in the ceilings between the floors which allow visual connections to be made.

Regular updates of the museum ensure that the newest technologies and future visions are on display alongside the numerous historical products. The motif of the third floor is dynamics and movement – both in terms of architecture and content: this is namely where the motor sport activities of the group are presented. The upward sloping floor that peaks in an opening in the roof, the almost freely suspended level and lighting elements sunk asymmetrically into the angled ceiling stand for achievement and speed. The corporate exhibition is mainly intended for staff, customers and people interested in technology and is not generally open to the public.

Adresse | Address
MAHLE Inside
Haldenstraße 16
D-70376 Stuttgart
www.mahle.com

Öffnungszeiten | Opening hours
auf Anfrage
by arrangement

INFORMATIONEN | INFORMATION

Projekt | Project	MAHLE Inside
Schwerpunkt | Focus	Das MAHLE Inside ist die Unternehmensausstellung des weltweit führenden Herstellers von Komponenten und Systemen für den Verbrennungsmotor und dessen Peripherie.
	MAHLE Inside is the in-house exhibition of the globally leading manufacturer of components and systems for the internal combustion engine and its peripherals.
Bauherr | Commissioned by	MAHLE Immobilien GmbH
Architekt und Generalplaner | Architect and project manager	METARAUM – Heinisch.Lembach.Huber Architekten BDA
Ausstellungskonzeption | Exhibition concept	METARAUM – Heinisch.Lembach.Huber Architekten BDA mit MAHLE GmbH vertreten durch Birgit Albrecht und Martin Sieder, Corporate Communications / Public Relations
	METATRAUM – Heinisch.Lembach.Huber, Architekten BDA with MAHLE GmbH represented by Birgit Albrecht and Martin Sieder, Corporate Communications / Public Relations
Ausstellungsgestaltung | Exhibition design	METARAUM – Heinisch.Lembach.Huber Architekten BDA
Fläche | Exhibition space	1.200 m²
Baujahr | Year of construction	Wettbewerb: 2006, Planung und Realisierung: 2006–2008/2009
	Competition: 2006, planning and realisation: 2006–2008/2009
Lichtplanung | Light planning	Planungsbüro für angewandte Lichttechnik Werner Stolz, Aichtal

MARGARETE STEIFF MUSEUM

Zum 125-jährigen Jubiläum der Margarete Steiff GmbH wurde am Stammsitz der Traditionsmarke ein eigenes Museum mit Erlebniswelt eröffnet.

To mark the 125th anniversary of Margarete Steiff GmbH, the company opened its own museum at the headquarters where visitors can experience the world and history of the brand.

Die Geschichte der Margarete Steiff GmbH ist untrennbar mit dem Leben und Lebenswerk der Gründerin Margarete Steiff verbunden. Trotz ihrer frühen Erkrankung an Kinderlähmung schaffte sie es, ein weltweit erfolgreiches Unternehmen aufzubauen. Mit ihrer Idee, weiches Spielzeug für Kinder aus Filz herzustellen, legte sie den Grundstein für die Marke Steiff, die mit dem „Steiff-Knopf im Ohr" zu einer der ältesten und bekanntesten Marken aus Deutschland gehört.

In ihrem Heimatort Giengen an der Brenz eröffnete Margarete Steiff 1877 ein Filzkonfektionswarengeschäft, das sich im Laufe der Jahre zu einem kleinen Unternehmen mit mehreren fest angestellten Näherinnen entwickelte. Von Anfang an war das Unternehmen ein Familienbetrieb, in den nach und nach fünf Söhne von Margarete Steiffs Bruder Fritz in unterschiedlichen Funktionen eintraten. Die Fertigung begann mit einem Nadelkissen in Form eines kleinen Elefanten, das als Spielzeug sehr beliebt wurde. Später kamen zahlreiche weitere Steiff-Tiere hinzu, sodass ein florierender Versandhandel entstand, den die Unternehmerin zunächst im Hause ihrer Eltern führte. 1890 folgte der Umzug in die ersten eigenen Geschäftsräume, die auf die Bedürfnisse der Gründerin zugeschnitten waren. Am 3. März 1893 wurde die „Margarete Steiff, Filzspielwarenfabrik Giengen/Brenz" ins Handelsregister eingetragen.

Ein Schlüsselereignis für den Erfolg des Unternehmens war eine Großbestellung von 3.000 Exemplaren des ersten beweglichen Teddybären „Bär 55 PB", der 1903 auf der Leipziger Spielwarenmesse erstmals präsentiert wurde. In Anlehnung an den amerikanischen Präsidenten Theodore (Teddy) Roosevelt erhielt der Bär den Namen „Teddy". Vier Jahre später verkaufte Steiff bereits 973.999 Exemplare des Teddybären. Mit dem zunehmenden Erfolg wurde eine Erweiterung der Produktionsflächen notwendig. Zwischen 1903 und 1908 entstanden am Stammsitz des Unternehmens drei kubische und voll verglaste Fabrikationshallen.

The history of Margarete Steiff GmbH is inseparable from the life and work of the founder Margarete Steiff. Despite being paralysed by polio at an early age, she managed to build up a globally successful company. With her idea to produce soft toys for children from felt she laid the foundation stone for the Steiff brand whose "Steiff button in ear" is one of Germany's oldest and best known brands.

In her home town of Giengen an der Brenz Margarete Steiff opened a felt-ware business in 1877 which over the years developed into a small company with several full-time seamstresses. From the outset, the company was a family business which was gradually joined by five sons of Margarete Steiff's brother Fritz in various functions. The production started with pin cushions shaped like a small elephant which became a popular toy. This was followed later by numerous other Steiff animals, soon developing into a flourishing mail order business which the businesswoman initially ran from her parent's house. In 1890, she moved into designated business premises which were specially built to accommodate the needs of the founder. On 3 March 1893, "Margarete Steiff, Filzspielwarenfabrik Giengen/Brenz" was entered in the commercial register.

A milestone on the company's road to success was a large order for 3,000 of the first moveable toybear "Bear 55 PB", which was presented for the first time at the Leipzig toy fair in 1903. With reference to the US American president Theodore (Teddy) Roosevelt, the bear was named "Teddy". Four years later, Steiff had already sold 973,999 of these teddy bears. As the company became more successful, it became necessary to enlarge the production space. Between 1903 and 1908, three cube-shaped and fully-glazed manufacturing halls were erected.

Den Entwurf lieferte Margarete Steiffs Neffe Richard Steiff, der an der Kunstgewerbeschule Stuttgart studiert hatte. Das sogenannte „Jungfrauenaquarium" mit einer behindertengerechten Zufahrtsrampe war seiner Zeit weit voraus.

2005 wurde vor dem Werksgelände das Steiff Museum mit der Steiff Erlebniswelt eröffnet. Der elliptische Museumsbau mit einer kupferfarbenen Fassade markiert den Zugang zum Firmenareal. Die Materialwahl nimmt Bezug auf den klassischen „Knopf im Ohr" und bildet einen Kontrast zu den Glasfassaden der bestehenden Fabrikbauten. Flankiert wird der monolithische Baukörper von einem eingeschossigen Annex mit Nebenräumen, Konferenzraum und Restaurant. Hier nimmt eine rote Wand die Hauptfarbe des Steiff-Logos auf. Im Inneren wird auf einer Gesamtfläche von 2.400 m² die Geschichte der Margarete Steiff GmbH erlebbar gemacht. Der Besuch beginnt in der Nähstube der Firmengründerin Margarete Steiff.

The design stemmed from Margarete Steiff's nephew Richard Steiff who had studied at the art college in Stuttgart. Nicknamed the "spinsters' aquarium" with its barrier-free access ramp, the design was way ahead of its time. It was not until several decades later that the non-bearing external walls were included in the repertoire of modern architecture as curtain walls.

In 2005, the Steiff Museum and the World of Steiff was opened in front of the factory premises. The ellipse-shaped museum building with a copper-coloured facade marks the entrance to the company areal. The choice of material is a reference to the classic "button in ear" and forms a contrast to the glass facades of the existing factory buildings. The monolithic structure is flanked by a one-story annex with auxiliary rooms, conference rooms and a restaurant. Here, a red wall picks out the main colour of the Steiff logo. Inside, the visitor can experience the history of Margarete Steiff GmbH on a total area of 2,400 m². The visit starts in the sewing room of the firm's founder Margarete Steiff.

Im Anschluss daran öffnet sich eine Tür zum Ideenlabor von Richard Steiff, wo ein „Teddybär" im authentischen Nachbau des Labors von den Ideen seines Erschaffers berichtet. Auf einer schwebenden Plattform gelangen die Museumsbesucher in das 2. Obergeschoss zu den inszenierten „Traumwelten", durch die das Maskottchen „Frieda" und ihr Freund „Knopf" führen. Weitere Stationen sind die Ausstellung mit historischen Originalexponaten sowie die Steiff Schaufertigung, in der die Stofftiere nach alter Tradition von Hand entstehen. Am oberen Rand des Kuppeldaches verläuft ein schmales Oberlicht, das natürliches Tageslicht auf die nach außen gekippten Wandflächen wirft. Ein überdimensionales Fenster auf der Südseite des Museums erlaubt einen Ausblick auf die Stadt, den neuen Margarete-Steiff-Platz und die historischen Fabrikbauten.

The next door opens into the ideas laboratory of Richard Steiff where a "teddy bear" reports on the ideas of his creator in an authentic replica of the laboratory. Via a suspended platform visitors to the museum reach the second storey and the "dream worlds", guided by the mascot "Frieda" and her friend "Knopf" (Button). Other stations include the exhibition with original historical exhibits and the Steiff demonstration production in which soft toys are made by hand in the traditional way. A narrow skylight at the upper edge of the domed roof casts natural daylight onto the outwardly sloping wall surfaces. An oversized window on the south side of the museum gives the visitors an outlook onto the town, the new Margarete-Steiff square and the historical factory buildings.

Adresse | Address
Margarete Steiff Museum
Margarete-Steiff-Platz 1
D-89537 Giengen an der Brenz
www.steiff.com

Öffnungszeiten | Opening hours
Mo.–So. 10.00–18.00 Uhr
Mon.–Sun. 10.00 am–6.00 pm

INFORMATIONEN | INFORMATION

Projekt | Project	Margarete Steiff Museum
Schwerpunkt | Focus	Verteilt auf drei Ebenen wird im Margarete Steiff Museum die Geschichte des Steiff-Teddybären und des Unternehmens bildreich und informativ inszeniert.
	Spread over three levels, the Margarete Steiff Museum presents the history of Steiff teddies and the company with a wealth of information and pictures.
Bauherr | Commissioned by	Steiff Beteiligungsgesellschaft mbH und Margarete Steiff GmbH, Giengen an der Brenz
Architektur | Architecture	Andreas Ramseier & Associates Ltd. Zürich Patzner Architekten, Stuttgart
Ausstellungsgestaltung | Exhibition design	Milla & Partner GmbH, Stuttgart
Fläche | Exhibition space	2.400 m²
Baujahr | Year of construction	Projektstart: Februar 2003, Eröffnung: 23. Juni 2005
	Project start: February 2003, Opening: 23rd June 2005

MERCEDES-BENZ MUSEUM

Im Mercedes-Benz Museum wird die über 125-jährige Geschichte des Automobils erlebbar. Dabei versteht sich das Museum als Ort der Innovation und zeigt, dass Geschichte stets auch nach vorn gerichtet ist.

The Mercedes-Benz Museum invites visitors to experience the more than 125-year history of the automobile. The museum sees itself as a place of innovation and shows that history is always also directed towards the future.

Die Pioniere des Automobilbaus Gottlieb Daimler (1834–1900) und Carl Benz (1844–1929) revolutionierten mit ihren Erfindungen die Verkehrsgeschichte und haben mit ihren Lebenswerken der individuellen Mobilität den Weg bereitet. Beide entwickelten unabhängig voneinander in Cannstatt bei Stuttgart sowie in Mannheim die ersten Automobile der Welt. Am 29. Januar 1886 erhielt Carl Benz unter der Nummer 37 435 das deutsche Patent auf sein Motorfahrzeug. Diese Patentschrift beschreibt die erste funktionelle Einheit eines Motors mit einem Fahrgestell und markiert damit den Beginn der Automobilität. Im gleichen Jahr bestellte Gottlieb Daimler eine Kutsche, in die er einen 1,5 PS starken Verbrennungsmotor einbaute, den er in Zusammenarbeit mit Wilhelm Maybach entwickelt hatte. Die Daimler-Motoren-Gesellschaft (DMG) legte den Grundstein für weitere Erfolge mit leistungsfähigeren Fahrzeugen, die vom Kaufmann und Großabnehmer Emil Jellinek geordert und nach dessen Tochter Mercedes benannt wurden. Der Stern als Warenzeichen wurde schließlich 1925, rechtzeitig zur baldigen Fusion der DMG mit Benz & Cie. zur Daimler-Benz AG, eingeführt. Heute werden unter der Marke Mercedes-Benz hochwertige PKW und Sportwagen sowie Transporter, LKW, Busse und Nutzfahrzeuge gebaut.

Bereits seit 1921 sammelt das Unternehmen Fahrzeuge, die erstmals 1936 zum 50-jährigen Unternehmensjubiläum in einer eigenen Ausstellung gezeigt wurden. 1961 wurde anlässlich des 75-jährigen Jubiläums der Erfindung des Automobils das erste Museumsgebäude auf dem Werksgelände in Stuttgart-Untertürkheim eröffnet. Da dieser Standort jedoch keine Expansionsmöglichkeiten für die stetig wachsende Sammlung bot, entschloss sich das Unternehmen im Jahr 2000, am Rande des Werksgeländes einen Neubau zu errichten.

Die Fahrzeugsammlung ist Teil der Abteilung Archive und Sammlung, die als das Gedächtnis des Unternehmens bezeichnet werden kann. Hier wird die gesamte Firmen-, Produkt- und Tech-

With their inventions, the pioneers of automobile construction Gottlieb Daimler (1834–1900) and Carl Benz (1844–1929) revolutionised the history of transport and their lifework paved the way for individual mobility. Working independent of one another in Cannstatt near Stuttgart and in Mannheim, they each developed the world's first automobiles. On 29 January 1886, Carl Benz obtained the German patent on his motor vehicle – patent number 37 435. This patent specification describes the first functioning unit of a motor with chassis and thus marks the beginning of automobility. In the same year, Gottlieb Daimler ordered a carriage in which he installed a 1.5 hp combustion engine that he had developed together with Wilhelm Maybach. The Daimler-Motoren-Gesellschaft (DMG) laid the foundation stone for further successes with more powerful vehicles which were ordered by merchant and major customer Emil Jellinek and named after his daughter Mercedes. The star was introduced as the company's trademark in 1925, just in time for the imminent merger of DMG with Benz & Cie. to form Daimler-Benz AG. Today, high-quality passenger cars and sports cars as well as vans, lorries, buses and commercial vehicles are built under the Mercedes-Benz brand.

The company has been collecting vehicles since 1921. These were first shown in a separate exhibition in 1936 to mark the company's 50th anniversary. In 1961, on the occasion of the 75th anniversary of the invention of the automobile, the first museum building was opened on the factory premises in Stuttgart-Untertürkheim. However, as this location had no room for expansion to house the constantly growing collection, in 2000 the company decided to erect a new building at the edge of the factory grounds. The vehicle collection is part of the archive and collection department which can be called the memory of the company. This is where the whole company, product

nikgeschichte aus über 125 Jahren Automobilbau bewahrt. Die Bandbreite reicht von Konstruktionszeichnungen und Versuchsberichten über Korrespondenzen, Protokolle, Vorstandsakten und persönliche Nachlässe bis zu Prospekten, Bedienungsanleitungen, Pressemappen, Fotos, Filmen und seltenen Plakaten.

Die Sammlung verfügt derzeit über einen Bestand von ca. 1.000 Fahrzeugen. Ein Teil davon wird im Mercedes-Benz Museum gezeigt, weitere Fahrzeuge werden auf Ausstellungen und Messen präsentiert oder kommen bei Oldtimerveranstaltungen und Rallyes zum Einsatz. Eine ver-

and technology history from more than 125 years of automobile construction is preserved. The materials range from design drawings and trial reports to correspondence, minutes of meetings, board files and personal estates through to brochures, operating manuals, press kits, photos, films and rare posters. The collection currently contains around 1,000 vehicles. Some of these are on display in the Mercedes-Benz Museum, others are presented at exhibitions and trade fairs or take part in vintage vehicle events and rallies. The directive governing additions to and the manage-

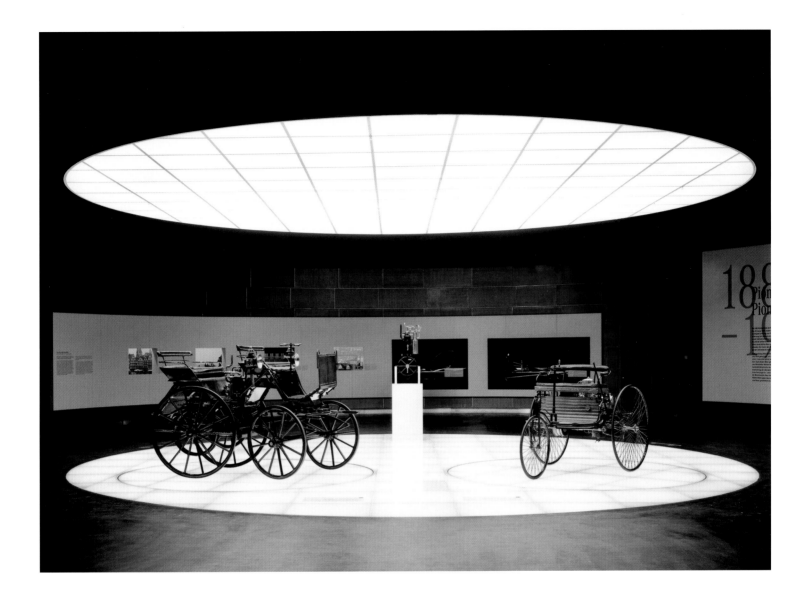

bindliche Sammlungskonzeption gibt die Richtlinie für Ausbau und Verwaltung der Fahrzeug-sammlung vor. So wird sichergestellt, dass auch in Zukunft die wegweisenden Produkte des Unternehmens nach festgelegten Kriterien gesammelt und damit der Nachwelt erhalten bleiben.

Das Museum vor den Toren des Stammwerks in Stuttgart-Untertürkheim bildet ein städtebauliches Scharnier zwischen den Werksanlagen und der benachbarten Mercedes-Benz Niederlassung; es setzt ein weithin sichtbares Zeichen im Neckartal.

ment of the vehicle collection provides a binding concept for the collection. This ensures that the company's pioneering products will continue to be collected in future in accordance with set criteria, thus being preserved for posterity.

In urban development terms, the museum just outside the gates of the main plant in Stuttgart-Untertürkheim creates a hinge between the factory grounds and the adjacent Mercedes-Benz

Die Fassade besteht aus Materialien, die auch im Automobilbau Verwendung finden: Aluminium und Glas. Jede der 1.800 dreieckigen Fensterscheiben ist ein Unikat. Die Struktur des Gebäudes ist einer DNA-Spirale nachempfunden, die hier für das Erbgut der Marke steht.

Die Doppelhelix ermöglicht verschiedene Rundgänge über insgesamt neun Ausstellungsebenen mit 16.500 m² Fläche, auf der 160 Fahrzeuge und insgesamt mehr als 1.500 Exponate gezeigt werden. Vom Atrium auf der Eingangsebene gelangen die Besucher per Aufzug auf der obersten

branch office; it forms a landmark in the Neckar valley which can be seen from some way off. The facade is made of materials that are also used in automotive construction: aluminium and glass. Each of the 1,800 triangular window panes is one of a kind.

The structure of the building is reminiscent of a DNA spiral which stands here for the genetic make-up of the brand. The double helix allows various tours on a total of nine exhibition levels covering an area of 16,500 m² displaying 160 cars and a total of more than 1,500 exhibits.

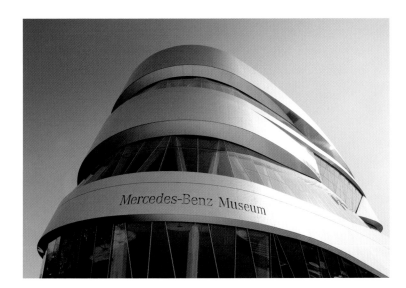 

Ebene des Museums zum Ausgangspunkt der Rundgänge. Bereits in den Aufzugskabinen beginnt die Zeitreise durch die Geschichte des Automobils, von der Gegenwart bis zurück zu den Anfängen. Analog dazu werfen Projektoren auf den Aufzugskabinen kurze bewegte Bildsequenzen an die gegenüberliegenden Wände des Atriums.

Entlang des ersten Rundgangs sind sieben sogenannte „Mythosräume" angeordnet, in denen die Geschichte der Marke in chronologischer Reihenfolge erzählt wird. Die einzelnen „Mythen" setzen sich aus jeweils drei Präsentationsbereichen zusammen: Illustrierte Chronik, Szene und Werkbank. Die illustrierte Chronik gewährt dem Besucher eine generelle Orientierung zu den großen Themen der Zeit- und Unternehmensgeschichte. Auf der sogenannten Szene, der Ausstellungsfläche im Zentrum jedes Mythosraumes, werden die wichtigsten Fahrzeugikonen und Produktinnovationen aus den einzelnen Epochen vorgestellt.

Die Werkbänke schließlich konzentrieren sich auf die Vermittlung der wichtigsten technischen und gestalterischen Innovationen. Der zweite Rundgang gliedert sich in fünf „Collectionsräume", die sich den thematisch geordneten Fahrzeugen der Marke widmen: Reisefahrzeuge in der „Galerie der Reisen", Gütertransporter in der „Galerie der Lasten", Hilfs- und Dienstleistungsfahrzeuge

From the atrium at entrance level, the visitors take a lift to the uppermost level of the museum as the starting point of the circuit tours. The journey in time through the history of the automobile from the present day back to the early beginnings already starts in the lift cabin. Projectors on the lift cabins project short image sequences on the opposite walls of the atrium.

Along the first route, there is a series of seven "Legend" rooms in which the history of the brand is told in chronological order. Each "legend" comprises three presentation areas: illustrated chronicle, scene and workbench. The illustrated chronicle gives the visitor a general guide to the big contemporary themes and events as a backdrop for the corporate history at that time. The exhibition area at the centre of each legend room, called the scene, is used to introduce the most important iconic vehicles and innovative products from the various eras. Finally, the workbenches convey information about the most important technical and design innovations. The second circular tour is divided into five "Collection" rooms which are dedicated to the thematically arranged

in der „Galerie der Helfer" und Repräsentationsfahrzeuge in der „Galerie der Namen". Die Mythos-räume sind wie bei einer Theaterinszenierung geschützt und künstlich beleuchtet, während die Sammlungsräume offen und von Tageslicht durchflutet sind.

Die Rennabteilung mit der Sammlung von Rennwagen, den zugehörigen Memorabilien und Geschichten der Fahrer schließt den chronologischen Rundgang ab. Ergänzt wird die Tour von einer Präsentation verschiedener Konzeptfahrzeuge und der Ausstellung „Faszination Design", die sich dem Thema Automobilgestaltung auf vielfältige Art und Weise nähert. Hier finden auch re-gelmäßig Design-Workshops statt.

brand vehicles: travel vehicles in the "Gallery of voyagers", freight vehicles in the "Gallery of carriers", vehicles used by the emergency services in "Gallery of helpers" and representative vehicles in the "Gallery of celebrities". The Legend rooms are enclosed and artificially illuminated, like in a theatre production, while the Collection rooms are open and flooded with daylight. The racing department with the collection of racing cars, the related memorabilia and histories of the drivers rounds off the chronological circuit tours. The tour is supplemented by a presentation of various concept cars and the "Fascination of Design" exhibition which addresses the topic of automotive design in many different ways. It is also the venue for regular design workshops.

Adresse | Address
Mercedes-Benz Museum
Mercedesstraße 100
D-70372 Stuttgart
www.mercedes-benz-classic.com

Öffnungszeiten | Opening hours
Di.–So. 9.00–18.00 Uhr
Tues.–Sun. 9.00 am–6.00 pm

INFORMATIONEN | INFORMATION

Projekt | Project	Mercedes-Benz Museum
Schwerpunkt | Focus	Mit dem Museum macht Mercedes-Benz die gesamte Geschichte der Automobilität von den Anfängen bis zur Gegenwart sowie die Entwicklung der eigenen Marke für Besucher erfahrbar. With the museum, Mercedes-Benz allows visitors to experience the whole history of automobility from the early beginnings through to the present day as well as the development of the company's own brand.
Bauherr | Commissioned by	DaimlerChrysler Immobilien (DCI) GmbH, Berlin
Architektur | Architecture	UNStudio van Berkel & Bos, Amsterdam
Museumskonzeption, Ausstellungsgestaltung, Visuelle Kommunikation, Medienkonzept | Overall concept, exhibition design, visual communication, media concept	hg merz architekten museumsgestalter, Stuttgart
Tragwerksplanung | Planning of structural framework	Werner Sobek Ingenieure, Stuttgart
Projektmanagement | Project management	Drees & Sommer, Stuttgart
Fläche | Exhibition space	16.500 m²
Baujahr | Year of construction	Planung und Realisierung: 2003–2006 Planning and realisation: 2003–2006

MUSEO CASA ENZO FERRARI

Im Mittelpunkt des im März 2012 eröffneten Museo Casa Enzo Ferrari im italienischen Modena stehen die Person und das Lebenswerk des legendären Rennfahrers und Konstrukteurs Enzo Ferrari.

The Museo Casa Enzo Ferrari opened in Modena, Italy, in March 2012 centres around the life and work of the legendary racing driver and designer Enzo Ferrari.

Das Museum ist weniger eine klassische Sammlung von historischen Automobilen als vielmehr ein Ort, der sich ausführlich dem Menschen und dem Mythos Enzo Ferrari widmet. Weit mehr Fahrzeuge mit dem berühmten „Cavallino Rampante" – dem springenden Pferd auf gelbem Hintergrund – erwarten den Besucher am Stammsitz des Unternehmens im nicht weit entfernten Maranello. Dort befindet sich die in den 1980er Jahren gegründete Galleria Ferrari, die seit 1995 als offizielles Ferrari-Museum das Unternehmen repräsentiert.

Die norditalienische Region Emilia-Romagna ist als „Land der Motoren" geprägt durch zahlreiche kleine, aber feine Karosserieschmieden wie Ferrari, Lamborghini, Maserati und den Motorradhersteller Ducati. Hier legte Enzo Ferrari durch sein Engagement im Rennsport – und natürlich mit seinen Erfolgen beim legendären Straßenrennen „Mille Miglia" oder beim 24-Stunden-Rennen von Le Mans – den Grundstein für den weltweiten Erfolg der Marke Ferrari. In den 1920er und 1930er Jahren unterstützte er mit seiner „Scuderia Ferrari" zunächst andere Firmen wie Alfa Romeo bei der erfolgreichen Teilnahme an Autorennen – ohne selbst Fahrzeuge zu bauen. Als sich Alfa Romeo 1933 aus dem Rennsport zurückzog, konnte Enzo Ferrari die Rennsportabteilung selbstständig weiterführen und erste eigene Rennwagen entwickeln. Das Unternehmen Ferrari als selbstständige Marke wurde schließlich nach dem Zweiten Weltkrieg gegründet und ist heute weitgehend in den Fiat-Konzern eingegliedert. Ferrari ist der einzige Rennstall, der seit dem ersten Formel-1-Grand-Prix im Jahre 1950 im Grand-Prix-Zirkus mit von der Partie ist. Durch die Erfolge in der Formel 1 konnte sich die Marke auch im Bereich der straßenzugelassenen Fahrzeuge etablieren. Nach dem Tod des legendären „Il Commendatore" Enzo Ferrari im Jahr 1988 gab es einen erheblichen Nachfrage-Boom nach den automobilen Klassikern.

The museum is not so much a classical collection of historical vehicles but more a place dedicated to Enzo Ferrari – the man and legend. Far more vehicles with the famous "Cavallino Rampante" – the prancing horse on a yellow background – await the visitor at the company's headquarters, not far away in Maranello. Here is the Galleria Ferrari founded in the 1980s which has represented the company as official Ferrari museum since 1995.

The North Italian region Emilia-Romagna, also known as "motor valley", is home to numerous small, but fine coachbuilders like Ferrari, Lamborghini, Maserati and the motorbike manufacturer Ducati. This is where Enzo Ferrari through his involvement in motor racing – and of course his successes in the legendary road race "Mille Miglia" or the 24-hour race of Le Mans – laid the foundation stone for the worldwide success of the Ferrari marque. In the 1920s and 1930s he initially supported other companies with his "Scuderia Ferrari", enabling Alfa Romeo for instance to successfully take part in motor races, without having to build their own vehicles. When Alfa Romeo withdrew from racing in 1933, Enzo Ferrari continued the racing department on his own and developed the first racing cars of his own. As an independent marque, the company Ferrari was eventually founded after the Second World War and today is largely integrated in the Fiat group. Ferrari is the only racing team which has been part of the Grand Prix circus since the first Formula 1 Grand Prix in 1950. Through the successes in Formula 1 racing, the marque was also able to establish itself with street-legal vehicles. After the death of the legendary "Il Commendatore" Enzo Ferrari in 1988, demand for the classic cars boomed.

2003 wurde die Casa Natale Enzo Ferrari Foundation mit dem Ziel gegründet, das Leben von Enzo Ferrari zu erforschen, zu dokumentieren und in den Kontext der Automobilgeschichte Italiens zu stellen. Den authentischen Ausgangspunkt dafür bildet das Haus, in dem Enzo Ferrari im Jahre 1898 geboren wurde. Das unscheinbare Ziegelgebäude mit Werkstatt und Wohnräumen ist über die Jahrzehnte weitgehend erhalten geblieben und wurde in den vergangenen Jahren im Auftrag der Stiftung behutsam restauriert. Die Ausstellung im Inneren konzentriert sich auf die Biografie und die verschiedenen Lebensstationen von Enzo Ferrari und wartet mit Exponaten wie der charakteristischen „Enzo"-Sonnenbrille auf.

Geradezu umarmt wird das Geburtshaus vom expressiv gewölbten Ausstellungsgebäude, das schon von weitem an die Karosserie eines Rennsport-Boliden erinnert. Die gelbe Beschichtung und die schmalen Lichtöffnungen, die Luftschlitzen gleichen, verstärken diesen Eindruck. Gelb nimmt dabei nicht nur Bezug auf das Ferrari-Logo, sondern auch auf die Farbe des Stadtwappens von Modena. Hervorgegangen ist der Entwurf aus einem Wettbewerbsverfahren, das der in Prag geborene Architekt Jan Kaplický mit seinem Londoner Büro Future Systems im Jahre 2004 für sich entscheiden konnte. Bereits in den ersten Wettbewerbsskizzen wurde das prägende Motiv des geschwungenen Daches, das an drei Seiten mit dem Boden verschmilzt und sich zum Geburtshaus hin mit einer geschwungenen Glasfassade öffnet, sichtbar.

In 2003, the Casa Natale Enzo Ferrari Foundation was founded with the objective of researching and documenting the life of Enzo Ferrari in the context of Italy's automobile history. The authentic starting point for this research is the house in which Enzo Ferrari was born in 1898. The unimposing brick building with workshop and living rooms has survived the decades well and has been lovingly restored on behalf of the foundation in recent years. The exhibition inside focuses on the biography and various stations of Enzo Ferrari's life and includes exhibits like the typical "Enzo" sunglasses.

The birthplace is more or less embraced by the expressively curved exhibition building which from a distance already reminds one of the bodywork of a racer. The yellow cladding and the narrow light openings, that look more like air boxes, underline this impression. The yellow not only refers to the Ferrari logo but also to the colour of the Modena coat of arms. The design was the result of a competition won by the Prague-born architect Jan Kaplický with his London office Future Systems in 2004. The initial competition sketches already contained the decisive motif of the curved roof which melts into the ground on three sides, opening towards the house with a curved glass facade.

Ein großer Teil des Gebäudevolumens befindet sich unter der Erde, um gebührenden Abstand zum Bestandsgebäude einhalten zu können. Nach dem plötzlichen Tod des Architekten im Januar 2009 führte sein Mitarbeiter und Associate Director Andrea Morgante das Projekt mit seinem eigenen Büro Shiro Studio weiter. Ihm oblag die Innenraumgestaltung sowohl des neuen Ausstellungsgebäudes als auch des historischen Geburtshauses. Der gesamte Innenraum mit den vom Boden abgehobenen Plattformen für die Exponate ist in klarem Weiß gehalten. Auf insgesamt 5.000 m² wird neben Fotografien und Exponaten eine kleine Auswahl von Fahrzeugen unterschiedlicher Hersteller präsentiert, die mit Enzo Ferraris Leben verbunden sind.

A large part of the building volume is below ground in order to maintain sufficient distance to the existing building. After the sudden death of the architect in January 2009, his co-worker and associate director Andrea Morgante took over the project with his own office Shiro Studio. He was tasked with designing the interior both of the new exhibition building and the historical birthplace. The whole interior with raised platforms for the exhibits is white. On a total of 5,000 m², there are photographs and exhibits as well as a small selection of vehicles of various manufacturers which were associated with the life of Enzo Ferrari.

Die Cafeteria „Il Museo, Motori e Sapori", der offizielle Ferrari-Store, eine Buchhandlung und die Medienlounge sind weitere Angebote für die Besucher des Museums. Zusätzlich wurden spezielle Flächen für die Restaurierung von Oldtimern sowie ein Dokumentationszentrum mit Computerterminals, Archiv und Seminarflächen integriert. Die historischen Fahrzeuge befinden sich nicht wie bei anderen großen Automobilmuseen im Besitz der Stiftung, sondern sind Leihgaben kleiner Museen und verschiedener Sammler. Daher ist es vorgesehen, die Ausstellung, die im ersten Monat ca. 20.000 Besucher angelockt hatte, permanent zu verändern. Gleichzeitig soll das luftige Ausstellungskonzept Raum für temporäre Ausstellungen und kulturelle Veranstaltungen lassen.

The cafeteria "Il Museo, Motori e Sapori", the official Ferrari Store, a bookshop and the media lounge round off the offering to the visitors to the museum. In addition, special areas were integrated for the restoration of vintage vehicles as well as a documentation centre with computer terminals, archive and seminar rooms. The historical vehicles are not owned by the foundation, as is the case at other large automotive museums, but are on loan from smaller museums and various collectors. The idea is to keep changing the exhibition which attracted around 20,000 visitors in the first month. At the same time, the bright and airy exhibition concept is designed to offer space for temporary exhibitions and cultural events.

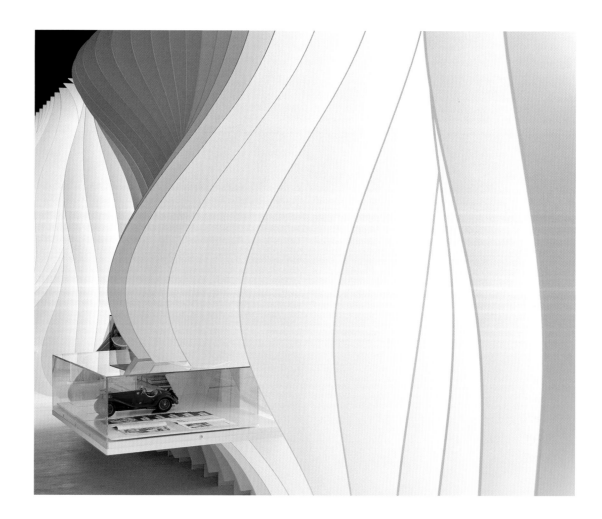

Adresse | Address
Museo Casa Enzo Ferrari
Via Paolo Ferrari 85
I-41121 Modena
www.museocasaenzoferrari.it

Öffnungszeiten | Opening hours
Mo.–So. 9.30–18.00 Uhr, 1. Okt.–30. Apr.
Mo.–So. 9.30–19.00 Uhr, 1. Mai–30. Sept.
Mon.–Sun. 9.30 am–6.00 pm, 1st Oct.–30th Apr.
Mon.–Sun. 9.30 am–7.00 pm, 1st May–30th Sept.

INFORMATIONEN | INFORMATION

Projekt | Project	Museo Casa Enzo Ferrari Modena
Schwerpunkt | Focus	Leben und Lebenswerk des Rennfahrers und Automobil-konstrukteurs Enzo Ferrari (1898–1988) *Life and work of the racing driver and automobile designer Enzo Ferrari (1898–1988)*
Bauherr | Commissioned by	Fondazione Casa di Enzo Ferrari – Museo
Architektur | Architecture	Jan Kaplický, Future Systems, London
Innenraumgestaltung | Interior design	Andrea Morgante, Shiro Studio, London
Projektmanagement | Project management	Società Politecnica, Modena
Fläche | Exhibition space	ca. 5.000 m² | approx. 5,000 m²
Baujahr | Year of construction	Wettbewerb: 2004 / Bauzeit: 2007–2012 *Competition: 2004 / construction period: 2007–2012*

MUSEUM RAVENSBURGER

Am Stammsitz der Unternehmensgruppe im oberschwäbischen Ravensburg bietet das Museum Ravensburger seit 2010 eine interaktive Entdeckungsreise durch die Geschichte und Gegenwart des Verlagshauses.

Since 2010, the Museum Ravensburger at the headquarters of the group in Ravensburg in Upper Swabia has offered an interactive journey of discovery through the past and present of the publishing house.

Als der Ravensburger Buchhändler Otto Maier 1883 seinen ersten Autorenvertrag unterschrieb, legte er den Grundstein zu seinem Verlag. 1884 erschien das erste Spiel „Reise um die Erde", nach Motiven des gleichnamigen Bestsellers von Jules Verne. Es folgten Lernspiele und Kinderspiele, Quartette und Strategiespiele. Dazu kamen Bücher und Arbeitskästen zum Basteln und zur Beschäftigung von Kindern, mit denen auch Wissen und Fertigkeiten vermittelt werden sollten. Ein Meilenstein für den wirtschaftlichen Erfolg ist beispielsweise das Spiel memory®, das über 75 Millionen Mal verkauft wurde. Bereits im Jahr 1905 hatte der Unternehmensgründer sich vom kaiserlichen Patentamt das Warenzeichen „Ravensburger Spiele" schützen lassen, das bis heute Bestandteil der Marke ist. 1974 wurde das charakteristische blaue Dreieck mit der Inschrift „Ravensburger", das auch als Logo für das heutige Museum Ravensburger fungiert, als neues Warenzeichen international eingetragen. Neben dem Museum betreibt das Unternehmen auch den 25 ha großen Freizeitpark Ravensburger Spieleland im nahegelegenen Meckenbeuren-Liebenau.

Im Jahr 2007 wurde begonnen, das bestehende Unternehmensmuseum im ersten Firmensitz – zwei mittelalterliche Patrizierhäusern im Herzen Ravensburgs – umfassend zu sanieren und zu erweitern. In den historischen Gebäuden, deren Bausubstanz teilweise auf das frühe 14. Jahrhundert zurückgeht, entstand eine rund 1.000 m² große interaktive Ausstellung auf drei Stockwerken. In vielen Räumen sind Spuren der Geschichte des über 700 Jahre alten Gebäudes sichtbar. Es war die Intention der Planer, die notwendigen Ergänzungen deutlich vom Bestand abzuheben. Originales blieb so weit wie möglich erhalten und Rekonstruktionen wurden vermieden. So zeugen beispielsweise gut erhaltene Holzdecken aus dem 15. Jahrhundert sowie Stuckarbeiten und restaurierte Deckengemälde von der geschichtsträchtigen Vergangenheit des Hauses.

When the Ravensburger bookseller Otto Maier signed his first author's contract in 1883 he laid the foundation stone for his publishing house. The first game appeared in 1884, called "Voyage Round the World", inspired by Jules Verne's bestseller "Around the World in 80 days". This was followed by learning and children's games, card games and strategy games. The programme was then extended by books and craft kits for children, all designed to convey knowledge and teach skills. A milestone in terms of economic success was the memory® game that sold over 75 million times. As early as 1905, the company's founder had had the trademark "Ravensburger Spiele" protected by the imperial patent office which until this day is part of the brand. In 1974, the characteristic blue triangle containing the word "Ravensburger", that also acts as the logo for today's Museum Ravensburger, was registered internationally as new trademark. Besides the museum the company also runs the Ravensburger Spieleland theme park on 25 ha in nearby Meckenbeuren-Liebenau.

In 2007, work commenced on the refurbishment and enlargement of the existing corporate museum in the first offices of the company – two patrician houses from the middle ages in the centre of Ravensburg. The historic buildings, parts of which date back to the early 14th century, now house an interactive exhibition on around 1,000 m² spread over three floors. In many rooms, traces of the history of the more than 700 year-old building are visible. The planners wanted the necessary additions to be clearly distinct from the existing building. Where possible, the original substance was retained and reconstructions were avoided. Well-preserved wooden ceilings from the 15th century, for instance, as well as stuccowork and restored ceiling paintings bear witness to the past of the historic building.

Das Erdgeschoss widmet sich den Wurzeln des Unternehmens. Der Rundgang führt die Besucher am Schreibtisch des Firmengründers Otto Maier vorbei und zeigt seinen Arbeitsschrank sowie Notizbücher. Durch eine niedrige Tür gelangt man in die „Schatzkammer" des Unternehmens, wo die Klassiker aus dem Programm in einer Installation aus transluzenten und gläsernen Würfeln präsentiert werden.

Im ersten Stock erhält der Besucher die Möglichkeit, einen Blick hinter die Kulissen zu werfen. So erfahren die Besucher in der Spielewerkstatt, wie aus der Idee des Autors ein fertiges Spiel wird – von der Redaktion über die Grafik bis hin zur Produktion. Nebenan laden überdimensionale begehbare Spielfiguren dazu ein, die Spiele aus ungewohnter Perspektive zu erleben. Auch einem weiteren Standbein des Unternehmens, den Puzzles, ist ein eigener Raum gewidmet. Die technisch anmutende Installation wird von einem barocken Deckengemälde mit dem Titel „Die vier Tugenden" überspannt. Der Kontrast zwischen den originalen Architekturelementen und der klaren und reduzierten Ausstellungsgestaltung zieht sich durch das gesamte Museumsinnere.

Im zweiten Stock präsentiert sich der Ravensburger Buchverlag. Hier können die jungen Leser das gemütlich eingerichtete Nest des Leseraben aus der gleichnamigen Buchreihe entdecken und seinen spannenden Geschichten lauschen. Ein paar Schritte weiter treten die Besucher mitten hinein in die sogenannten Wimmelbilderbücher und finden sich zwischen bunten Buchseiten im XXL-Format wieder. Die großen Fragen des Universums werden schließlich im „Spacelab" geklärt – einer Raumstation mit elektronischen Büchern, die allerdings auch in Papier und Pappe vorliegen. In der Ravensburger Lese- und Spielelounge schließlich können die Besucher die Produkte des Unternehmens ausprobieren.

The ground floor is devoted to the roots of the company. The tour takes the visitor past the desk of the founding father Otto Maier and shows his work cabinet and note books. Passing through a low door, the visitor arrives in the "treasure chamber" of the company where classic products from the programme are presented in an installation of translucent and glass walls.

On the first floor, visitors have the opportunity to look behind the scenes. In the games workshop, they learn how an idea of the author becomes a finished game – from editing to graphic design right through to the production. Next door, oversized, walk-in playing pieces invite the visitor to experience the games from an unusual perspective. Jigsaws, another pillar of the company, also have a separate room devoted to them. The technical-looking installation is located below a baroque ceiling painting entitled "The four virtues". This contrast between the original architectural elements and the clear-cut and minimalist exhibition design is found again and again throughout the interior of the whole museum.

The second floor focuses on Ravensburger's book publishing business. Young readers can discover the cosy nest of the Reading Raven from the book series of the same name and listen to his exciting stories. A few steps further on, the visitors find themselves in the picture books section between brightly-coloured XXL sized pages. Finally, the big questions of the universe are solved in the spacelab – a space station with electronic books, although a paper and cardboard version of the books is also available. To finish off the visit, visitors can try out the company's products in the Ravensburger reading and games lounge.

Since 2012 children and teenagers are given an interactive companion: an orange-coloured pen from the audio-digital learning system guides the young visitor through the rooms of the museum and asks quiz questions, corrects the answers and records the points.

Seit 2012 bekommen Kinder und Jugendliche einen interaktiven Begleiter an die Hand: Ein orangefarbener Stift aus dem audiodigitalen Lernsystem führt die Museumsbesucher durch die Räume und stellt dabei jeweils eine Quizfrage, korrigiert anschließend die gegebenen Antworten und merkt sich den Punktestand.

Zu den Erfolgsfaktoren von Ravensburger zählt auch eine ausgeprägte Unternehmenskultur. So bilden klare Unternehmensgrundsätze die Eckpfeiler für die Handlungsweise von Mitarbeitern und Management. Im Jahr 2000 wurde die gemeinnützige Stiftung Ravensburger Verlag eingerichtet, womit das Haus Ravensburger und die Gesellschafter deutlich machen wollen, dass sie die Förderung von Bildung und Erziehung und auch das Engagement für das kulturelle und soziale Wohl von Kindern und Familien nicht nur als Aufgabe für die Programmarbeit begreifen, sondern auch als gesellschaftliche Verpflichtung.

One of the success factors of Ravensburger is its pronounced corporate culture. Clear corporate principles form the cornerstones for the action of employees and management. With the non-profit foundation Stiftung Ravensburger Verlag set up in 2000 Ravensburger and its shareholders want to demonstrate that the promotion of education and also the commitment to the cultural and social well-being of children and families is not only part of its commercial programme, but also a social obligation.

Adresse | Address
Museum Ravensburger
Marktstraße 26
D-88212 Ravensburg
www.museum-ravensburger.de

Öffnungszeiten | Opening hours
Di.–So. 11.00–18.00 Uhr, 1. Okt.–30. Mrz.
Di.–So. 10.00–18.00 Uhr, 1. Apr.–30. Sept.
Sonderöffnungszeiten siehe Homepage
Tues.–Sun. 11.00 am–6.00 pm, 1st Oct.–30th Mar.
Tues.–Sun. 10.00 am–6.00 pm, 1st Apr.–30th Sept.
See homepage for holiday & vacation opening hours

INFORMATIONEN | INFORMATION

Projekt | Project	Museum Ravensburger
Schwerpunkt | Focus	Interaktives Museum als Entdeckungsreise durch die Geschichte und Gegenwart von Ravensburger Interactive museum as a voyage of discovery through the past and present of Ravensburger
Bauherr | Commissioned by	Ravensburger AG
Architektur | Architecture	SPACE4, Stuttgart
Bauleitung | Site management	Vogt Architekten Ravensburg
Projektsteuerung | Project management	Ravensburger AG, Ravensburger Freizeit und Promotion GmbH
Innenraumgestaltung | Interior design	SPACE4, Impuls-Design GmbH & Co. KG
Ausstellungsgestaltung | Exhibition design	Werkstatt Weißensee, Dipl. Ind. Des. Rüdiger Stern
Fläche | Exhibition space	1.000 m²
Baujahr | Year of construction	Umbau: 9/2008–5/2010 | Renovated: 9/2008–5/2010
Grafik/Kommunikationsdesign | Graphics/communication design	Ravensburger Freizeit und Promotion GmbH Serviceplan München
Lichtplanung | Light planning	Thomas Hubert GmbH

PORSCHE MUSEUM

Unmittelbar am Stammsitz des Unternehmens, am Porscheplatz in Stuttgart-Zuffenhausen, setzt das Porsche Museum ein markantes architektonisches Zeichen. Es soll als adäquater Präsentationsort die Firmengeschichte mit historischem und zeitgenössischem Wissen zur Marke bündeln und die „Faszination Porsche" für Besucher, Kunden und Mitarbeiter erlebbar machen.

At the headquarters of the company, directly at Porscheplatz in Stuttgart-Zuffenhausen, the Porsche Museum makes a striking architectural statement. Designed as a fitting location to combine a presentation of the corporate history with contemporary knowledge about the brand, it invites visitors, customers and employees to experience the "Fascination Porsche".

Begonnen hat die Erfolgsgeschichte des Sportwagenherstellers auf der Weltausstellung in Paris im Jahr 1900. Dort stellte Ferdinand Porsche den visionären „Lohner-Porsche", einen Elektrowagen mit Radnabenmotor, vor. 1906 wurde der junge Fahrzeugkonstrukteur zunächst Technischer Direktor bei Austro-Daimler in Wien und ab 1923 bei der Daimler-Motoren-Gesellschaft in Stuttgart. Den Grundstein der heutigen Dr. Ing. h.c. F. Porsche AG legte Ferdinand Porsche 1931 mit der Gründung eines eigenen Konstruktionsbüros für Motoren- und Fahrzeugbau in Stuttgart. Neben zahlreichen Auftragsarbeiten für andere Autohersteller entstanden unter seiner Regie Meilensteine der Automobilgeschichte wie der Auto-Union-Grand-Prix-Rennwagen oder der Volkswagen „Käfer", für den er 1934 vom Reichsverband der Automobilindustrie einen Entwicklungsauftrag erhielt. 1947 übernahm Ferry Porsche den Vorsitz des Unternehmens von seinem Vater und startete die Entwicklung seines ersten eigenen Sportwagens. Der Porsche 356, von dem weltweit über 75.000 Stück verkauft wurden, markierte die Geburtsstunde der Sportwagenmarke Porsche. Mit dem Nachfolgemodell Porsche 911, das im Jahre 1963 der Öffentlichkeit präsentiert wurde, kam der internationale Durchbruch. Das Design des von Ferdinand Alexander, kurz F. A. Porsche gestalteten Klassikers gilt als Inbegriff der Marke und prägt bis heute das Erscheinungsbild aller folgenden „Elfer"-Generationen sowie vieler anderer Modelle aus dem Hause Porsche. Im Zuge der Umwandlung der Porsche KG in eine Aktiengesellschaft 1971/72 schieden die Familienmitglieder aus dem operativen Geschäft des Unternehmens aus. Anfang der 1990er Jahre geriet der Sportwagenhersteller in eine wirtschaftliche Krise, die durch umfangreiche Umstrukturierungen unter Wendelin Wiedeking überwunden werden konnte. Porsche kam aus der Verlustzone und gedieh in den folgenden Jahren zu einem der profitabelsten Autobauer.

The success story of the sports car manufacturer began at the world expo in Paris in 1900 where the young vehicle designer Ferdinand Porsche presented the visionary "Lohner-Porsche", an electric car with wheel hub motor. In 1906, he was initially technical director at Austro-Daimler in Vienna and from 1923 at Daimler-Motoren-Gesellschaft in Stuttgart. The foundation stone of today's Dr. Ing. h.c. F. Porsche AG was laid by Ferdinand Porsche in 1931 when he founded his own engineering office for engines and vehicle construction in Stuttgart. Besides contract work for other car manufacturers, he created milestones in automobile history like the Auto-Union-Grand-Prix racing car or the VW "Beetle", for which he was awarded a development contract by the "Reichsverband der Automobilindustrie" (German Automobile Industry Association at that time) in 1934. In 1947, Ferry Porsche took the chair of the company from his father and started the development of the company's first sports car of its own. The Porsche 356, which sold over 75,000 worldwide, marked the birth of the sports car brand Porsche. The successor model Porsche 911, that was presented to the public in 1963, brought the international breakthrough. For most, the design of the classic car by Ferdinand Alexander, F. A. Porsche for short, epitomises the brand and until this day shapes the appearance of all the following 911 generations and many other models made by Porsche. In the course of the conversion of Porsche KG into a stock corporation in 1971/72 the family members withdrew from the company's business operations. In the early 1990s, the sports car manufacturer was plunged into an economic crisis which was overcome thanks to an extensive restructuring programme led by Wendelin Wiedeking. Porsche came out of the loss zone and flourished in the next few years into one of the most profitable car makers.

1976 wurde das erste Porsche Museum in einer ehemaligen Motorenfertigungshalle auf dem Werksgelände eröffnet. Im „alten" Museum fanden nur ca. 20 Fahrzeuge aus dem umfangreichen Bestand Platz, sodass Porsche die Planungen für ein neues Museum am Hauptsitz in Stuttgart-Zuffenhausen aufnahm. Im Jahr 2003 begann das Büro hg merz architekten museumsgestalter mit der Entwicklung der Konzeption und erarbeitete das Drehbuch für Inhalte und Dramaturgie. 2004/05 folgte ein Architekturwettbewerb, den das Büro Delugan Meissl Associated Architects aus Wien für sich entscheiden konnte. Am 31. Januar 2009 wurde das Museum erstmals für das breite Publikum geöffnet.

Der scharf konturierte Baukörper besteht aus einem dreidimensionalen Stahlfachwerk, das auf nur drei Betonkernen ruht. Dabei werden Spannweiten von durchschnittlich 60 m überbrückt. Die schräge Ebene unterhalb des monolithischen Baukörpers, dessen Untersicht mit hochpoliertem Edelstahl verkleidet ist, stellt eine Beziehung zum davorliegenden Verkehrsknotenpunkt her. Über eine Rolltreppe gelangen die Besucher von der Eingangsebene in das scheinbar schwebende Volumen des Ausstellungsraumes, in dem über 80 Fahrzeuge gezeigt werden. Der Wunsch des Unternehmens ist es, die historischen Fahrzeuge, die immer wieder gefahren werden müssen, um funktionsfähig zu bleiben, quasi „auf der Straße" zu zeigen. Nahezu alle Ausstellungsfahrzeuge nehmen als „Rollendes Museum" regelmäßig an historischen Rennen und Ausfahrten teil. Die Exponate sind ständig in Bewegung und das Museum selbst fungiert wie ein „Mutterhaus" – als ebenso exklusives wie flexibles Schaudepot. Die Besucher können den Monteuren in der Oldtimerwerkstatt bei der Arbeit zuschauen und Einblicke in die handwerklichen Fähigkeiten bei der Wartung und Restaurierung der Sportwagen erhalten.

Die Ausstellung gliedert sich in zwei Bereiche: Porsche vor 1948 und nach 1948. Den inhaltlichen Auftakt zur Ausstellung bildet die Ära von Ferdinand Porsche. Die Ausstellungseinheit „Porsche nach 1948" widmet sich den Serienfahrzeugen und Rennwagen von der Nachkriegszeit bis in

In 1976, the first Porsche Museum was opened in a former engine production hall in the factory grounds. The "old" museum only had room for around 20 of the extensive fleet of vehicles and Porsche commenced planning for a new museum at the head office in Stuttgart-Zuffenhausen. In 2003, the office hg merz architekten museumsgestalter were entrusted with the development and conception and drew up a script for content and story line. The architecture competition held in 2004 was won by Delugan Meissl Associated Architects from Vienna in 2005. On 31 January 2009, the museum opened its doors to the general public for the first time.

The structure with its sharp contours consists of a three-dimensional steel frame that rests on just three concrete cores, bridging span widths of on average 60 m. The inclined level below the monolithic structure, the bottom view of which is clad in highly polished stainless steel, creates a relationship to the traffic junction in front of it. Via an escalator, visitors travel from the entrance level to the seemingly suspended volume of the exhibition room in which more than 80 vehicles are on display. The wish of the company is that the vintage vehicles which have to be driven regularly to stay roadworthy are shown "on the street" as it were. Almost all of the vehicles in the exhibition take part regularly in historical races and trips as a "rolling museum". The exhibits are constantly on the move and the museum itself, like a "mother house", acts as exclusive and yet flexible show- and storeroom. Visitors can watch the mechanics at work in the vintage car workshop and gain an insight into the skills needed for the maintenance and restoration of sports cars.

ENTWICKLUNG

PRODUKTION

130

die Gegenwart. Der Weg der Besucher orientiert sich an der chronologisch aufbereiteten Produktgeschichte sowie Leitbegriffen zur „Idee Porsche" wie beispielsweise „schnell", „leicht", „clever", „stark", „intensiv" und „konsequent". Die Zeitachse erhält ihren Rhythmus durch die Ideenfelder, in denen diese sechs Eigenschaften inszeniert werden. Jeder Ideenbereich ist als räumliche Einheit konzipiert und um ein exemplarisches Exponat angeordnet. Es visualisiert die zentrale Aussage und steht für die Qualität der Idee. Die hinterleuchtete GFK-Karosserie eines Porsche 908 verdichtet beispielsweise die Eigenschaft „leicht" zu einem Bild, der Begriff „intensiv" wird mit einem Schwarm aus 150 Pokalen aus dem Motorsport dargestellt. Tischvitrinen zeigen in individuellen Präsentationsformen verschiedene Kleinexponate, die einzelne Aspekte einer Idee verdeutlichen und illustrieren. Der Besucher kann die Inhalte anhand von Recherche-Terminals vertiefen. Auch das Historische Archiv der Porsche AG befindet sich im Museum und ist teilweise über Glaswände vom Foyer aus einsehbar. Als „Gedächtnis" des Konzerns werden hier alle wichtigen Informationen mit wirtschaftlichem, technischem, sozialem oder kulturellem Bezug zum Unternehmen gesammelt.

The exhibition is divided into two sections: Porsche before 1948 and after 1948. Content-wise, the first part of the exhibition deals with the era of Ferdinand Porsche. The exhibition section "Porsche after 1948" is devoted to the series vehicles and racing cars of the postwar period through to the present day. The route taken by the visitors is guided by the chronologically arranged product history as well as terms that belong to the "Porsche idea" like "fast", "light", "clever", "powerful", "intense" and "consistent". The time axis obtains its rhythm from the idea fields in which the scene is set for each of these six characteristics. Each idea section is designed as a spatial unit and arranged around an exhibit that exemplifies one of the characteristics. It visualises the central message and stands for the quality of the idea. The backlit GRP body of a Porsche 908, for instance, condenses the characteristic "light" into an image, while the term "intense" is presented with a swarm of 150 motor sport trophies. Tabletop display cases use individual presentation forms to show various small exhibits which illustrate specific aspects of an idea. The visitor can find out more at research terminals. The historical archive of Porsche AG is also located in the museum and a part of it can be viewed through the glass walls in the foyer. As the "memory" of the group, all the important information with economic, technical, social and cultural references to the company is collected here.

Adresse | Address
Porsche Museum
Porscheplatz 1
D-70435 Stuttgart-Zuffenhausen
www.porsche.com

Öffnungszeiten | Opening hours
Di.–So. 9.00–18.00 Uhr
Tue.–Sun. 9.00 am–6.00 pm

INFORMATIONEN | INFORMATION

Projekt | Project	Porsche Museum
Schwerpunkt | Focus	Das Porsche Museum folgt der Idee eines „Rollenden Museums": Alle ausgestellten Fahrzeuge sind fahrfähig und können jederzeit auf der Straße eingesetzt werden. The Porsche Museum follows the idea of a "rolling museum": all the vehicles on display are roadworthy and can be driven on the street at any time.
Bauherr | Commissioned by	Dr. Ing. h.c. F. Porsche Aktiengesellschaft, Stuttgart
Architektur | Architecture	Delugan Meissl Associated Architects ZT GmbH, Wien Delugan Meissl Associated Architects ZT GmbH, Vienna
Ausführungsplanung | Detailed design	Wenzel + Wenzel, Architekten, Karlsruhe
Museumskonzeption, Ausstellungsgestaltung, Visuelle Kommunikation, Medienkonzept | Overall concept, exhibition design, visual communication, media concept	hg merz architekten museumsgestalter, Stuttgart
Fläche | Exhibition space	5.600 m²
Baujahr | Year of construction	2005–2008
Tragwerksplaner | Structural engineer	Leonhardt, Andrä und Partner, Stuttgart
Projektsteuerung | Project management	Drees & Sommer AG, Stuttgart
Bauleitung | Site management	Gassmann + Grossmann Baumanagement GmbH

INTERVIEW HG MERZ

WIE KOMMEN SIE ALS ARCHITEKT IN DER REGEL MIT UNTERNEHMEN ALS AUFTRAGGEBER ZUR GESTALTUNG EINES MUSEUMS ZUSAMMEN? ÜBER GUTACHTEN, WETTBEWERBE ODER SOGENANNTE „PITCHES"?

Für gewöhnlich über Wettbewerbe oder Pitches, zu denen wir eingeladen werden. Wenn uns die Aufgabe zusagt, sagen wir zu.

ZU WELCHEM ZEITPUNKT BZW. IN WELCHER LEISTUNGSPHASE WERDEN SIE IN DEN PLANUNGSPROZESS EINES MUSEUMS EINBEZOGEN – UND WANN WÄRE FÜR SIE DER OPTIMALE ZEITPUNKT?

Mal früher, mal später. Einen optimalen Einstiegszeitpunkt, der für alle Projekte gilt, gibt es nicht. Planungsprozess bedeutet ja für gewöhnlich zweierlei: Auf der einen Seite der Auftraggeber und wir, die wir uns um die inhaltliche Entwicklung und die Ausstellungsgestaltung des Museums kümmern, auf der anderen die Architekten, die das Haus planen. Die Konzeptionen für das Mercedes-Benz und das Porsche Museum in Stuttgart haben wir lange vor den Architekturwettbewerben verfasst; in beiden Fällen waren unsere Ideen die Grundlage für die Wettbewerbe. Wo es noch kein Haus gibt, an dessen Räumen und Wegen wir uns orientieren müssen, ist die Freiheit natürlich sehr groß – manchmal vielleicht zu groß. Steht das Gebäude oder zumindest die Planung, sind die Spielräume geringer. Das kann einschränken, aber auch inspirieren.

HOW DO YOU AS ARCHITECT COME TOGETHER WITH COMPANIES WHICH WANT TO DESIGN A MUSEUM? VIA AN EXPERTISE, COMPETITION OR PITCH?

As a rule through competitions or pitches to which we are invited. If we find the task interesting, we accept.

AT WHAT POINT IN TIME OR AT WHAT STAGE ARE YOU INVOLVED IN THE PLANNING PROCESS OF A MUSEUM – AND WHAT WOULD BE THE OPTIMUM POINT IN TIME?

Sometimes earlier, sometimes later. There is no one optimum point of entry for all projects. As a rule, planning process means two things: on the one side the client who with us are concerned with the development of content and the exhibition design of the museum, on the other the architects who plan the building. The conceptions for the Mercedes-Benz and Porsche museums in Stuttgart were finished long before the architecture competitions; in both cases our ideas formed the basis for the competitions. Where there is no house yet whose rooms and paths have to be considered, the freedom is of course much greater – sometimes too great even. If the building already stands or is at least in planning there is far less latitude. This can be limiting, but also inspiring.

WER IST IM UNTERNEHMEN MEISTENS IHR ANSPRECHPARTNER? DIE MARKETINGABTEI-
LUNG, DAS ARCHIV, DIE GESCHÄFTSLEITUNG ODER ANDERE BEREICHE?

Zu Beginn meist die Marketingabteilung, die nach einem sogenannten Screening auf uns ge-
stoßen ist. Manchmal aber auch das Management selbst, wenn es uns schon kennt und eine unserer früheren Arbeiten schätzt. Später dann das Archiv für die Detailarbeit und die Geschäftsleitung für alle Entscheidungen. Mir ist wichtig, dass wir unsere Arbeit mit den Entscheidungsträ-
gern diskutieren, die meist sehr viel freier und unbelasteter unser Konzept und die Gestaltung
beurteilen.

UNTERSCHEIDET SICH DIE ZUSAMMENARBEIT MIT STAATLICHEN INSTITUTIONEN WIE BEI-
SPIELSWEISE KUNSTMUSEEN VON PRIVAT GEFÜHRTEN FIRMENMUSEEN – UND WENN JA,
WORIN?

Aber sicher: andere Leute, andere Interessen, andere Finanzierung, andere Zeitpläne. Aber
man muss vorsichtig sein, darf nicht vorschnell generalisieren: Hier straff organisierte Firmenpro-
jekte, dort die Trägheit und Umständlichkeit staatlicher Institutionen – das trifft nicht immer zu.
Ausschlaggebend sind letztlich die Entscheidungsstrukturen und Personen auf der Seite des Auf-
traggebers. Da hat man mal mehr, mal weniger Glück. Anders gesagt: Öffentliche Verwaltung
kann effizient, Entscheidungsprozesse in Unternehmen können schwerfällig sein.

WHO IS USUALLY YOUR CONTACT IN THE COMPANY? THE MARKETING DEPARTMENT, THE
ARCHIVE, MANAGEMENT OR OTHER DEPARTMENTS?

At the beginning, usually the marketing department which came across us after what is referred to as screening. But sometimes, even management itself if they already know us and like our
earlier work. Later then the archive for the detailed work and management for any decisions that
have to be made. For me, it is important to discuss our work with the decision-makers who generally assess our concept and design much more freely and with fewer preconceptions.

DOES THE WORK WITH GOVERNMENT INSTITUTIONS SUCH AS ART MUSEUMS DIFFER FROM
THAT WITH PRIVATELY-RUN CORPORATE MUSEUMS – AND IF SO, WHAT IS THE DIFFERENCE?

Of course there is a difference: other people, other interests, other funding, other timelines. But
you have to be careful not to generalise too hastily: here tightly organised corporate projects, there
inertia and cumbersome behaviour on the part of state institutions – that is not always true. In the
end, it is the decision-making structures and persons on the side of the client that are decisive.
Here, you sometimes have more luck that other times. In other words: public administration can
be efficient, decision-making processes in companies can be cumbrous.

WIE RECHNEN SIE DIE UMFANGREICHEN LEISTUNGEN AB, DIE VOR DER EIGENTLICHEN PLA-
NUNG NACH HOAI – DER HONORARORDNUNG FÜR ARCHITEKTEN UND INGENIEURE – STE-
HEN, WIE BEISPIELSWEISE RECHERCHE, ERSTELLUNG EINES „DREHBUCHES", KONZEPTION
ETC.?

Oh je, was soll ich dazu sagen… nach Stunden, nach Tagen, pauschal – sicherlich nicht nach
HOAI-Sätzen.

BEI WELCHEN AUFGABEN IST DER GESTALTUNGSRAHMEN WENIGER ENG UMRISSEN, WO
GIBT ES GESTALTERISCHE FREIRÄUME – AUCH FÜR EXPERIMENTELLE IDEEN?

Das scheint weniger an der Aufgabe zu liegen – denn einer experimentellen oder wenigstens
ungewöhnlichen gestalterischen Bearbeitung stehen im Prinzip alle möglichen Themen offen –,
als an dem Spielraum, der uns von Seiten der jeweiligen Auftraggeber eingeräumt wird – und natürlich an den Einschränkungen, die wir respektieren müssen, wenn wir Museen und Ausstellungen gestalten wollen, die ein Großteil der Besucher tatsächlich versteht. Die Verweigerungshal-
tung, wie wir sie aus der zeitgenössischen Kunst kennen, also die Gestaltung eines Werks, zu dem
nur ein ausgesuchter Kreis von eingeweihten Kennern Zugang findet, gehört nicht zur Ausstellungsgestaltung. Wir experimentieren eher im Kleinen, erzeugen hier und dort vielleicht ein Rät-
sel und motivieren den Besucher und Betrachter nachzudenken, weil sich der Sinn einer Darbie-
tung nicht auf den ersten Blick erschließt. Aber im Grunde geht es immer um Verständlichkeit –
technisch gesprochen um Information und Kommunikation, etwas gehobener formuliert um
Bildung und Aufklärung.

HOW DO YOU BILL THE EXTENSIVE SERVICES WHICH ARE PERFORMED BEFORE THE ACTUAL
PLANNING ACCORDING TO HOAI – GERMAN FEE STRUCTURE FOR ARCHITECTS AND ENGI-
NEERS – SUCH AS RESEARCH, DEVELOPMENT OF A "SCRIPT", CONCEPTIONS, ETC.?

Goodness, what should I say – by hours, days, flat rate – certainly not according to HOAI rates.

FOR WHICH TASKS IS THE DESIGN FRAME LESS NARROW, WHERE IS THERE DESIGN FREE-
DOM – MAYBE EVEN FOR EXPERIMENTAL IDEAS?

That seems to have less to do with the task at hand – in principle all themes lend themselves to
an experimental or at least unusual design approach – and more with the scope which is allowed
by the client in each case – and of course the restrictions which we have to respect if we want to
design museums and exhibitions that the majority of visitors will in fact understand. The denial
mode which we know from contemporary art, i.e. the design of a work to which only a select group
of initiated experts find access, is not part of exhibition design. We tend to experiment on a small
scale, create a puzzle here and there and motivate visitors and viewers to think because the sense
of an presentation is not immediately comprehensible. But in the end it is always about compre-
hensibility – technically speaking about information and communication, or put in a more eleva-
ted way about education and enlightenment.

DIE INTERDISZIPLINÄRE ARBEIT NIMMT IM BEREICH DER AUSSTELLUNGSGESTALTUNG IMMER MEHR ZU. MIT WELCHEN ANGRENZENDEN FACHDISZIPLINEN ARBEITEN SIE INZWISCHEN ZUSAMMEN UND WIE GESTALTET SICH DIESE ZUSAMMENARBEIT?

Interdisziplinarität bedeutet ja nichts anderes als Arbeitsteilung. Eine Ausstellung setzt sich aus einer Vielzahl von Aspekten zusammen, die niemand – außer einem Universalgenie – alleine entwickeln, planen und gestalten kann. Der Wissenschaftler ist auf die Unterstützung des Ingenieurs angewiesen, der Architekt auf die des Künstlers und umgekehrt. Darum arbeiten in meinem Büro neben den Architekten und Innenarchitekten auch Kommunikationsdesigner und Kulturwissenschaftler. Inhalt und Form, Dramaturgie und Gestaltung sind von Anfang an eng verzahnt. Wo wir darüber hinaus auf Spezialisten aus der Wissenschaft, der Medientechnik, dem Handwerk und der Kunst angewiesen sind, arbeiten wir mit externen Beratern und Planern.

IN IHRER ARBEIT STEHT MEIST DAS AUTHENTISCHE BZW. „AURATISCHE" EXPONAT IM VORDERGRUND. WIE DEFINIEREN SIE DIESEN BEGRIFF BZW. WIE GRENZEN SIE IHN AB?

Das eine ist ohne das andere nicht denkbar. Die Aura, der Schein und Hauch, den wir als Spur einer vergangenen Zeit, einer untergegangenen Kultur deuten – wir erinnern uns an Walter Benjamins einschlägige Definition aus dem Kunstwerk-Aufsatz –, eine magische, metaphysische Qualität des Objekts... all dies liegt in dessen Authentizität begründet, genauer: in unserem zumeist unausdrücklichen Wissen um diese Authentizität. Im Museum zweifeln wir nicht daran, denn die Institution verspricht per se, dass „alles echt ist". Dieses Hintergrundwissen bringen wir mit und sind darum so enttäuscht, wenn sich vermeintliche Originale als Kopien herausstellen.

INTERDISCIPLINARY WORK IS GROWING IN THE AREA OF EXHIBITION DESIGN. WHICH RELATED SPECIALIST DISCIPLINES DO YOU COOPERATE WITH AND WHAT FORM DOES THE COOPERATION TAKE?

Interdisciplinary basically means division of labour. An exhibition is made up of many different aspects which no one – other than a universal genius – can develop, plan and design on his own. The scientist is dependent on the support of the engineer, the architect on that of the artist and vice versa. That is why communication designers and cultural scientists work in my office alongside architects and interior designers. Substance and form, dramaturgy and design are closely interrelated from the outset. Where we need other specialists from science, media technology, craft and art, we work with external consultants and planners.

AUTHENTIC OR "AURATIC" EXHIBITS ARE AT THE FOREFRONT OF YOUR WORK. HOW DO YOU DEFINE THIS TERM OR DELIMIT IT?

One is not conceivable without the other. The aura, the appearance and hint which we interpret as a trace of a past time, a lost culture – we remember Walter Benjamin's relevant definition from the *Kunstwerk* essay –, a magical, metaphysical quality of the object... all this lies in its authenticity, to be more precise: in our mostly inexpressible knowledge of this authenticity. In the museum we do not doubt this because the institution in itself promises that "everything is genuine". We bring this background knowledge with us and are then disappointed when the presumed originals turn out to be copies.

Aus diesem Grund lautet meine Empfehlung, auf Kopien oder Rekonstruktionen weitestgehend zu verzichten. Wo dies nicht möglich ist, darf der Unterschied zwischen echt und falsch nicht verwischt werden, sondern muss im Gegenteil deutlich markiert werden. Denn das Erlebnis zwischen Exponat und Besucher, die Möglichkeit, in der Betrachtung des Objekts zugleich einen Blick in die an ihm haftende Vergangenheit zu werfen, hängt von dieser Unterscheidung ab. Was etwa würden wir sehen, wenn wir wüssten, dass die im Neuen Museum ausgestellte Büste der Nofretete eine Kopie ist? Dieses seltsame, ungreifbare Etwas namens Aura, das uns in seinen Bann schlägt, wäre dahin.

WIE GEHEN SIE BEI THEMEN VOR, DIE OHNE REALE AUSSTELLUNGSSTÜCKE KOMMUNIZIERT UND INSZENIERT WERDEN MÜSSEN, WIE Z.B. DIE PRÄSENTATION VON DIENSTLEISTUNGEN?

Wenn wir überhaupt keine Exponate zeigen können oder dürfen, was nur sehr selten der Fall ist, dann bleiben Lösungen, die mich kaum zufriedenstellen: Eine Erläuterung im Text oder über den Audio-Guide, vielleicht ein Filmchen. Das sind wichtige, aber unterstützende Medien, die alleine keine Ausstellung tragen und die den räumlichen Aufwand, der für eine Ausstellung betrieben wird, nicht rechtfertigen. Wenn ich keine Dinge zeigen kann, mache ich besser ein Buch, ein Hörspiel oder eine DVD. Ohne Exponate geht es einfach nicht, sie sind die *raison d'être* des Museums. Alles andere ist viel Raum um nichts. Darum versuchen wir, um beim Beispiel zu bleiben, abstrakte Gegenstände wie Dienstleistungen irgendwie zu materialisieren und mit Objekten darzustellen. Manchmal ist das gar nicht so schwer, gibt es naheliegende Werkzeuge und Hilfsmittel. Und wo diese fehlen, müssen wir eben um die Ecke denken, um die Ecke präsentieren.

My recommendation is therefore to do without copies or replicas as far as possible. Where this is not possible, the difference between real and false must not be blurred, on the contrary it should be clearly labelled. The experience between exhibit and visitor, the possibility to cast a look into the past attached to the object when we regard it, depends on this distinction. What would we see if we knew that the bust of Nofretete displayed in the Neue Museum is a copy? This strange, intangible something known as aura which draws us would be destroyed.

HOW DO YOU APPROACH TOPICS WHICH HAVE TO BE COMMUNICATED AND PRESENTED WITHOUT REAL ARTEFACTS, SUCH AS THE PRESENTATION OF SERVICES?

If we can't show any exhibits at all, which is only very rarely the case, then we have to use solutions which I do not find particularly satisfying: an explanation in the text or via the audio guide, maybe a film snippet. These are important, but supporting media which cannot carry an exhibition on their own and which do not justify the effort put into the space for an exhibition. If we can't show any things, it would be better to make a book, a radio drama or a DVD. Without exhibits it is just not possible, they are the *raison d'être* of a museum. Anything else is a lot of space for nothing. That is why we try, to continue the example, to somehow materialise abstract things like services and to present them in the form of objects. Sometimes it is not that difficult, if there are relevant tools and aids. Where these are lacking, we have to think outside the box, and present them outside the box.

SCHNELLLEBIGKEIT ODER LANGLEBIGKEIT? BEI DER GESTALTUNG VON MUSEEN UND ERLEBNISWELTEN WERDEN IMMER STÄRKER NEUE MEDIEN UND AKTUELLE TECHNISCHE INNOVATIONEN EINGEBUNDEN. WIE BEURTEILEN SIE DIESE ENTWICKLUNG?

Entscheidend ist nur eines: Tragen die eingesetzten Techniken und Medien dazu bei, eine Ausstellung besser zu machen, oder sind sie nur da, weil man das so macht, weil man glaubt, die jüngsten Wunderwerke der Unterhaltungselektronik mit an Bord haben zu müssen? Diese Frage gilt es als Ausstellungsgestalter zu beantworten. Auch hier führen voreilige Gleichsetzungen – technische Medien = kurzlebig, klassische Gestaltung = langlebig – in die Irre: gleichermaßen können ein Präsentationsmöbel und eine Medieninstallation morgen schon von gestern sein, wenn sie blind und unreflektiert irgendeiner Mode folgen.

ALS JÜNGSTES PROJEKT HABEN SIE DEN PORSCHE PAVILLON IN DER AUTOSTADT WOLFSBURG REALISIERT. FÜR WELCHE BRANCHE WÜRDEN SIE NACH DEN ZAHLREICHEN PROJEKTEN FÜR DIE AUTOINDUSTRIE BESONDERS GERNE EIN „CORPORATE MUSEUM" GESTALTEN?

Wein und Whisky fallen mir spontan ein, Luxus und Luftfahrt würden mich ebenfalls reizen. Lobmeyr aus Wien, um einen Namen aus der Luft zu greifen, stellt wundervolle Objekte aus Glas her, die man auch als Museumsgestalter mit Samthandschuhen anfassen müsste – das wäre eine Herausforderung.

SHORT-LIVED OR LONG-LIVED? NEW MEDIA AND CURRENT TECHNICAL INNOVATIONS ARE FINDING THEIR WAY MORE AND MORE INTO MUSEUMS AND THEMED WORLDS. WHAT DO YOU THINK OF THIS DEVELOPMENT?

Only one thing is decisive: do the technologies and media used make the exhibition better or are they just there because it is the done thing, because one believes that the newest wonders of entertainment electronics have to be on board? This is the question that the exhibition designer has to answer. Here too, hasty equations – technical media = short-lived, classic design = long-lived – are misleading: presentation furniture and media installations can both be out-of-date tomorrow if they follow a fashion blindly and without reflection.

YOUR MOST RECENT PROJECT WAS THE PORSCHE PAVILION IN WOLFSBURG CAR CITY. FOR WHICH INDUSTRY WOULD YOU PARTICULARLY LIKE TO DESIGN A CORPORATE MUSEUM AFTER NUMEROUS PROJECTS FOR THE AUTOMOTIVE INDUSTRY?

Wine and whisky come to mind spontaneously, luxury and aviation would also interest me. Lobmeyr from Vienna, to pick a name at random, produces wonderful glass objects which one would have to handle with great care as museum designer – that would be a challenge.

WIE SEHEN SIE DIE ZUKUNFT DER MUSEUMSGESTALTUNG? GIBT ES DERZEIT SICHTBARE TRENDS ODER ZEICHNEN SICH NEUE ENTWICKLUNGEN AB, UM DIE BESUCHER LANGFRISTIG ZU ERREICHEN?

Da ich weder Hellseher noch Trendforscher bin, möchte ich eine etwas anders gelagerte Antwort geben: Es gibt Museen, deren Nimbus so groß ist, dass sie sich auch dann noch über hohe Besucherzahlen freuen dürften, wenn sie auf alle Werbe- und Aktualisierungsmaßnahmen verzichten würden. Einige altehrwürdige Institutionen sind gerade darum so beliebt, weil ihre Art, Exponate zu präsentieren, selbst schon museal geworden ist und sich deutlich von dem abhebt, was wir aus neueren Museen kennen. Die Aura der Exponate, von der schon die Rede war, hat sich gleichsam auf die Ausstellungsarchitektur – und auf das Museumsgebäude – ausgeweitet: die historische Vitrine, der Fußboden, das Museumscafé, alle werden Teil eines großen Exponatensembles. Am anderen Ende der Skala sehen wir seit geraumer Zeit vermehrt Schaudepots – eingerichtet für die Schätze eines Hauses – sowie temporäre Sonderausstellungen, in denen neue, mitunter experimentelle Formen der Präsentation erprobt und aktuelle Themen aufgegriffen werden. Was nicht gefällt oder funktioniert, lässt man wieder fallen. Jedenfalls kommt man dabei ohne die Summen aus, die bei der Neugestaltung einer Dauerausstellung zu Buche schlagen. Diese veralten mitunter ebenso schnell, können aber, schon aus finanziellen Gründen, nicht alle paar Jahre ausgetauscht werden. Anders formuliert: Auf der einen Seite haben wir die großen Klassiker, die immer neue Generationen von Besuchern begeistern, auf der anderen eine Vielzahl von Ausstellungsevents, die, regelmäßig aufgefrischt, als Attraktoren fungieren und Besucher anziehen – auch solche, die nicht zur traditionellen Zielgruppe eines Museums gehören. Am schwierigsten dürfte die Situation für Museen sein, die weder das eine sind noch das andere hinbekommen oder leisten können.

WHAT IN YOUR OPINION DOES THE FUTURE OF MUSEUM DESIGN HOLD? ARE THERE CURRENTLY TRENDS VISIBLE OR ARE NEW DEVELOPMENTS EMERGING TO REACH THE VISITORS IN THE LONG TERM?

As I am neither a clairvoyant nor a trend scout, I would like to give a somewhat different answer: There are museums whose nimbus is so great that they would still attract hoards of visitors even if they did without advertising or refreshing measures. Some time-honoured institutions are popular because the way they present exhibits is itself ready for the museum, setting them clearly apart from what we know from newer museums. The aura of the exhibits already talked about above has spread to the exhibition architecture, and the building housing the museum: the historical display case, the floor, the museum café, all these become part of a large ensemble of exhibits. At the other end of the scale, for some time now we have increasingly seen display depots – set up for the treasures of a company – as well as temporary special exhibitions in which experimental forms of presentation are tried out and current topics picked up. What doesn't work or isn't liked is dropped again. In any case, they don't need the sums which are swallowed up by the design of a new permanent exhibition. In some cases, these age just as quickly, but cannot be replaced every few years, alone for financial reasons. Put another way: on the one hand, we have the great classics which inspire generation after generation of visitors, on the other a large number of exhibition events which, refreshed regularly, serve as attractors and draw visitors – including those who do not belong to the traditional target group of museums. The situation is presumably most difficult for museums which manage neither one or the other.

HG MERZ

HG Merz, tätig als Architekt, Museumsgestalter und Kurator mit Büros in Stuttgart und Berlin, hat seit 2008 die Professur für Entwerfen und Experimentelles Gestalten an der Technischen Universität Darmstadt inne.

HG Merz works as architect, museum designer and curator with offices in Stuttgart and Berlin. Since 2008 he is professor for design and experimental design at Technische Universität Darmstadt.

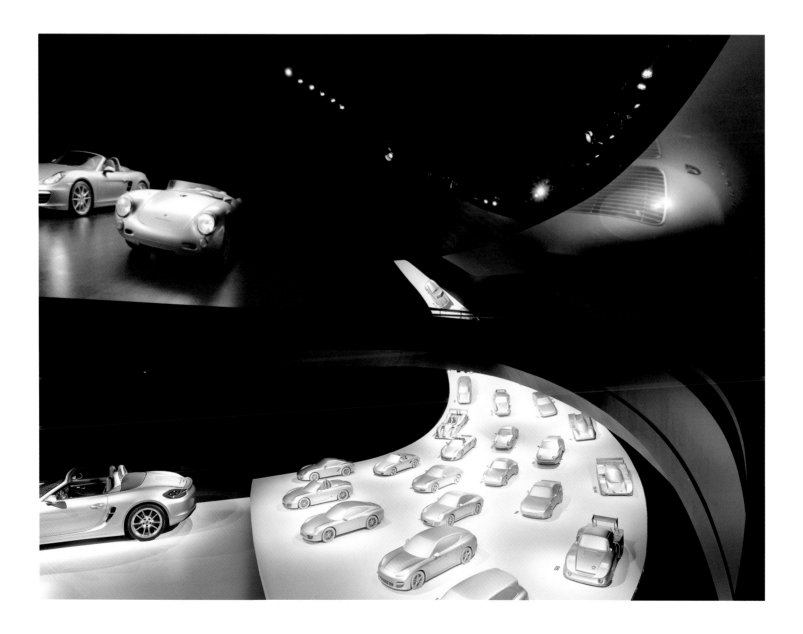

SHISEIDO CORPORATE MUSEUM

Das japanische Unternehmen Shiseido ist einer der ältesten Hersteller von Körperpflegeprodukten sowie von Kosmetik im Luxussegment. 1872 eröffnete Arinobu Fukuhara die erste Apotheke nach westlichem Vorbild in Japan. Er kombinierte westliche Erkenntnisse mit japanischen Traditionen, um neuartige Produkte zu entwickeln. Anlässlich des 120-jährigen Bestehens eröffnete der Konzern etwa 200 km westlich der Metropole Tokio das Shiseido Corporate Museum in Kakegawa.

The Japanese company Shiseido is one of the oldest manufacturers of bodycare products and cosmetics in the luxury segment. In 1872, Arinobu Fukuhara opened the first pharmacy in Japan modelled on those found in the west. He combined western knowledge with Japanese traditions to develop innovative new products. To celebrate the 120th anniversary of the company, the group opened the Shiseido Corporate Museum in Kakegawa, some 200 km west of the metropolis Tokyo.

Das Unternehmen Shiseido wurde in Ginza, Japans wohl bekanntestem Geschäfts- und Vergnügungsviertel, gegründet und wird auch heute noch von dort geleitet. Die Markteinführung künstlerisch anmutender Produkte hat bei Shiseido gewissermaßen Tradition: 1916 gründete das Unternehmen sowohl ein Forschungszentrum, um seinem Bekenntnis zur Qualität Ausdruck zu verleihen, als auch eine interne Werbeabteilung, die sich fortan dem Design von Verpackungen und Werbemitteln widmete. Da die Produkte von Shiseido stets nach den höchsten Qualitätsstandards hergestellt wurden, überrascht es nicht, dass viele Kunden diese auch nach Gebrauch weiter aufbewahrten – gerade so, als seien es kleine Kostbarkeiten. Viele alte Produkte und Plakate wurden daher nach Jahren auf Dachböden wiederentdeckt und fanden ihren Weg auf den Antiquitätenmarkt. Dies ermöglichte es Shiseido, nach und nach genug Material zu sammeln, um seine Unternehmensgeschichte zu dokumentieren.

1992 schließlich wurde auf dem weitläufigen Gelände bei der Shiseido Kakegawa Factory das Shiseido Corporate Museum eröffnet, um all diese verstreuten Objekte unter einem Dach zu vereinen. Die Aufgabe des Museums ist es, zu sammeln, zu dokumentieren, zu bewahren und seine Schaustücke bei den verschiedenen Aktivitäten des Unternehmens wirkungsvoll in Szene zu setzen – dies reicht von den Bereichen Forschung, Herstellung, Verkauf und Werbung bis hin zum Finanz- und Managementsektor. Die Ausstellung bietet einen Rückblick auf die Entwicklung des Konzerns, angefangen mit seiner Gründung als Japans erste Apotheke nach westlichem Vorbild im Jahr 1872 bis hin zur Gegenwart. Dem Besucher werden dabei neben Produktverpackungen, Plakaten, Anzeigen aus Zeitungen und Zeitschriften und Fernsehwerbespots auch Ausstellungen geboten. Diese zeigen nicht nur, wie sich die Uniformen der Beauty-Berater(innen) des Unternehmens im Laufe der Zeit verändert haben, sondern machen auch den Wandel sichtbar, den Shiseido und die japanische Kosmetikkultur im Allgemeinen durchgemacht haben.

The company Shiseido was founded in Ginza, which is Japan's representative shopping area and still operates with Ginza as its home base. The company has a history of introducing art-like products . In 1916, a research centre was established as evidence of its commitment to quality and at the same time an internal advertising creation department was created dedicated to the design of packages and advertisements. Shiseido has kept producing the highest quality products, and it seems that consumers have kept the purchased products even after use as if they were treasures. Due to this, old products and posters have been found from households and at antique markets. That made it possible for Shiseido to steadily collect materials that are important for Shiseido's history.

In 1992, a facility to centrally manage these corporate materials, which had been spread over various locations, was opened on the vast premises next to the Shiseido Kakegawa Factory as a corporate museum. The roles of the museum are to collect, record, store, and display materials on various activities involving research, production, sales, advertising, and even the overall finance/management. The exhibits offer a chronological look at the development, from its 1872 founding as Japan's first western-style pharmacy to modern times. This includes product packaging, posters, newspaper and magazine advertisements, and television commercials, exhibits showing changes to the company's beauty consultant uniforms, and items showing changes that have occurred in Shiseido and Japanese cosmetic culture.

Unter den Ausstellungsstücken befinden sich unter anderem Japans erste Zahnpasta, die erste Körperlotion, verschiedene Parfums aus den frühen Jahren des letzten Jahrhunderts und zudem eine Vielzahl an Werbemitteln von den 1920er Jahren über die Aufbruchsjahre nach dem Zweiten Weltkrieg bis heute. Basierend auf der Philosophie, die eigene Unternehmenskultur weithin zugänglich zu machen und gleichzeitig die Unternehmensaktivitäten weiter auszubauen, hat Shiseido eine eigene Abteilung mit der Bezeichnung „Corporate Culture Department" eingerichtet. Das Corporate Museum ist dieser Abteilung eingegliedert. Darüber hinaus soll das Museum nicht nur Einblicke in Vergangenheit und Gegenwart des Unternehmens geben, sondern auch einen Ausblick auf den Weg bieten, den Shiseido in Zukunft einzuschlagen gedenkt.

Artefacts include Japan's first toothpaste, the first body lotion, perfumes from the early 1900s, and a variety of promotional materials from the mid-1920s through the post-war boom years to today. Shiseido has established a division called "Corporate Culture Department" based on the philosophy of making this corporate culture accessible and further developing corporate activities. The corporate museum is run by this department. The museum is also expected not only to tell stories of Shiseido's past and present, but also to look at the way Shiseido should be in the future.

Die Sammlung des Museums besteht aus etwa 200.000 Einzelstücken: darunter an die 60.000 Kosmetikprodukte, 60.000 Werbemittel und 80.000 Exponate aus den Bereichen Presse, Buch und Fotografie. Das Museum setzt Shiseidos historische Leistung anhand von 13 Archivtischen und 500 ausgewählten Produkten sowie 800 Werbeplakaten und 150 Werbefilmen aus einem Zeitraum von der Gründung des Unternehmens bis heute in Szene. Außerdem wird auf 40 Fotowänden die Entwicklung der japanischen Damenmode seit den 1870er Jahren nachgezeichnet.

Zusätzlich zum Corporate Museum führt das Unternehmen eigene Kunstgalerien wie das Shiseido Art House, das sich ebenfalls in Kakegawa befindet, sowie die Shiseido Art Gallery in der Filiale Ginza in Tokio.

The museum stores approximately 200,000 objects in total, including approximately 60,000 products, approximately 60,000 advertising materials, and approximately 80,000 publications, books, and photographs. The museum displays Shiseido's historical achievements from this vast volume of materials on 13 archive tables and approximately 500 representative products, 800 advertisement posters, and 150 commercial videos from the time of the company's founding to present as well as 40 photograph panels introducing Japanese women's fashion from the 1870s to the present.

Besides the corporate museum, the company runs its own art galleries such as the Shiseido Art House, also in Kakegawa, as well as the Shiseido Art Gallery at the store in Ginza in Tokyo.

Adresse | Address
Shiseido Corporate Museum
Shimomata 751-1, Kakegawa-shi
Shizuoka-ken 436-0025, Japan
http://group.shiseido.com/corporate-museum/

Öffnungszeiten | Opening hours
Di.–So. 10.00–17.00 Uhr
Montags geschlossen (oder am folgenden Tag, falls
Montag ein nationaler Feiertag oder Ersatzfeiertag ist)
Tues.–Sun. 10.00 am–5.00 pm
Closed on Mondays (or the following day if Monday is
a national or substitute holiday)

INFORMATIONEN | INFORMATION

Projekt | Project	Shiseido Corporate Museum
Schwerpunkt | Focus	Das Sammeln, Bewahren und Ausstellen von Werten, die dem Besucher über eine Zusammenstellung von Werbung, Werbedesign und Ähnlichem als Unternehmenskultur begreifbar gemacht werden können
	The collection, preservation and display of the values underlying the company's corporate culture through advertising and advertising designs
Bauherr | Commissioned by	Shiseido Corporate Culture Department
Architektur | Architecture	Fujita Co., Ltd. / Shiseido Advertising Creation Department
Planung | Planning	unter der Aufsicht von Shiseido Advertising Creation Deparment
	supervised by the Shiseido Advertising Creation Department
Fläche | Exhibition space	564 m²
Baujahr | Year of construction	1992

ŠKODA MUZEUM

Die Marke Škoda hat einen hohen Bekanntheitsgrad. Dass Škoda auch einer der ältesten Automobilher-steller der Welt ist und auf eine ereignisreiche Geschichte zurückblicken kann, ist hingegen kaum im allgemeinen Bewusstsein verankert.

The Škoda brand is very well known. The fact that Škoda is one of the oldest car manufacturers and looks back on an eventful history, on the other hand, is not generally known.

Während andere Automobilhersteller auf prestigeträchtige Neubauten setzen, etabliert Škoda sein Markenmuseum an einem authentischen, identitätsstiftenden Ort: den ehemaligen Produktionshallen am Stammsitz des Unternehmens im tschechischen Mladá Boleslav. Das Gebäude mit seiner sachlichen, klaren Architektur ist Teil des Škoda-Fabrikkomplexes, der in den Jahren 1898 bis 1912 entstand. In diesen Hallen ließen Laurin und Klement, die beiden Unternehmensgründer, bereits vor über 100 Jahren Fahrräder, Motorräder und Autos fertigen. Die Marke machte schon früh durch internationale Erfolge im Rennsport auf sich aufmerksam, darunter die offizielle Weltmeisterschaft im Jahre 1905. Im gleichen Jahr wurde das Familienunternehmen in eine Aktiengesellschaft umgewandelt, die rasch zum größten Automobilhersteller im Kaiserreich Österreich-Ungarn aufstieg. Zur Stärkung seiner Marktposition fusionierte das Unternehmen 1925 mit den Škoda-Werken aus Pilsen. Nach der politischen Wende 1989 suchte Škoda in Mladá Boleslav unter neuen marktwirtschaftlichen Bedingungen einen international vertretenen Partner. 1991 nahm das neue Gemeinschaftsunternehmen als Škoda automobilova a. s. seine Tätigkeit auf und wurde neben VW, Audi und Seat zur vierten Marke des Volkswagen Konzerns.

In nur 1 ½ Jahren Planungs- und Bauzeit wurde das Gebäude grundlegend rückgebaut und renoviert. Zudem wurde die Ausstellung neu konzipiert und umgesetzt. Ein modernes Markenmuseum an einem Ort präsentieren zu können, der bis zu den Anfängen der Marke zurückreicht, ist ein ungewöhnliches Alleinstellungsmerkmal. Die Gebäudestruktur, die Oberlichter und zahlreiche Querbezüge bieten eine ideale Basis für die Firmen- und Automobilausstellung. Schon von Weitem rückt der Namenszug „Škoda Muzeum" in das Blickfeld von Besuchern und Passanten. Neben dem neu gestalteten Eingangsbereich wird der Name des Museums in Form von dreidimensionalen Buchstaben wiederholt und erscheint im weiträumigen Foyer hinter dem ersten

While other car makers have opted for prestigious new buildings, Škoda decided to establish its brand museum in an authentic place that shaped the identity of the company: the former production halls at the headquarters of the company in the Czech town of Mladá Boleslav. The building with its neutral, clear architecture is part of the Škoda factory complex built in the period from 1898 to 1912. It was in these halls that the founders of the company, Laurin and Klement, started producing bicycles, motorcycles and cars over 100 years ago. International successes in motor racing sport, including the official world championship in 1905, attracted attention to the brand at an early stage. In the same year, the family company was converted into a stock corporation and rapidly developed into the biggest automotive manufacturer in the Austro-Hungarian Empire. To strengthen its market position, the company merged in 1925 with the Škoda factory from Pilsen. After the political change in 1989 and the new market economy it brought with it, Škoda in Mladá Boleslav was looking for a partner with an international base. In 1991 the new joint venture started work under the name Škoda automobilova a. s. and became the fourth brand in the Volkswagen Group alongside VW, Audi and Seat.

In just 1½ years' planning and construction period, the building was restored and renovated. At the same time, the exhibition was redesigned and realised. Being able to present a modern brand museum in a place where the brand was born is unique. The building structure, the skylights and numerous cross-references offer an ideal basis for the corporate and automobile exhibition. From a distance, the "Škoda Muzeum" sign already catches the eye of visitors and passersby. Next to the newly designed entrance area, the name of the museum is repeated in three-dimensional letters and in the spacious foyer behind the first vehicle exhibit. This is where the journey back in time

Fahrzeugexponat. Hier beginnt die Zeitreise durch über 100 Jahre Unternehmens- und Markengeschichte, die nicht klassisch chronologisch, sondern thematisch erzählt wird. Die Themenbereiche „Tradition", „Evolution" und „Präzision" werden in einprägsamen Raumbildern umgesetzt.

Im Bereich „Tradition" werden anhand von drei Fahrzeugpaaren aus unterschiedlichen Epochen die Besonderheiten von Škoda hervorgehoben: Sie repräsentieren den Stolz auf die Marke und deren internationale Wahrnehmung, die Alltagsgeschichten der zeitgeschichtlichen gesellschaftlichen Entwicklung sowie besondere Herausforderungen bei Rennen, Fernfahrten und konstruktiven Innovationen. Jedem Paar ist eine große Glasvitrine zugeordnet, deren Exponate spannende, dokumentarische, skurrile und auch ganz persönliche Geschichten erzählen und die Menschen und ihre individuellen Erfahrungen mit der Marke in den Mittelpunkt stellen.

through the more than 100 years of corporate and brand history commences, told thematically rather than the usual chronological sequence. The themed areas "Tradition", "Evolution" and "Precision" are realised in striking spatial images.

In the "Tradition" section, three vehicle pairs from different eras are used to emphasise the special characteristics of Škoda: they represent the pride of the brand and its international perception, the everyday histories of contemporary social development and the special challenges faced in races, long-distance journeys and with engineering innovations. Each pair has its own large glass display cabinet containing artefacts which tell documentary, bizarre and even very personal stories that turn the focus on people and their individual experiences with the brand.

Das Gestaltungsprinzip dieses Ausstellungsbereichs ist wandlungsfähig: Ein modulares Stecksystem sorgt in den Vitrinen für hohe Flexibilität und die auf Podesten präsentierten Fahrzeugpaare werden so eingebracht, dass problemlose Wechsel möglich sind und dem Wunsch nach einem „aktiven" Museum Rechnung getragen werden kann. Den Abschluss des Raumes und des Themenbereichs bildet eine große Projektionsfläche für permanente Videopräsentationen, die Rennsituationen aus verschiedenen Epochen zeigen.

Im Zentrum des Ausstellungsraums „Evolution" fährt wie auf einer Straße eine Armada der wichtigsten Škoda-Fahrzeuge in chronologischer Anordnung in Richtung Zukunft: von den ersten zweirädrigen Konstruktionen über luxuriöse Vorkriegslimousinen und sozialistische Einheitsfahrzeuge bis hin zu aktuellen Designstudien. Über den Automobilen schweben Monitore, deren filmische Sequenzen für den zeitlichen Kontext und die fehlende Dynamik sorgen. Eine perfekte Ergänzung der Produktchronologie bildet die sogenannte Technikgalerie, die die technische Ent-

The design principle of this part of the exhibition is versatility: a modular plug-and-play system gives the cabinets the necessary flexibility and the pairs of vehicles presented on pedestals are attached in such a way that they can be easily changed. In this way, the "active" museum that the company wanted is facilitated. The room and the themed area is concluded with a large projection surface for permanent video presentations showing racing situations from various eras.

At the centre of the "Evolution" exhibition room, a convoy of the most important Škoda vehicles are lined up chronologically along a road towards the future: from the first two-wheel constructions via luxurious pre-war limousines and socialist standard models right through to current design studies. Monitors suspended above the vehicles put them into historical context in film sequences that also provide the otherwise missing sense of movement. This product chronology is

wicklungsgeschichte der Marke beschreibt. Das gegenüberliegende viergeschossige Autoregal ist mit 20 Oldtimern bestückt, die stellvertretend für die über 120 Fahrzeuge in den Museumsdepots ausgestellt sind und den Facettenreichtum der Marke zeigen. Mittels eines im Boden versenkten Hydraulikaufzugs können die Autos ohne großen Aufwand ausgetauscht werden.

Das Produzieren und Restaurieren steht im Mittelpunkt des Ausstellungsbereichs „Präzision". Die wichtigsten Phasen der Restaurierung werden an vier baugleichen Fahrzeugen gezeigt – vom Scheunenfund bis zum fertigen Schmuckstück. Dabei wird sowohl die Frage der Authentizität diskutiert als auch die Besonderheiten historischer Produktionsweisen plastisch aufgezeigt. Hinter großflächigen Bilderwänden entführt eine Videoprojektion den Besucher in eine virtuelle Werksbesichtigung; dort kann er die Produktion von heute hautnah erleben. Der Film ist gleichzeitig Endpunkt der Ausstellung und Ausgangspunkt für eine reale Werksbesichtigung.

Im Zentrum des Museums liegt der 930 m² große Laurin&Klement-Saal, ein mit der neuesten Eventtechnik ausgestatteter Multifunktionsraum für Veranstaltungen und Sonderausstellungen. Gläserne Schiebewände grenzen ihn von den unmittelbar anschließenden Ausstellungsbereichen ab, stellen aber gleichzeitig im geöffneten Zustand ein großzügiges Raumkontinuum her, das vielseitig nutzbar ist.

perfectly complemented by the technical gallery which describes the technical development history of the brand. The four-storey car shelf opposite this is filled with 20 vintage cars taken from the more than 120 vehicles in the museum stock, illustrating just how multifaceted the brand is. An underground hydraulic lift allows cars to be exchanged with little effort.

At the heart of the "Precision" exhibition section are the themes production and restoration. The most important phases of the restoration process are demonstrated on four identical vehicles – from the barn-find to the finished gem. The question of authenticity is addressed while at the same time tangibly displaying historical production methods. Behind large-scale picture walls, a video projection takes the visitor on a virtual factory tour: there he can experience today's production at first hand. The film at the same time marks the end of the exhibition and starting point for a real plant visit. At the heart of the museum is the 930 m² Laurin&Klement hall, a multifunctional room equipped with state-of-the-art event technology for events and special exhibitions. Glass sliding walls separate it from the immediately adjacent exhibition areas, but when opened create a generous continuous space which can be used in many different ways.

Adresse | Address
Škoda Muzeum
Tř. Václava Klementa 294
CZ-293 60 Mladá Boleslav
muzeum.skoda-auto.com

Öffnungszeiten | Opening hours
Mo.–So. 9.00–17.00 Uhr
Mon.–Sun. 9.00 am–5.00 pm

INFORMATIONEN | INFORMATION

Projekt | Project	Škoda Muzeum
Schwerpunkt | Focus	In den authentischen Produktionshallen präsentiert der Automobilhersteller Škoda seine wechselhafte Geschichte, die bis zu den Anfängen der Marke zurückreicht. The car maker Škoda presents its eventful history back to the beginnings of the brand in authentic production halls.
Bauherr | Commissioned by	Škoda Auto a. s.
Architektur | Architecture	jangled nerves, Stuttgart Hlaváček architekti, s.r.o., Prag Hlaváček architekti, s.r.o., Prague
Ausstellungsgestaltung | Exhibition design	jangled nerves, Stuttgart
Lichtplaner | Light planning	LDE Belzner Holmes, Stuttgart
Tragwerksplanung | Structural planning	Wilhelm + Partner, Stuttgart
Fläche | Exhibition space	Gesamtfläche: 4.300 m², Ausstellung: 1.810 m², L&K-Saal: 930 m² Overall size: 4,300 m², exhibition: 1,810 m², L&K hall: 930 m²
Baujahr | Year of construction	06/2011–11/2012

SWAROVSKI KRISTALLWELTEN

Im Tiroler Ort Wattens inszeniert die D. Swarovski KG eine Erlebniswelt zwischen Kunst und Kristall, die sich zu einer der meistbesuchten Sehenswürdigkeiten Österreichs entwickelt hat. Im Bereich Timeless Swarovski wird anhand von Filmen und Exponaten die Unternehmensgeschichte dokumentiert.

The world where art meets crystals created by D. Swarovski KG in the Tyrolean town of Wattens has become one of Austria's most visited tourist attractions. The section called Timeless Swarovski uses films and exhibits to document the history of the company.

Mit der Erfindung einer neuen Methode zur Bearbeitung von Kristall revolutionierte Daniel Swarovski (1862–1956) die Modeindustrie. Er entwickelte 1892 die erste elektrisch betriebene Schleifmaschine, die es ermöglichte, hochwertige Schmucksteine in großen Mengen zu produzieren. Die Herstellung von geschliffenem Kristallglas erfolgte bis dahin manuell, oft als bäuerliche Nebenerwerbstätigkeit. Mit dem zunehmenden Erfolg seiner Fertigung wurde zum Betrieb der Schleifmaschinen ein neuer Standort mit einer starken Energiequelle gesucht. 1895 siedelte sich der aus Böhmen stammende Unternehmer im Tiroler Dorf Wattens im Inntal, unmittelbar an der Mündung des wasserreichen Wattenbaches an. Zur Jahrhundertwende konnte der Unternehmensgründer den Standort samt den dazugehörigen Wasserrechten erwerben, die für den Betrieb der Schleifmaschinen mit Wasserkraft notwendig waren. Später errichtete das Unternehmen eine weitere Fabrik zur Herstellung von Rohglas sowie mehrere Wasserkraftwerke und eigene Werkssiedlungen für die Mitarbeiter.

1931 kamen die ersten kristallbesetzten Bänder und Borten auf den Markt, mit denen Modemacher wie Coco Chanel ihre Kreationen schmückten. In den 1960er Jahren entwickelte das Unternehmen ein Kristallsortiment für Lüster und Leuchten, das unter dem Markennamen „Strass" registriert wurde. 1976 begann Swarovski mit der Herstellung von kleinen Kristallfiguren, die sich rasch zu Sammlerstücken entwickelten. Es folgte eine neue Ära als Markenartikelhersteller mit einem weltweiten Netz von Filialen in den großen Metropolen. Inzwischen haben sich verschiedene Sparten des mittlerweile in der fünften Generation familiengeführten Unternehmens auf dem Markt etabliert. Die Palette reicht von Schleif- und Bohrwerkzeugen über synthetische und natürliche Edelsteine bis hin zu hochpräzisen fernoptischen Geräten.

With the invention of a new method to process crystal, Daniel Swarovski (1862–1956) caused a revolution in the fashion business. In 1892, he developed the first electric grinding machine which made it possible to produce high-quality gemstones in large quantities. Before that, cut crystal glass had been produced manually, often by farmers as a side line. As the success of his production grew, a new location with a powerful source of energy was sought to operate the grinding machines. In 1895, the entrepreneur from Bohemia settled in the Tyrolean village of Wattens in the Inn Valley, directly at the mouth of the irriguous Wattenbach river. At the turn of the century, the founder of the company was able to purchase the land and the water rights he needed to operate the grinding machines with hydroelectric power. Later, the company erected another factory to produce raw glass as well as several hydroelectric power plants and homes for the workers.

In 1931, the first bands and trimmings adorned with crystals came onto the market which fashion designers like Coco Chanel used to decorate their creations. In the 1960s, the company developed a range of crystals for chandeliers and lights which was registered under the brand name "Strass". In 1976, Swarovski started producing small crystal objects which quickly became collectibles. There followed a new era as brand product manufacturer with a network of shops in large cities around the world. The company which is meanwhile run by the members of the family from the fifth generation has established itself on the market in various segments. These range from grinding and drilling tools to synthetic and natural semi-precious stones right through to long-range optics of the highest precision.

Anlässlich des 100. Gründungsjubiläums wurden 1995 die Swarovski Kristallwelten am Stammsitz des Unternehmens in Wattens eröffnet. Entworfen wurden sie vom Multimediakünstler André Heller, dessen Werk neben Zirkus, Varieté und Theater auch Gesamtkunstwerke wie den avantgardistischen Vergnügungspark „Luna Luna" umfasst. Als Analogie zur historischen Wunderkammer im Tiroler Schloss Ambras entwickelte er thematische Wunderkammern, die sich im sogenannten Riesen, einer archaischen Figur aus der Tiroler Sagenwelt, befinden. Die Leitidee war, die Kristallherstellung mit der Kunst zu verbinden. Den Eingang zu den Swarovski Kristallwelten bewacht die Monumentalfigur eines begrünten Riesen, die in eine weitläufige Parklandschaft mit zahlreichen Installationen zeitgenössischer Künstler eingebettet ist. Überragt wird das weitläufige Areal vom Schriftzug „YES TO ALL", den die Künstlerin Sylvie Fleury mit Swarovski-Kristallen gestaltet hat. Die Besucher können in den Swarovski Kristallwelten Malereien, Plastiken und Installationen von namhaften Künstlern wie Brian Eno, Keith Haring, Salvador Dalí, Niki de Saint Phalle, John Brekke, Susanne Schmögner und Jim Whiting entdecken. Der Rundgang der Besucher führt durch derzeit 14 Wunderkammern, die jeweils ein Thema aufgreifen. Das mechanische Theater von Jim Whiting thematisiert beispielsweise das Zusammenspiel von Mensch und Technik. Als Kind selbst krankheitsbedingt in einem Korsett gefangen, entwickelte der Künstler eine Faszination für die Mechanik und zeigt in seiner gleichzeitig ästhetischen und bizarren Installation eine skurrile Fashionshow, deren Technik aus den Werkstätten von Swarovski stammt. Das Herzstück der Swarovski Kristallwelten ist der funkelnde Kristalldom, der dem Konstruktionsprinzip einer geodätischen Kuppel von Buckminster Fuller nachempfunden ist. Mit 595 Spiegeln vermittelt der Kuppelraum das Gefühl, sich im Inneren eines Kristalls zu befinden.

To celebrate the 100th anniversary of the company in 1995, Swarovski Kristallwelten was opened at the company headquarters in Wattens. The centre was designed by multimedia artist André Heller, whose work includes not only circus, music hall shows and theatre but also complete works of art like the Luna Luna fun park. As an analogy to the historical Chamber of Wonders at Ambras Castle in Tyrol, he developed themed chambers which are housed in the Giant, an archaic character from Tyrolean mythology. The guiding idea was to combine crystal manufacture with art. The entrance to the Swarovski Kristallwelten is formed by the monumental grass-covered Giant which is embedded in an extensive park containing numerous installations by contemporary artists. Towering above the sweeping areal are the words "YES TO ALL", which the artist Sylvie Fleury created with Swarovski crystals. Inside the Swarovski Kristallwelten visitors can discover the paintings, sculptures and installations of well-known artists like Brian Eno, Keith Haring, Salvador Dalí, Niki de Saint Phalle, John Brekke, Susanne Schmögner and Jim Whiting. The tour guides the visitor round currently 14 themed chambers of wonders. The Mechanical Theater by Jim Whiting, for instance, looks at the interplay between man and technology. As a child trapped in a corset due to an illness, the artist became fascinated with all things mechanical and in an aesthetic, if bizarre, installation stages a weird fashion show whose technology stems from the workshops of Swarovski. The centrepiece of the Swarovski Kristallwelten is the sparkling crystal dome whose underlying construction principle is reminiscent of that of the geodesic dome by Buckminster Fuller. With its 595 mirrors, the dome room gives one the feeling of being inside a crystal.

Der Bereich „Timeless Swarovski" ist der Firmengeschichte des Familienunternehmens gewidmet. Beginnend mit der ersten Erfindung des Unternehmensgründers werden die Innovationen und Anwendungsgebiete sowie der typische „Glamour" der Produkte und der Marke dargestellt. Temporäre Ausstellungen mit originalen Schmuckstücken und Garderoben von Weltstars und Leinwandlegenden sowie historische Fotos und Filmsequenzen fügen sich zu einem umfassenden Bild der Marke Swarovski.

Das Unternehmen lädt immer wieder Künstler und Designer dazu ein, die Swarovski Kristallwelten und den Landschaftspark als kreative Freiräume zu nutzen und – dauerhaft oder temporär – mit ihren Assoziationen zum Thema Kristall zu bespielen. Der jüngste Raum wurde vom israelischen Künstler und Designer Arik Levy gestaltet. Der Titel des Raumes „Transparente Opazität" verweist auf das Zusammentreffen zweier scheinbar widersprüchlicher Eigenschaften von Kristall: Durchsichtigkeit und Undurchdringlichkeit.

The "Timeless Swarovski" section is devoted to the corporate history of the family-run company. Starting with the first invention of the founding father, the innovations and fields of application are presented alongside the typical glamour of the products and the brand. Temporary exhibitions with original gemstones and clothes of world stars and legends of the big screen as well as historical photos and film sequences combine to give a comprehensive picture of the Swarovski brand.

The company regularly invites artists and designers to use the Swarovski Kristallwelten and the landscaped park as a creative space to interpret their associations to crystals, either as permanent or temporary features. The newest chamber was created by the Israeli artist and designer Arik Levy. The title of the room "Transparent Opacity" refers to the confluence of two apparently contradictory aspects of crystal: its transparency and its impenetrability.

Adresse | Address
Swarovski Kristallwelten
Kristallweltenstraße 1
A-6112 Wattens/Tirol
www.swarovski.com/kristallwelten

Öffnungszeiten | Opening hours
Mo.–So. 9.00–18.30 Uhr
Mon.–Sun. 9.00 am–6.30 pm

INFORMATIONEN | INFORMATION

Projekt | Project	Swarovski Kristallwelten
Schwerpunkt | Focus	Im Zentrum der Swarovski Kristallwelten steht die Auseinandersetzung mit dem Material Kristall – in darstellender Kunst, Musik, Wissenschaft und als Mythos.
	The material crystal is at the heart of the Swarovski Kristallwelten – as found in performing arts, theatre, music, science and myths.
Bauherr | Commissioned by	d. swarovski tourism services gmbh
Gesamtkonzeption | Overall concept	André Heller, Wien
	André Heller, Vienna
Fläche | Exhibition space	8.500 m²
Baujahr | Year of construction	1995, zwei Umbauphasen: 2003 und 2007
	1995, two refurbishments: 2003 and 2007

UZIN UTZ AUSSTELLUNG

Ihr 100-jähriges Bestehen hat die Uzin Utz AG aus Ulm nicht mit einem Rückblick, sondern mit einem Ausblick auf die Zukunft ihres unmittelbaren Produktumfeldes begangen. In der mobilen Ausstellung „Die Zukunft unter uns" präsentiert der Hersteller von Produkten und Maschinen für die Bodenbearbeitung Visionen für den Boden der Zukunft.

To mark its 100th anniversary Uzin Utz AG from Ulm decided to present an outlook on the future of their immediate product environment rather than the customary retrospection. In the mobile exhibition "The future at your feet" the manufacturer of products and machines for floor treatment presents visions for the floor of the future.

Das 1911 als Georg Utz GmbH & Co. KG in Wien gegründete Unternehmen hat sich innerhalb der vergangenen 100 Jahre vom regionalen Klebstoffhersteller zu einem weltweit agierenden Anbieter von Bodensystemen entwickelt. Seit 1919 befindet sich der Firmensitz in Ulm. Die Marke Uzin wurde 1948 zum Patent angemeldet und 1997 folgte der Gang an die Börse. Heute finden sich sieben weitere Marken unter dem Dach des mittlerweile in dritter Generation familiengeführten Unternehmens. Das 100-jährige Jubiläum wurde zum Anlass genommen, ein Ausstellungsprojekt zu realisieren, mit dem sich das Unternehmen nicht museal, sondern zukunftsweisend darstellt. Die Gesamtkonzeption stammt von der Stuttgarter Agentur Dorten; in Szene gesetzt wurde die Ausstellung von Büro Münzing 3D Kommunikation, ebenfalls aus Stuttgart.

Das zentrale Anliegen der Ausstellung ist es, neue Sichtweisen und Denkanstöße für den Boden als selbstverständlichen Bestandteil unserer Umwelt aufzuzeigen. Um das Zukunftspotenzial des Bodens auszuloten, hat das Unternehmen zunächst das Gespräch mit Impulsgebern aus unterschiedlichen gesellschaftlichen Bereichen und Fachgebieten gesucht und Fragen gestellt: Was kann der Boden in Zukunft noch leisten? Wie soll er aussehen, sich anfühlen? Aus welchen Materialien kann er bestehen? Über mögliche Antworten haben sich Physiknobelpreisträger, Zukunftsforscher, Materialexperten, Balletttänzer, Barfußläufer, Soziologen oder Raumausstatter bis hin zur Dombaumeisterin Gedanken gemacht. Die Impulsgeber haben Ideen und Visionen zusammengetragen, die von sechs Kreativteams aus Design, Kunst, Architektur und Film in Konzepte und konkrete Modelle für die Bodenkonzepte von morgen umgesetzt wurden. Die Ergebnisse sind ebenso vielfältig wie der Hintergrund der sechs Teams. Die Universität der Künste in Berlin bringt ultraleichte Vakuumkonstruktionen aus der Architektur ein, Raumentwicklung und Geschichte prägen die Ideen von Raumlabor Berlin, der Materialexperte Chris Lefteri aus London

Founded in 1911 as Georg Utz GmbH & Co. KG in Vienna, the company has grown over the past 100 years from a regional glue manufacturer to a flooring systems supplier with a global reach. Since 1919, the headquarters has been in Ulm. The brand Uzin was patented in 1948 and in 1997 the company went public. Today, a further seven brands are managed under the roof of the company now run by members of the family in the third generation. The 100th anniversary was taken as an opportunity to realise an exhibition project with which the company presents itself as future oriented, rather than preserving the past in a museum. The overall concept stems from the Stuttgart-based agency Dorten; the exhibition was produced by Büro Münzing 3D Kommunikation, also from Stuttgart.

The central objective of the exhibition is to identify new, thought-provoking perspectives for the floor as a component of our environment that we tend to take for granted. To sound out the future potential of the floor, the company first talked to movers and shakers from different social areas and specialist fields and asked questions like: What can we expect from the floor of the future? What should it look and feel like? What materials can it be made of? Nobel prizewinners for physics, futurologists, materials experts, ballet dancers, barefoot runners, sociologists and interior designers and even a cathedral architect gave these questions some thought. The movers and shakers put together ideas and visions that were then translated by six creative teams from the fields design, art, architecture and film into concepts and concrete models for the floor concepts of tomorrow. The results are as varied as the background of the six teams. Berlin University of the Arts contributed ultralight vacuum constructions from architecture; spatial development and history shape the ideas of Raumlabor Berlin; the expert for materials Chris Lefteri from London focuses

thematisiert neue Materialanwendungen und Designs, die kanadische Szenenbildnerin Jasna Stefanovic sieht den Boden als Energiespender, während das Ulmer Gestalterduo Sternform einen Boden für Gesundheit und Wohlbefinden entwickelt und das Team Uzin Utz über den intelligenten, dienenden Boden nachgedacht hat. Das hauseigene Team hat beispielsweise untersucht, wie der Boden uns im Alltag unterstützen kann – Welche Techniken gibt es dafür und welche ließen sich umsetzen? Ihre Vision ist, dass der Boden der Zukunft individuelle menschliche Bedürfnisse erkennt und sich ihnen anpasst. Eine andere Vision bewegt dagegen die Szenenbildnerin Jasna Stefanovic aus Toronto: Der Boden ist für sie viel mehr als das, was wir unter unseren Füßen spüren. Inspiriert von den Erkenntnissen des Physikers und Elektroingenieurs Nikola Tesla sieht sie den Boden als Energiespender: Der Boden selbst versorgt uns im Alltag mit Strom, wenn wir ihn benötigen. Licht oder Wärme lassen sich auf Wunsch oder automatisch bei Bedarf abrufen – ohne Kabel oder Akku.

on new material applications and designs; the Canadian set designer Jasna Stefanovic sees floors as a source of energy; while Sternform, the designer duo from Ulm, develops a floor for health and well-being and the Uzin Utz team thought about an intelligent floor designed to serve us. The in-house team, for instance, explored how the floor can support us in our everyday lives. What techniques exist and which are feasible? Their vision is that the floor of the future recognises individual human needs and adapts to them. It was another vision that moved set designer Jasna Stefanovic from Toronto: for her, the floor is much more than what we feel under our feet. Inspired by the physicist and electrical engineer Nikola Tesla, she sees the floor as a source of energy: the floor itself supplies us with energy in our daily lives, when we need it. Light or heat can be called at will or automatically as required – without cables or batteries.

Der Ideenpool ist als erlebbares Ergebnis in der mobilen Ausstellung „Die Zukunft unter uns" gleichzeitig zu sehen, zu fühlen, zu hören und zu begehen. Die Ausstellungsarchitektur folgt dem gestalterischen und inhaltlichen Leitmotiv einer Zukunftswerkstatt und erzeugt eine homogene Plattform für die unterschiedlichen Konzepte. Der sachlich in Weiß gehaltene und mit Lichtflächen gestaltete Raum soll Assoziationen zu einem wissenschaftlichen Labor wecken. Sechs identische, vom Boden abgelöste Präsentationstische sind entsprechend der Konzepte individuell gestaltet. Sie bilden zusammen mit den darüberliegenden Lichtflächen, den Exponaten und den integrierten Medien ein autarkes Präsentationsmodul. Die Ausstellung ist für den Einsatz an unterschiedlichen Orten konzipiert und gewährleistet durch das stringente Corporate Design die Wiedererkennbarkeit des Projektes. Der vielfältige Einsatz von unterschiedlichen Medien dient dazu, die Inhalte auch einem fachfremden Publikum zu vermitteln.

Die Ausstellung wurde mit zahlreichen Preisen ausgezeichnet, wie beispielsweise dem Internationalen Designpreis Baden-Württemberg in Silber und dem red dot award: communication design 2012. Zusätzlich zur Ausstellung erschienen zwei Publikationen: das „Buch der Herkunft" und das „Buch der Zukunft".

The idea pool has been integrated in the touring exhibition "The future at your feet" as an experience that can be seen, felt, heard and walked on. In terms of design and content, the exhibition architecture follows the leitmotif of a future workshop and creates a homogeneous platform for the different concepts. The clinically white room with its light surfaces is intended to arouse associations to a scientific laboratory. Six identical presentation tables are individually designed to match the different concepts. Together with the light surfaces above them, the exhibits and the integrated media they each form an autarkic presentation module. The exhibition is designed for use in different locations and thanks to the strict corporate design ensures that the project is instantly recognisable. The varied use of a range of media help to convey the subject to a non-specialist audience.

The exhibition has won numerous prizes, such as the International Design Prize Baden-Württemberg in silver and the red dot award: communication design 2012. The exhibition is complemented by two publications: the "Book of Origins" and the "Book of the Future".

INFORMATIONEN | INFORMATION

Projekt | Project	Die Zukunft unter uns
Schwerpunkt | Focus	Unter dem Motto „Die Zukunft unter uns" hat die Uzin Utz AG zu ihrem 100-jährigen Bestehen ein Projekt ins Leben gerufen, das sich auf die Suche nach dem Boden der Zukunft macht. Under the tagline "The future at our feet" Uzin Utz AG initiated a project to celebrate its 100th anniversary which set out to find the floor of the future.
Bauherr | Commissioned by	Uzin Utz Aktiengesellschaft
Gesamtkonzept | Overall concept	Dorten GmbH, Stuttgart
Ausstellungsgestaltung | Exhibition design	büro münzing, 3d kommunikation, Stuttgart
Fläche | Exhibition space	70 m²
Baujahr | Year of construction	2011

ZEPPELIN MUSEUM

Das Alleinstellungsmerkmal des Zeppelin Museums in Friedrichshafen ist die Zweigleisigkeit der Ausstellung mit ihren beiden Schwerpunkten Technik und Kunst. Einerseits beheimatet es die weltgrößte Sammlung zur Geschichte des Zeppelin-Luftschiffbaus, andererseits sieht sich das Museum der Kunst im Bodenseeraum verpflichtet.

What makes the Zeppelin Museum in Friedrichshafen unique is the dual focus of the exhibition on technology and art. On the one hand, it houses the world's largest collection on the history of Zeppelin airship construction, on the other the museum is committed to art in the Lake Constance region.

Das Zeppelin Museum ist fest im Kulturraum Bodensee verankert. Bereits 1868 wurde es vom Verein für die Geschichte des Bodensees als erstes Museum in der Region gegründet. Ab 1912 wurde die Ausstellung dann als Bodenseemuseum präsentiert. 1927 verkaufte der Bodenseegeschichtsverein seine Sammlung an die Stadt Friedrichshafen. Zur selben Zeit richtete die „Luftschiffbau Zeppelin GmbH" ein Firmenmuseum auf ihrem Werftgelände ein. 1944 fielen die Bestände des Bodenseemuseums Luftangriffen zum Opfer und das Ausstellungsgebäude wurde weitgehend zerstört. Nach dem Zweiten Weltkrieg setzte das Museum einen neuen Schwerpunkt mit Werken von Künstlern, die sich während des Dritten Reiches an den Bodensee zurückzogen hatten. So wurden beispielsweise Werke von Otto Dix, Max Ackermann und Willi Baumeister erworben. Ab 1956 konnte das Bodenseemuseum in das neu erbaute Rathaus von Friedrichshafen integriert werden. Die Sammlung der Luftschiffbau Zeppelin GmbH blieb im Krieg unversehrt und wurde von den französischen Besatzungstruppen nach Frankreich verbracht. Erst 1960 kam ein Großteil der Zeppelinsammlung zurück an den Bodensee und wurde ebenfalls im Rathaus ausgestellt. Ende der 1980er Jahre ergab sich dann die Möglichkeit, von der Deutschen Bundesbahn den Friedrichshafener Hafenbahnhof aus den 1930er Jahren zu erwerben und für die Sammlung zu nutzen. Der Hafenbahnhof ist eines der wenigen Baudenkmäler der Moderne in der Region und ist selbst musealer Gegenstand. Das vom Bauhausgedanken geprägte Gebäude wurde durch die Museumsgestaltung in seiner Struktur nicht verändert. Mit dem Umzug und der Eröffnung am 2. Juli 1996 änderte das Museum seinen Namen offiziell in Zeppelin Museum Friedrichshafen – Technik und Kunst.

Die Kunstabteilung spannt heute einen weiten Bogen über fünf Jahrhunderte – von Gemälden und Skulpturen des Mittelalters bis zur Gegenwart. Die Dauerausstellung Technik widmet sich dem Lebenswerk des Grafen Ferdinand von Zeppelin, des Gründers der „Luftschiffbau Zeppelin GmbH", dessen erstes Luftschiff „LZ 1" zur Jahrhundertwende über dem Bodensee aufstieg. Im Zentrum der Ausstellung steht der Teilnachbau des Luftschiffes LZ 129 „Hindenburg", das am

The Zeppelin Museum is firmly anchored in the Lake Constance cultural landscape. It was founded back in 1868 by the association for the history of Lake Constance as the first museum in the region. From 1912 the exhibition was then presented as Lake Constance Museum. In 1927, the history association sold its collection to the city of Friedrichshafen. At the same time, Luftschiffbau Zeppelin GmbH set up a corporate museum on its premises. In 1944, the exhibits of the Lake Constance Museum were the victim of air attacks and the whole exhibition building was virtually destroyed. After the Second World War, the museum started to focus on works of artists who had retreated to Lake Constance during the Third Reich. They acquired works by Otto Dix, Max Ackermann and Willi Baumeister, to name but a few. From 1956, the Lake Constance Museum was integrated in the new city hall of Friedrichshafen. The collection of Luftschiffbau Zeppelin GmbH survived the war unscathed and was taken to France by the French occupation army. It was not until 1960 that a large part of the Zeppelin collection returned to Lake Constance where it was also exhibited in the city hall. At the end of the 1980s, the opportunity arose to acquire Friedrichshafen's 1930s harbour station from Deutsche Bundesbahn as a new home for the collection. The harbour station is one of the few modern buildings of historic importance in the region and is itself a museum object. The structure of the Bauhaus-inspired building was not changed by the conversion into a museum. After the move and the official opening on 2 July 1996, the name of the museum was changed to "Zeppelin Museum Friedrichshafen – Technik und Kunst".

6. Mai 1937 bei der Landung in Lakehurst/New Jersey in Brand geriet. Das 33 Meter lange, begehbare Teilstück des Luftschiffs ist mit Passagierkabinen, Aufenthaltsraum und Schreibsalon ausgestattet. Die Besucher können im originalgetreuen Interieur die Atmosphäre des Reisens in einem Luftschiff nachempfinden. Die Rekonstruktion wurde nach Originalplänen und teilweise sogar mit Werkzeugen aus der Bauzeit der „Hindenburg" angefertigt. Die weiteren Abteilungen widmen sich der Geschichte, dem Fahrbetrieb sowie der Infrastruktur und den unterschiedlichen Einsatzgebieten von Luftschiffen. Mit dem Maybach Zeppelin DS8 wird auch ein straßentauglicher Zeppelin im Museum präsentiert: Eine viertürige Limousine, die 1938 bei der Maybach-Motorenbau GmbH in Friedrichshafen gefertigt wurde. Die Ausstellungsgestaltung aus der Feder von HG Merz orientiert sich an der Idee der „Schwerelosigkeit" der riesigen Luftschiffe – mit sparsamem Einsatz von leichtem Aluminium und einer „schwebenden" Gestaltung von Vitrinen und Sockeln.

Seit 2010 durchläuft das Zeppelin Museum einen kontinuierlichen Überarbeitungs- und „Verjüngungsprozess". Bis 2014 sollen alle Räume der Dauerausstellung neu gestaltet werden. Neue Bereiche sind beispielsweise die sogenannte „Zeppelin-Wunderkammer" und die Installation „Zeppelin-Schwärme" von Héctor Zamora. Die Installation des mexikanischen Künstlers bildet eine thematische Verbindung zwischen der Technik- und der Kunstabteilung. Die Zeppelinabteilung wird zukünftig stärker auf den „Mythos Luftschiff" eingehen. Gleichzeitig soll die interaktive Vermittlung der Technik des Fliegens im Bereich „Leichter als Luft" durch eine zeitgemäße didaktische Konzeption vertieft werden. Das Unternehmensarchiv der Luftschiffbau Zeppelin GmbH und die daran angeschlossene Bibliothek bieten die Möglichkeit zur Erforschung und Vertiefung

The art department now spans more than five centuries – with paintings and sculptures from the Middle Ages right through to the present day. The permanent technology exhibition is dedicated to the life and work of Graf Ferdinand von Zeppelin, the founder of Luftschiffbau Zeppelin GmbH, whose first airship LZ 1 ascended over Lake Constance at the turn of the 19th century. At the heart of the exhibition is the partial replica of the airship LZ 129, the "Hindenburg", that caught fire on 6 May 1937 when landing in Lakehurst/New Jersey. The 33-metre long section of the airship is equipped with passenger cabins, lounge and writing room. As they enter the authentically reproduced interior, visitors can get a sense of the atmosphere of travel in an airship. The reconstruction was built using the original plans and some tools from the construction period of the "Hindenburg". The other departments are devoted to the history, operations as well as the infrastructure and different uses of airships. The museum even contains a roadworthy Zeppelin, the Maybach Zeppelin DS8: a four-door limousine which was manufactured in 1938 at Maybach-Motorenbau GmbH in Friedrichshafen. The exhibition design by HG Merz was inspired by the weightlessness of the huge airships – with sparing use of light aluminium and "floating" display cabinets and pedestals.

Since 2010 the Zeppelin Museum has been undergoing a continuous process of reconstruction and "rejuvenation". By 2014 all the rooms of the permanent exhibition should have been redesigned. New areas include, for example, the "Zeppelin Chambers of Wonders" and the work of art entitled "Zeppelin Swarms" by Héctor Zamora. The installation of the Mexican artist forms a thematic link between the technology and art departments. The Zeppelin department will also focus more in future on the "Airship Legend". At the same time, an interactive explanation of the technology of flying in the section "lighter than air" is to be expanded by a contemporary educational concept. The company archive of Luftschiffbau Zeppelin GmbH and the library attached to it offer the possibility for in-depth research into the history of the Zeppelin. But the development of

der Zeppelinhistorie. Aber die Entwicklung der Luftschifffahrt geht weiter: Über ein Jahrhundert nach dem Erstflug des von Ferdinand Graf von Zeppelin erbauten Luftschiffes LZ 1 entwickelte und baut die Zeppelin Luftschifftechnik GmbH mit Sitz in Friedrichshafen wieder ein Luftschiff. Der Zeppelin NT (Neue Technologie) verbindet das damalige Konstruktionsprinzip mit modernster Flugtechnologie.

airship aviation continues: more than one century after the first flight of the LZ 1 airship built by Graf Ferdinand von Zeppelin, Zeppelin Luftschifftechnik GmbH based in Friedrichshafen built an airship again. The Zeppelin NT (new technology) combines the original construction principle with state-of-the-art aviation technology.

Adresse | Address
Zeppelin Museum
Seestraße 22
D-88045 Friedrichshafen
www.zeppelin-museum.de

Öffnungszeiten | Opening hours
Mo.–So. 9.00–17.00 Uhr, 1. Mai–30. Okt.
Di.–So. 10.00–17.00 Uhr, 1. Nov.–30. Apr.
Mon.–Sun. 9.00 am–5.00 pm, 1st May–30th Oct.
Tues.–Sun. 10.00 am–5.00 pm, 1st Nov.–30th Apr.

INFORMATIONEN | INFORMATION

**Projekt	Project**	Zeppelin Museum Friedrichshafen – Technik und Kunst
**Schwerpunkt	Focus**	Direkt am Ufer des Bodensees zeigt das Zeppelin Museum Friedrichshafen, wie sich die Themenbereiche Technik und Kunst gegenseitig befruchten können. On the shores of Lake Constance, the Zeppelin Museum Friedrichshafen demonstrates how technology and art can complement one other.
**Bauherr	Commissioned by**	Zeppelin Museum Friedrichshafen GmbH
**Architektur	Architecture**	Jauss+Gaupp Freie Architekten BDA, Friedrichshafen
**Ausstellungsgestaltung	Exhibition design**	hg merz architekten museumsgestalter, Stuttgart
**Neukonzeption und -gestaltung	Reworked with a new concept and design**	beier+wellach projekte, Berlin
**Fläche	Exhibition space**	4.600 m²
**Baujahr	Year of construction**	Ausstellung 1993–1996, Neukonzeption seit 2010 Exhibition 1993–1996, with a reworked concept since 2010

ANHANG
APPENDIX

BILDNACHWEISE
PHOTO CREDITS

TITEL | COVER PHOTO

FEIN MARKENWELT
C. & E. Fein GmbH, photo: Brigida González

BEITRÄGE | ARTICLES

JOHANNES MILLA
p. 53: Exploratorium, www.exploratorium.edu
p. 54 (both): Darko Todorovic
p. 55 (above): Exhibition: Milla & Partner / Architecture: Schmidhuber + Kaindl
p. 55 (below): Milla & Partner
p. 56: Exhibition: Milla & Partner / Architecture: Schmidhuber + Kaindl
p. 60: Milla & Partner
p. 61: Exhibition: Milla & Partner / Architecture: Schmidhuber + Kaindl

FABIAN RAABE
p. 75: FC Bayern München AG

MATEO KRIES/MARC ZEHNTNER
p. 76 (above): Vitra Design Museum, photo: Thomas Dix
p. 76 (below): Vitra Design Museum 2007 / FLC / VG Bild-Kunst, Bonn, 2007, photo: Thomas Dix
p. 77: Vitra Design Museum 2009, photo: Thomas Dix
p. 78 (both): Vitra Design Museum 2011, photo: Thomas Dix
p. 79: Vitra Design Museum 2011, photo: Thomas Dix
p. 80: Vitra Design Museum 2011, photo: Thomas Dix

MUSEEN | MUSEUMS

ADIDAS AUSSTELLUNG
ADIDAS EXHIBITION
pp. 88–93: ,simple GmbH, photos: Martin Müller
pp. 94–99: ,simple GmbH

L'AVENTURE MICHELIN
pp. 100–104: Manufacture MICHELIN
p. 105: S. RASTOIN Pierre-Emmanuel/MICHELIN

BMW MUSEUM
p. 106–110: Atelier Brückner GmbH, Stuttgart, photos: Marcus Meyer, Bremen
p. 111: Marcus Buck, München

THE BRANDSPACE
pp. 112–117: Deutsche Bank AG

BRAUNSAMMLUNG
pp. 118–123: Braun GmbH

CHIRURGIEMUSEUM ASKLEPIOS
pp. 124–131: Aesculap AG, photos: Lutz Hugel, Villingen-Schwenningen

DORNIER MUSEUM
pp. 132–138: Atelier Brückner GmbH, Stuttgart, photos: Johannes Seyerlein, München
p. 139: Dornier Museum Friedrichshafen

DR. OETKER WELT
pp. 140–145: Dr. August Oetker Nahrungsmittel KG

ERWIN HYMER MUSEUM
pp. 150–155: Erwin Hymer Museum; Milla & Partner, photos: Andreas Keller

FC BAYERN ERLEBNISWELT
pp. 156–161: FC Bayern München AG

FEIN MARKENWELT
pp. 162–167: C. & E. Fein GmbH, photos: Brigida González

GRILLO MUSEUM
p. 168: Hans-Dieter Stuckart
p. 170: Hans-Dieter Stuckart
p. 171: bild-werk Expo & Event GmbH Dortmund
p. 172 (both): Rheinzink
p. 173: Michael Reisch
p. 179: Hans-Dieter Stuckart

HANSGROHE AQUADEMIE
pp. 180–189: Hansgrohe SE

HARLEY-DAVIDSON MUSEUM
pp. 190–195: Harley-Davidson Museum

THE HERSHEY STORY
pp. 196–201: The M.S. Hershey Foundation

IGP FARBSPUREN
pp. 202–207: SPACE4, Stuttgart

IWC MUSEUM
pp. 208–213: IWC Schaffhausen

JURAWORLD OF COFFEE
pp. 214–219: JURA Elektroapparate AG

KÄRCHER MUSEUM
p. 220: Alfred Kärcher GmbH & Co. KG, photos: David Franck
p. 222 (both): Alfred Kärcher GmbH & Co. KG, photos: David Franck
p. 223 (left): Alfred Kärcher GmbH & Co. KG, photo: Atelier Busche
p. 223 (right): Alfred Kärcher GmbH & Co. KG, photos: David Franck
p. 224: Alfred Kärcher GmbH & Co. KG, photo: David Franck
p. 226: Alfred Kärcher GmbH & Co. KG, photo: Atelier Busche
p. 227: Alfred Kärcher GmbH & Co. KG, photos: David Franck
p. 231: Alfred Kärcher GmbH & Co. KG, photos: David Franck

LA MAISON DE LA VACHE QUI RIT
p. 232: JL. Mathieu © Fromageries Bel S.A.
p. 234: JL. Mathieu © Fromageries Bel S.A.
p. 235 (left): M. Argyroglo © Fromageries Bel S.A.
p. 235 (right): JL. Mathieu © Fromageries Bel S.A.
p. 236: J. Delpierre © Fromageries Bel S.A.
p. 237: Benoit à la Guillaume © Fromageries Bel S.A.

MAHLE INSIDE
pp. 238–243: zooey braun FOTOGRAFIE

MARGARETE STEIFF MUSEUM:
pp. 244–249: Steiff Museum

MERCEDES-BENZ MUSEUM
p. 250: Daimler AG
p. 252: hg merz architekten museumsgestalter, photos: Brigida González
p. 253: hg merz architekten museumsgestalter, photos: Brigida González
p. 254: Daimler AG
p. 255 (left): Daimler AG
p. 255 (right): hg merz architekten museumsgestalter, photo: Brigida González
p. 256: Daimler AG
p. 257: Daimler AG

MUSEO CASA ENZO FERRARI
pp. 258–263: Studio cento29

MUSEUM RAVENSBURGER
pp. 264–269: Ravensburger AG, photos: Christoph Seeberger, München, Ilja Mess, Überlingen, Anja Köhler, Ravensburg

PORSCHE MUSEUM
p. 270: Porsche AG
p. 273 (both): hg merz architekten museumsgestalter, photo: Brigida González
p. 274: Porsche AG
p. 275: Porsche AG
p. 283: hg merz architekten museumsgestalter, photo: Lukas Roth

SHISEIDO CORPORATE MUSEUM
pp. 284–289: Shiseido Corporate Culture Department

ŠKODA MUSEUM
pp. 290–295: Škoda Auto Deutschland GmbH, jangled nerves gmbh, photos: Lukas Roth

SWAROVSKI KRISTALLWELTEN
p. 296: Swarovski Kristallwelten, photo: Stefan Oláh
p. 299 (above): Swarovski Kristallwelten, photo: Gerhard Berger
p. 299 (below): Swarovski Kristallwelten, photo: Walter Oczlon
p. 300: Swarovski Kristallwelten, photo: Hubert Dorfstetter
p. 301: Swarovski Kristallwelten, photo: Alexander Pröfrock

UZIN UTZ AUSSTELLUNG
UZIN UTZ EXHIBITION
p. 302: büro münzing
p. 304: büro münzing
p. 305: Uzin Utz AG, photos: Manuel Wagner
p. 306: Uzin Utz AG, photos: Manuel Wagner
p. 307: büro münzing

ZEPPELIN MUSEUM
p. 308: hg merz architekten museumsgestalter, photo: Ulrike Myrzik
p. 311 (above): hg merz architekten museumsgestalter, photo: Manfred Jarisch
p. 311 (below left, right): Zeppelin Museum Friedrichshafen
p. 312: R. Späth zündstoff
p. 313: Héctor Zamora

ANHANG | APPENDIX

ZUM AUTOR
ABOUT THE AUTHOR
p. 319: Tom Philippi

ZUM AUTOR
ABOUT THE AUTOR

Dr. Jons Messedat, geb. 1965 in Köln, ist Architekt und Industriedesigner. Er studierte Architektur an der RWTH Aachen, der Universität Stuttgart und als Stipendiat in London. Parallel dazu hat er Industriedesign an der Staatlichen Akademie der Bildenden Künste in Stuttgart studiert. Im Büro von Sir Norman Foster in London war er für die Ausstellungsgestaltung im Design Museum Zeche Zollverein in Essen verantwortlich. Für das Reichstagsgebäude in Berlin entwickelte er maßgeblich das Interior Design und das Kunstkonzept. Es folgte eine Lehr- und Forschungstätigkeit an der Bauhaus-Universität Weimar, wo er zum Thema Corporate Architecture promovierte.

www.messedat.com

2004 gründete er das Institut für Corporate Architecture in Stuttgart mit dem Schwerpunkt der Entwicklung, Beratung und Realisierung von CA-Strategien und Konzepten für Unternehmen und Marken. Er entwickelte z. B. die Gestaltungslinie für Bauten der Emschergenossenschaft und temporäre Installationen – „Schaufenster des Wandels" – für die Kulturstadt RUHR.2010. Für den ersten „Award für Marketing und Architektur" in der Schweiz war er Juryvorsitzender und 2012 Preisrichter im Wettbewerb „Bauliches Corporate Design im Humboldt-Forum" in Berlin. Er ist Visiting Lecturer an Hochschulen in der Schweiz und in den USA sowie seit 2007 Gastdozent an der Hochschule für Technik Stuttgart im International Master of Interior-Architectural Design IMIAD. Für die Architektenkammern, den Kulturkreis der deutschen Wirtschaft im BDI und den Rat für Formgebung hält er Vorträge und Seminare, wie u. a. die Reihe „MehrWert Architektur" für Unternehmen. Als Autor hat er zahlreiche Publikationen zu neuen Markenwelten und zum Thema Corporate Architecture veröffentlicht.

Dr. Jons Messedat, born in Cologne in 1965, is architect and industrial designer. He studied architecture at RWTH Aachen University, the University of Stuttgart and had a scholarship to study in London. In parallel, he studied industrial design at the Stuttgart State Academy of Art and Design. In the office of Sir Norman Foster in London he was responsible for the exhibition design of the Design Museum Zeche Zollverein in Essen. He also played a key role in the development of the interior design and art concept for the Reichstag building in Berlin. This was followed by teaching and research at Bauhaus-Universität Weimar where he did his doctorate on corporate architecture.

In 2004, he founded the Institute for Corporate Architecture in Stuttgart with a focus on the development, consulting and realisation of CA strategies and concepts for companies and brands. For example, he developed the design line for buildings of the Emschergenossenschaft (public water board) and temporary installations entitled "Schaufenster des Wandels" (showcase of change) for RUHR.2010 city of culture. For the first "Award for Marketing and Architecture" in Switzerland, he was jury chairman and in 2012 judge in the competition "Structural Corporate Design in the Humboldt-Forum" in Berlin. He is visiting lecturer at universities in Switzerland and the USA and since 2007 at the Stuttgart University of Applied Sciences for the International Master of Interior-Architectural Design IMIAD. For chambers of architects, the Association of Arts and Culture of the German Economy at the Federation of German Industries and the Design Council he holds lectures and seminars, including the series "MehrWert Architektur" (Value Added Architecture) for companies. He is the author of numerous publications on new brand worlds and corporate architecture.

DANK
ACKNOWLEDGMENTS

Verlag und Autor danken den beteiligten Firmen, Architekten, Gestaltern und Fotografen für die zur Verfügung gestellten Bilder und Materialien.
The publisher and author wish to thank those companies, architects, designers and photographers who have provided images and material.

Besonderer Dank für die freundliche Unterstützung gilt:
Special thanks to the following companies for their kind support:

Aesculap AG | Alfred Kärcher GmbH & Co. KG | C. & E. FEIN GmbH | Deutsche Bank AG | Dr. August Oetker Nahrungsmittel KG | Grillo-Werke AG | Hansgrohe SE | IGP Pulvertechnik AG | JURA Elektroapparate AG | Mercedes-Benz Museum GmbH | Michelin Reifenwerke AG & Co. KGaA | Ravensburger Freizeit und Promotion GmbH | ,simple GmbH | Zeppelin Museum Friedrichshafen GmbH

IMPRESSUM
IMPRINT

Übersetzung	Translation	Beverley Locke
Redaktion	Editing	Anja Schrade, Anika Piano, Björn Stratmann, Cornelia Reinhardt
Gestaltungskonzept	Design concept	Carolyn Merkel
Layout-Umsetzung	Realisation	Denise Jäkel, Madeleine Breimesser
Coverfoto	Cover photo	C. & E. Fein GmbH, photo: Brigida González
Lithografie	Lithography	corinna rieber prepress
Druck	Printed by	Leibfarth + Schwarz GmbH & Co. KG, Dettingen/Erms

© Copyright 2013 **av**edition GmbH, Ludwigsburg
© Copyright für Fotos und Pläne bei den Unternehmen, Museen und Fotografen.
© Copyright of photos and plans with individual companies, museums and photographers.

ISBN 978-3-89986-176-1
Printed in Germany